应用型高等教育"十四五"经管类规划教材
安徽省高等学校省级一流教材

税务会计

（第三版）

李海燕　蔡冬梅　主　编
李梦旭　陈　伟　夏　敏　副主编

ACCOUNTING

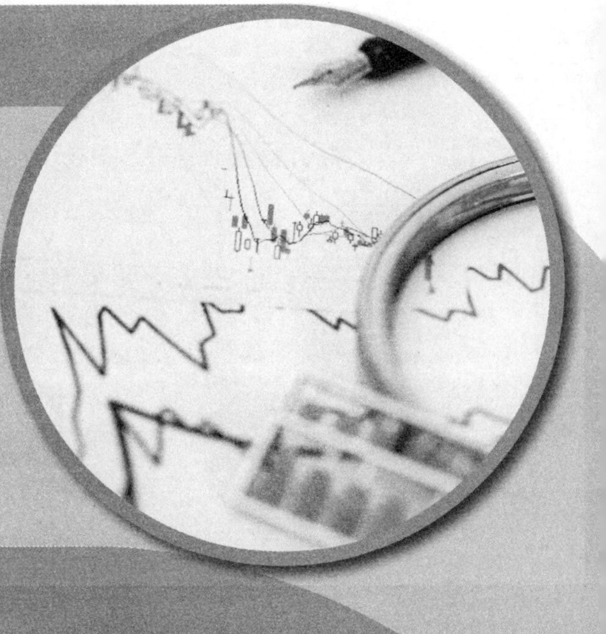

➤ 内容新颖　➤ 融入思政
➤ 岗课结合　➤ 证赛融通
➤ 注重应用　➤ 资源丰富

上海财经大学出版社

图书在版编目(CIP)数据

税务会计/李海燕,蔡冬梅主编.—3版.—上海:上海财经大学出版社,2023.8

(应用型高等教育"十四五"经管类规划教材)

ISBN 978-7-5642-4083-7/F·4083

Ⅰ.①税… Ⅱ.①李… ②蔡… Ⅲ.①税务会计-高等学校-教材 Ⅳ.①F810.42

中国版本图书馆CIP数据核字(2022)第212932号

□ 责任编辑 台啸天
□ 书籍设计 张克瑶

税务会计

(第三版)

李海燕 蔡冬梅 主 编

李梦旭 陈 伟 夏 敏 副主编

上海财经大学出版社出版发行

(上海市中山北一路369号 邮编200083)

网 址:http://www.sufep.com

电子邮箱:webmaster@sufep.com

全国新华书店经销

上海新文印刷厂有限公司印刷装订

2023年8月第3版 2023年8月第1次印刷

787mm×1092mm 1/16 14印张 358千字

印数:12 501—15 500 定价:48.00元

前言

近年来，为了适应我国经济的快速发展，我国的税收政策不断颁布、修订，涉及增值税和个人所得税等重大的税种变化。本教材修订是根据最新的企业会计准则和税收法规，专门对相关内容进行了补充和删改，并更新了教学资源。

税务会计是财会类专业的核心课程，其主要任务是使学生掌握从事会计核算、会计事务管理工作和其他经济管理工作所必需的税收基本理论、基本知识和基本技能；熟悉我国现行税收制度和税收法规及税收管理的基本模式；能够较为熟练地处理涉及税收核算的会计业务，为各类企业依法履行纳税义务服务，初步形成解决税收实际问题的能力，为增强适应职业变化的能力和继续学习的能力奠定一定的基础。它是现代企业会计的一个重要组成部分，是将会计的基本理论、基本方法与企业纳税活动相结合而形成的一门新兴学科，是融税收法规和会计核算于一体的专业会计学。

本次修订在借鉴了大量优秀教材的基础上，结合高等院校培养应用型人才的目标，全面、系统地阐述税务会计的基本理论，详细介绍我国现行税制下主要税种应纳税额的计算、纳税申报及会计处理方法。

本书共 7 章。第 1 章主要介绍税收的基础知识和企业纳税的基本程序，阐述税务会计的基本理论和基本方法，第 2 至 7 章从基本法规、应纳税额的计算、纳税申报及会计核算四个方面对我国现行的各主要税种会计操作实务进行全面、系统地阐述。

本书的编写吸收了以往税务会计教材的精华，具有以下特点。

(1)内容与形式新颖。本书的内容突出时效性，与最新颁布的企业会计准则、新税法及其实施细则相吻合，有助于学生掌握会计、税务等方面的法律法规的最新变化。本书的形式比较新颖，在章节中加入了小知识、小案例等，增加了教材的趣味性。

(2)教学内容编排合理。本书从税收的基本知识、税务会计的基本理论入手，阐述了流转税、所得税及其他税种的基本知识和会计处理方法，清晰明了、循序渐进、条理性强。

(3)产融结合。本教材的修订邀请了企业专家在编写过程中给予指导，并将企业财会工作中的典型案例编入教材中，体现了产融结合的特色。

(4)专业与思政相融合。深入领会党的二十大精神，用党的创新理论凝心铸魂,推动党的二十大精神进教材、进课堂、进头脑。本教材的修订全面贯彻党的教育方针,落实立德树人的根本任务。将党的创新理论融入教材、引入课堂,深入践行社会主义核心价值观,旨在让学生通过专业知识的学习,成为爱国敬业、德才兼备的税务专业人才。

(5)为了方便学生学习,每章都附有学习目标、本章小结和复习思考题,注重培养学生的实际动手能力,提高其学习的积极性和主动性。

本教材可供财经类相关专业本科及高职院校教学使用,也适合企业的财会人员及财政、税务、审计等部门的专业人员学习使用。

本教材主编为李海燕和蔡冬梅。为本教材做出贡献的人员还有李梦旭、陈伟、夏敏、郭彪、黄斯斯等。本教材的修订邀请了企业专家注册会计师田小东、高级审计师黄少键、会计师王万德等,他们在编写过程中给予全力支持和指导。本教材在写作过程中参阅了大量的专著、教材和网络资源,在此,谨向所有在参考文献中提到的作者表示诚挚地感谢。上海财经大学出版社为本教材的出版提供了积极的帮助,在此一并致谢。

需要说明的是,本教材所有的例题及习题中涉及的企业、单位和个人名称完全是虚构的,如有雷同,纯属巧合。

由于作者水平有限,加上我国税制及企业会计准则等处于不断地改革和完善中,书中难免存在不足之处,恳请各位专家、同行和读者不吝指正。

本教材为安徽省高校省级质量工程一流教材立项教材(项目编号:2020yljc065);安徽省高校省级质量工程规划教材立项教材(项目编号:2017ghjc225);安徽省高校学科(专业)拔尖人才学术资助项目阶段性成果(项目编号:gxbjZD2022083)。

编　者

2023 年 5 月

目录

第1章　总　论

学习目标

了解税务会计的概念、对象、目标、基本前提和原则；
掌握税务会计与财务会计的异同点；
掌握税收的概念与特点；
掌握税制的构成要素；
熟悉税收法律体系；
熟悉税收管理体制；
熟悉税收征收管理制度；
了解税务管理。

思政案例

2022年6月，某高校应届毕业生黄澍在人才交流会上看到一家企业在招聘税务会计，便前去应聘。该单位的财务负责人当场向她提了三个问题：(1)税务会计与财务会计有何区别？(2)税务会计主要做哪些工作？(3)税务会计主要通过哪些科目进行核算？黄澍较好地回答了上述问题，当场被该单位录用。

税务会计是近代新兴的一门边缘性学科。我国从20世纪90年代初开始引进“税务会计”这个概念并进行研究。在实际工作中，有越来越多的人重视和研究税法与会计的关系。有人担心“税务会计”容易被误解为“税收会计”，因此，称“纳税会计”的偏多。为了与国际惯例一致，本教材采用“税务会计”的称法。改革开放以来，中国经济快速发展，在经济全球化和产业结构调整的背景下，国内企业的数量也呈现爆发性增长。税务管理作为企业管理的重要组成部分，直接影响了企业的经济效益。新时期下，税务会计的发展不仅符合经济发展的需求，而且可以促进税收法律制度的深化改革，提高企业管理水平。

“财务会计”“管理会计”“税务会计”这三个词在经济界经常用于统称广泛使用的三类会计信息。税务会计已发展成为许多国家会计学体系中的一个重要分支，与财务会计、管理会计等并驾齐驱，共同构成会计学科体系。

1.1 税务会计概述

1.1.1 税务会计的概念

税务会计并非与生俱来，而是社会经济发展到一定阶段（文化、教育的普及和提高，生产规模的扩大，生产力的进步）产生的。什么是税务会计呢？税务会计是以国家现行税法为依据，以货币为计量单位，运用会计学的理论和核算方法，连续、系统、全面地对税款的形成、计算、缴纳进行核算和监督的一门专业会计。它是为了满足纳税人纳税的需要，从财务会计中分离出来的一门学科，是融财税法规、会计法规和会计核算原理于一体的一种特殊的专业会计。

税务会计的概念可以从以下几个方面来理解。

(1)税务会计的目的

从国家角度看，其目的是保证国家及时、足额地取得税款，以保证国家财政收入稳定增长；从企业角度看，其目的是使企业在不违反国家税法的前提下及时、经济、合理地缴纳税款，以提高企业的经济效益。

(2)税务会计的性质

税务会计属于一种特殊的税务管理活动。从宏观经济管理的角度看，它是国家及时、足额地取得税款的手段，科学、合理地运用税务会计这一手段是加强税务管理的重要组成部分；从微观经济管理的角度看，税务会计也是企业合理纳税的重要手段。既然税款是现代企业成本的重要组成部分，那么如何准确、合理地核算应纳税款，对降低企业的成本、提高企业的经济效益至关重要。

(3)税务会计的处理依据

税务会计的处理依据不同于一般的专业会计，税务会计以现行税法为主要依据，以现行会计准则为次要依据，这种二元依据是税务会计的典型特点。

(4)税务会计的理论依据和核算方法

作为会计学科的一个分支，税务会计同财务会计一样，以会计的基本原理作为理论依据和核算方法。

1.1.2 税务会计与财务会计的比较

税务会计与财务会计的关系一直是会计领域关注的问题。税务会计和财务会计都是会计学的分支，它们具有会计学的共性，但也有自己的特性。

1. 税务会计与财务会计的联系

两者同属于企业会计学科范畴，相互补充、相互配合，共同对纳税人的生产经营活动进行核算与监督，在会计主体、记账基础、核算方法等方面有相同之处。税务会计并不要求企业在会计凭证、会计账簿、会计报表之外再设一套会计账表，也不需要独立设置税务会计机构，企业只需要设置一套完整的会计账表，平时按财务会计准则、会计制度进行会计处理，需要时按现行税法进行调整。因此，税务会计的资料来源于财务会计，税务会计与财务会计在计量单位、使用的文字和通用的基本会计原则等方面都相同。

2. 税务会计与财务会计的区别

(1)核算目的不同

税务会计核算的目的是保证纳税人依法纳税，使纳税人的经营活动行为既符合国家税法，又合理负税。税务机关对纳税人报送的税务报表应作为纳税档案资料分类保管，以备税务检查和编制税收计划。

财务会计通过对纳税人所有经济业务进行记录和核算，最后编制资产负债表、利润表、现金流量表以及有关附表，全面地反映企业的财务状况、经营成果和现金流量，为相关决策者提供有用的信息，同时也为国家进行宏观调控提供真实的信息资料。

(2)核算基础不同

税法与会计准则的主要差别在于收益实现的时间和费用的可扣减性。税收制度是收付实现制和权责发生制的结合。会计准则在进行收益确定和费用配比时采用的是权责发生制原则。

(3)核算依据不同

税务会计依据国家税法和会计准则规范纳税人的会计行为。税务会计必须严格按照税法处理经济业务，对某些业务的处理，当会计准则的规定与国家税法的规定不一致时，必须按照税法的规定进行调整，以保证应纳税款的准确性。

财务会计只需按公认的会计准则和会计制度规范纳税人的行为，处理纳税人的经济业务。

【拓展阅读】 **某企业税务会计岗位职责**

岗位名称：税务会计　　隶属部门：财务部　　直接上级：财务部经理

(1)岗位工作概述

根据税法和税务程序的规定，税务会计负责本公司所有税务的计算及申报工作，按时足额纳税，保障公司的利益和国家权益。

(2)工作职责与任务

①负责公司税务的申报。

②负责公司进出口业务的核销。

③向上级有关部门报送相应的报表。

(3)工作绩效标准

①按时足额纳税，保证税务申报及时、准确，减少公司不必要的损失。

②准确核销进出口业务，保证进出口业务的顺利进行。

③按时向上级报送报表。

(4)岗位工作权限

对进出口业务的审核权；税款的缴纳权。

(5)知识及教育水平要求

财务知识；税务知识、经济知识；计算机基础知识及常用软件知识；英语知识等。

(6)岗位技能要求

熟悉各种税务法规及税务申报的程序；熟悉公司的各种法规；有较强的计算能力、统计能力；具有办税员证书。

【练习题·单选题】税务会计以(　　)为准绳。

A. 税法　　B. 会计准则　　C. 会计制度　　D. 会计法规

【练习题·判断题】税务会计是财务会计产生的前提和基础。(　　)

A. 正确　　B. 错误

1.1.3 税务会计的对象

税务会计的对象是指税务会计核算和监督的内容。在企业中,凡是能够用货币计量的涉税事项都是税务会计的对象。因此,纳税人因纳税而引起的税款的形成、计算、缴纳、补退和罚款等经济活动以货币表现的资金运动就是税务会计的对象,具体包括以下几个方面。

1. 计税依据

(1)流转额

它是指企业在经营过程中的销售(购进)量、销售(购进)额、营业额等。它是各种流转税的计税依据,又是所得税的计税基础和前提。

(2)成本、费用金额

成本、费用是企业在经营过程中的耗费和支出,主要反映企业资金的垫支和耗费,是企业资金补偿的尺度。一定会计期间的成本、费用总额与同期经营收入总额相比,可以反映企业的生产经营成果。财务会计记录的成本、费用、支出金额,按税法规定允许在税前扣除的部分是计算应纳税所得额的基础。

(3)财产金额或数额

对各种财产税,如房产税、土地税、契税等,需要在财务会计对各类资产进行确认、计量、记录的基础上按税法规定的税种,正确确认应税财产的金额或数额。

(4)行为计税额

对行为税(如印花税),应以财务会计确认、计量和记录的应税行为交易额或应税数额为课税依据。

2. 税款的计算与核算

企业应该按照税法规定,在正确确认应税依据的基础上准确计算各种应纳税额,并作相应的会计处理。应纳税额的计算与核算是税务会计的核心内容。

3. 税款的缴纳、退补与减免

及时进行纳税申报并缴纳税款是纳税人应履行的义务。在正确计算各税种应纳税额后如何按照税法规定的纳税期限、纳税环节及纳税地点进行纳税申报并缴纳税款,是税务会计应解决的问题。税款的退补与减免是对某些纳税人的一些特殊情况、特殊事项的特殊规定,从而体现税收政策的灵活性和税收杠杆的调节作用。

4. 税收滞纳金与罚款

按照税法规定,及时、足额地上缴税款是企业作为纳税人应尽的义务。纳税人如果由于各种原因逾期缴纳税款或违反税法规定,则必须按照税法规定缴纳税收滞纳金或接受税收罚款,这些业务活动也是税务会计应反映的内容。

1.1.4 税务会计的目标

税务会计作为会计的一个分支,既要以国家税法为准绳,促使企业认真地履行纳税义务,又要在不违反法律的前提下追求企业纳税方面的最大经济效益。因此,其主要目标包括以下两个方面。

(1)依法纳税,履行纳税人的义务

税务会计要正确地进行与税款形成、计算、申报、缴纳有关的会计处理,及时、准确地填报有关纳税报表,及时、足额地缴纳各种税款,认真地执行税务机关的审查意见。

(2)合理地选择纳税方案,科学地进行税务筹划

税务会计应合理地选择税负较轻的纳税方案,在企业经营的各个环节事先进行税负的测算并做出税负最轻的决策,事后进行税负分析等。这是税务会计的主要目标,也是纳税人权利的具体体现。

1.1.5 税务会计的基本前提

税务会计的基本前提是指保证税务会计信息正确确认和计量的基础。税务会计的基本假设(基本前提)一般包括税务会计主体、持续经营、货币时间价值、纳税会计期间、年度会计核算、修正的权责发生制。由于税务会计以财务会计为基础,财务会计中的基本假设有些也适用于税务会计,如会计分期、货币计量等。

1. 税务会计主体

税务会计主体是指税务会计为之服务的、税法规定直接负有纳税义务的企业和单位(组织)。它是税务会计为之服务的、特定的空间范围。税务会计主体假设具体包括:第一,税务会计是一个立足于某个特定企业和单位(组织)的微观主体,而不是立足于全社会的宏观经济主体;第二,税务会计建立在某一主体之中,它所处理或报告的只是该主体的税务信息,不能同时反映其他主体的税务状况;第三,原则上税务会计主体、纳税主体与财务会计主体三者一致,但有些情况下可以不一致。

税务会计主体与财务会计主体有密切联系,但不完全等同。一般情况下,财务会计主体也是税务会计主体,但也有例外。例如,铁路系统、银行系统在铁道部、各银行总行集中纳税的情况下,其基层单位是财务会计主体,但不是税务会计主体。税务会计主体与纳税主体也有区别。纳税主体是一个法律概念,而税务会计主体是一个会计概念。一般情况下,税务会计主体与纳税主体是一致的,但在某些情况下税务会计主体的范围既可能包含纳税主体,也可能超越某一纳税主体的范围。例如,当对某个人征收个人所得税时,如果这个人没有开办企业进行生产经营活动,则他(或她)仅仅是一般的自然纳税人,从法律上讲,他(或她)是纳税主体,但并非税务会计主体。

2. 持续经营

持续经营是指税务会计选择会计程序与会计核算方法,应以其主体既定的经营方针和目标及持续、正常的生产经营活动为前提。税务会计主体只有在持续经营的前提下进行税务会计核算,才能使其会计处理方法保持稳定,现有的资产才能按原定用途继续使用,债务才能按原有承诺予以清偿。

3. 货币时间价值

货币时间价值是指货币资金由于时间推移而使自身增值的效能。这一基本前提已成为税收立法、税款征收及纳税人选择会计方法和纳税期限的立足点,是纳税人进行纳税筹划的内在原因。在货币时间价值的前提下,国家在对税收立法时规定纳税人应尽快确认收入、推迟计量费用,而不允许尽快计量费用、推迟确认收入,以达到及时、足额征税的目的;与之相反,作为税务会计主体的纳税人,往往在依法纳税的前提下采用尽早和加速计量费用、推迟确认收入的会计处理方法,以达到节税的目的。在货币时间价值的前提下,当税法规定与会计制度规定相悖时,在其差异处理上税务会计必须以税法为依据。

4. 纳税会计期间

在持续经营前提下,税务会计主体的经营活动是持续不断的。为了保证纳税人按照税法

规定的纳税期限及时、足额地缴纳税款，税务会计主体必须将其持续不断的生产经营活动人为地划分为一段段首尾相接、等距离的较短期间，并据以披露税务会计信息。上述这一划分过程就是税务会计分期。这一段段等距离的期间就是税务会计期间，即纳税人应向国家缴纳各种税款的起止时间，也叫纳税年度。各国对纳税年度规定的具体起止日期有所不同。我国的纳税年度统一规定为日历年度，即从每年公历 1 月 1 日起至 12 月 31 日止。这与财务会计年度一致，也与国家财政年度一致。

【注意】 如果纳税人在一个纳税年度的中间开业，或由于改组、合并、破产等原因，使该纳税年度的实际经营期不足 12 个月，应当以实际经营期为一个纳税年度。纳税人清算时，应当以清算期为一个纳税年度。

5. 年度会计核算

年度会计核算是税务会计最根本的前提，即认为税制是建立在年度会计核算期间的基础上，而不是建立在某一特定业务的基础上，以揭示税款分配的影响额。这个前提条件是美国于 1920 年最先认定的，从那时起，便一直被认为是税务会计中的一个根本性概念。

税收引例

当政府花费公共资金时，很多人说："不关我的事，我没纳税。"事实上，消费即纳税。每个人从出生时喝的奶粉到离别时的葬礼，税收始终相伴、无处不在。美国著名政治学家本杰明·富兰克林有句名言："人的一生有两件事是不可避免的，那就是死亡和纳税。"可见，纳税是公民的一项基本义务，与老百姓的生活息息相关。一个人，不管他贫穷还是富有、疾病还是健康，从他住的房子，吃的食物，穿的衣服，乘坐的交通工具，热恋时为情人献上的鲜花和首饰，为了对抗衰老而使用的化妆品，在这个世界上的所得，以及为维持生活而支出的绝大多数开销，都需要纳税。

税收与我们的日常生活是息息相关的。我们每个人每天几乎都在与税收打交道。作为工薪阶层，我们每个人每月的工资都要由单位代扣个人所得税。作为消费者，我们购买的几乎所有商品和服务所支付的金额，都包含了税金。现代社会，在全世界范围内，税收无处不在。由于我国此前主要采用以间接税为主的税制，因此很多人对"税"的感觉比较模糊。税收既影响每个人的收入，又影响每个人的支出，是对人们福利状况影响最大的一种社会关系行为。

【思考】 你的日常生活中有哪些与税收相关的活动？

1.2　税收概述

1.2.1　税收的概念与特征

1. 税收的概念

税收是一个经济范畴，也是一个历史范畴。税收随着国家的产生而产生，是国家赖以生存的基础，具有筹集财政收入、调节经济运行、调节收入分配的重要职能。目前，我国的税收收入是财政收入最主要的来源。税收在历史上被称为赋税、租税和捐税。时代不同、角度不同，税收概念的具体表述各有差异，目前比较一致的说法是：税收是政府为了满足社会公共需要，凭借政治权力，强制、无偿地取得财政收入的一种形式。

理解税收的内涵需要从税收的分配关系本质、国家税权和税收目的三个方面来把握。

(1)税收是国家取得财政收入的一种重要工具

国家要行使职能必须有一定的财政收入作为保障。取得财政收入的手段有很多种，如税收、发行货币、发行国债、收费、罚没等，其中税收是大部分国家取得财政收入的主要形式。我国自1994年税制改革以来，税收收入占财政收入的比重基本维持在90%以上。

(2)国家征税的依据是政治权力

税收是国家凭借政治权力进行征收的，通过征税将一部分社会产品由纳税人所有转变为国家所有，因此征税的过程实际上是国家参与社会产品分配的过程。

(3)国家课征税款的目的是满足社会公共需要

国家在履行其公共职能的过程中必然要有一定的公共支出。公共产品提供的特殊性决定了公共支出一般情况下不可能由公民个人、企业采取自愿出价的方式，而只能采用由国家(政府)强制征税的方式，由经济组织、单位和个人来负担。国家征税的目的是满足提供社会公共产品的需要，以及弥补市场失灵、促进公平分配等的需要。

【拓展阅读】 **中国税收的发展历史**

税收是一个古老的历史范畴，已经有几千年的历史。

夏、商、周时代的贡、助、彻，是我国税收的雏形。《孟子·滕文公上》记载："夏后氏五十而贡，殷人七十而助，周人百亩而彻，其实皆什一也。"夏王朝的贡赋分为两种：一种是王室对其所属部落，以及用武力征服的部落所强制征收的土贡；另一种是平民因耕种土地而向贵族或王室的贡纳。到了商代，贡法演变为助法，后者是与井田制相联系的一种力役课税制度。及至周代，助法进一步演变为彻法，每户农奴或平民耕种的土地在收获之后要把其中一定的产量交纳给王室。国家以贡、助、彻形式征收土地产物，既有税的因素，又有租的成分，具有租税不分的性质。

到了春秋时期，鲁宣公十五年(公元前594年)实行了"初税亩"，开始对私田按亩征税，才正式确立了以私有制为基础的、完全意义上的税收制度。

从税收的历史可以看出，世界上大多数国家的税收基本上都经历了一个由自愿贡纳到强制课征，再到立宪征收的逐渐进化过程。在这个过程中，国家始终是课税的主体，国家政治权力对税收的约束力也由小变大、由弱到强，最终形成国家至高无上的课税权。

一个当权者上台后，如果需要有所作为，经济上充足是必要的，而这些资金最直接的来源就是税收。所以看看历史上政权变更、朝代更换的例子，每个当权者刚上台时都会注意减少税收，稳定民心，但到了后期，随着当权者的贪心越来越大，苛捐杂税越来越多，走向灭亡指日可待。

从最早大禹时代，大禹杀防风氏开始，开启了中央政权对民众收税的先河，因地方政权不配合而招致杀身之祸也体现了这种制度对统治阶级的重要性。

夏、商、周时代都是通过井田制将一块土地分成9份，中间1份是公田，需要民众出力来耕种，收益归中央政府或各诸侯，而其他的8份是私田，民众自己耕种、自己受益。这是最早的税收形式，即直接征收劳动力。从春秋时期的鲁国开始，推行的初税亩制度是奴隶社会税制开始向封建社会税制过渡的一个标志。由于铁器的广泛使用，很多人在原先划定的井田周围开垦荒地，开垦出来的田地都算私田，这些田的收成是不用上税的。鲁国公想出这招新的税收方式，即按照耕种田地的亩数来收税也算是够狠的，一下子把鲁国弄得很强大了。看来政治上的强盛首先需要经济上的强大。

而从这以后,更多的诸侯开始仿效,历朝历代重复着重要的税收故事。一个新的朝代开始时,皇帝们都很注意休养生息,减少民众的税收,到后期就变得很不像样,民众忍无可忍,揭竿起义,然后又诞生一个新的朝代。而这些税收一般都是征收实物,比如谷物、布匹等。收税也主要是农业税。

唐德宗时期杨炎推行的两税法,实质是以户税和地税来代替租庸调的新税制。两税法"唯以资产为宗",不管土户、客户,只要略有资产,就一律得纳税。这样,两税法的推行就极大地扩大了纳税面,即使国家不增税,也会大大增加收入。同时从这个税法开始舍人丁为田亩,主要的税收只保留户税和地税。

直至明代的一条鞭法出台,才开始统一使用银两上税,这样简化了税收制度,去掉了很多杂税,在减轻民众负担的同时,国库的收入也增加了。

地方官吏的贪污方式还有很多,如收税过程中的鼠耗、雀耗、火耗,以及额外加派的辽饷、练饷、剿饷等。

税收史不仅是税收自身的历史,更是一个国家经济的历史。它的发展与进步也是国家、时代的进步,了解它,我们也可以从另一个角度见证历史、感受历史!

资料来源:http://www.hbntax.gov.cn/art/2013/2/28/art_15421_333409.html。

2. 税收的特征

税收的特征是由税收的本质决定的,是税收本质属性的外在表现,是区别税与非税的外在尺度和标志,也是由古今中外税收的共性决定的。税收的形式特征通常概括为税收的"三性",即强制性、无偿性、固定性。

(1)强制性

强制性是指国家凭借政治权力,通过法律形式对社会产品进行的强制性分配,而非纳税人自愿交纳。纳税人必须依法纳税,否则会受到法律制裁。税收强制性有两层含义:第一,任何纳税人都必须依法纳税,否则就要受到法律制裁;第二,任何征税机关都必须依法征税,否则,无论是多征还是少征,同样都要受到法律制裁。

(2)无偿性

无偿性是指国家征税后,税款就成为国家的财政收入,不再直接归还纳税人,也不向纳税人支付任何报酬。无偿性是税收的关键特征,它使税收明显地区别于国债等财政收入形式,决定了税收是国家筹集财政收入的主要手段,并成为调节经济和矫正社会分配不公的有力工具。

(3)固定性

固定性是指国家通过法律形式预先规定了对什么征税及其征收比例等税制要素,并保持相对的连续性和稳定性。但是,税收的固定性是相对的,随着社会政治、经济环境的变化,税收的纳税人、征税对象、征收标准等也会不断改变。

上述税收的"三性"是一个完整的统一体,它们相辅相成、缺一不可。其中,无偿性是核心,强制性是保障,固定性是对强制性和无偿性的一种规范和约束。

【练习题·单选题】税收具有强制性、无偿性、固定性,其核心是(　　)。

A. 强制性　　B. 固定性　　C. 确定性　　D. 无偿性

【拓展阅读】 “经商以诚，纳税以信”老字号靠什么传承300年

一纸凭证承载一种责任担当

在国家税务总局安溪县税务局党建文化厅中，有一个特殊的历史物件，即1953年安溪县人民政府税务局颁发给信记茶行的货物税课税货品产制厂商登记证。

出生于20世纪40年代的王福隆，因家族做茶的情结，高中毕业后，毅然选择回乡做茶，从父亲王学尧手中接过“衣钵”和这张登记证。据八马茶业王艺生老师傅回忆，登记证一度藏在房顶的墙缝里近几十年，才得以保存下来。1993年，溪源茶厂正式成立；同年底，王文礼接任管理人，继续保存着这张登记证。一代一代的八马茶业传承人，不仅珍藏着这张登记证，更时时刻刻以守法诚信纳税为本分，为国家税收收入做出自己的贡献。2018年3月，安溪税务部门与八马茶业签订“强党建 促发展”共建协议后，八马茶业将这张登记证送给安溪税务部门，作为“税企鱼水情”的见证。

经商以诚，纳税以信

“王氏家族十三代人传承下来的除了秘传制茶技艺，更为宝贵的是‘诚信’理念。”国家级非物质文化遗产乌龙茶制作技艺代表性传承人、八马茶业董事长王文礼对记者表示。

正是一直遵循这样的理念，八马茶业品牌拥有了极高的信誉。先人之前创办的“信记”茶行因为信誉高，所卖出的茶叶凭证可以直接拿去做信贷抵押贷款；第十二代传人王福隆创办了八马茶业前身——溪源茶厂，在20世纪90年代民营企业林立的泉州，他本人是唯一被评为“创业元勋”的茶业创业者。

一套机制护航一份A级信用

近年来，随着公司规模的壮大、门店数量的增多，八马茶业更加重视财务制度的完善和纳税申报的优化。公司对于各子公司、门店，既考核销售业绩，又考核纳税申报。据八马茶业财务经理杜新火介绍：“我们严把纳税申报审核关口，每个月纳税申报时先由会计填写，我进行复核，再提交财务总监审核。我们还专门挑选有数十年办税经验的老员工担任税务会计，并加强同税务师事务所和律师的联系，确保及时、全面地掌握各项税收政策，从而快速、准确地申报。”

因连续多年获评纳税信用等级A级企业，八马茶业在国家税务总局安溪县税务局的“便民办税春风行动”中获得开通“绿色通道”，得以享受“个性化服务”。

“新征期该怎么申报我们早就了解了，增值税改革政策一出台，税务人员就第一时间发了政策宣传短信，还专门上门辅导我们申报享受税收优惠。”福建省人大代表、八马茶业工会主席李淑云告诉记者，“同时，安溪税务部门简化退税流程，办税服务厅为我们设置更正申报表和退税专岗，保证及时更正报表和发起退税，退税流程平均办结时间较过去缩短50%。随着和税务部门的互动越来越多、越来越好，我们更要继续擦亮‘诚信’的‘金字招牌’，努力把企业做得更好。”

资料来源：《中国税务报》，2019年10月15日B4版。

1.2.2 税收的分类

1. 按征税对象分类

按征税对象不同，税收可以分为五种类型。

(1) 流转税类。它是指以商品或劳务的流转额为课税对象的一种税。流转额包括两种：一是商品流转额，即商品交易的金额和数量；二是非商品流转额，即各种劳务收入和服务性业务收入的金额。此税种涉及商品生产和流通的各个环节,主要在生产、流通和服务领域中发挥调节作用,包括增值税、消费税和关税。

【练习题·单选题】 以下税种中,属于流转税类的是(　　)。

A. 个人所得税　　B. 增值税　　C. 资源税　　D. 印花税

(2)所得税类。包括企业所得税、个人所得税,主要是在收入形成后对生产经营者的利润和个人的纯收入发挥调节作用。

(3)资源税类。包括资源税、土地增值税和城镇土地使用税,主要是对因开发和利用自然资源差异而形成的级差收入发挥调节作用。

(4)财产和行为税类。包括房产税、车船税、印花税和契税,主要是对某些财产和行为发挥调节作用。

(5)特定目的税类。包括城市维护建设税、车辆购置税、环境保护税、耕地占用税和烟叶税,主要是为了达到某个特定目的,对特定对象和特定行为发挥调节作用。

2. 按税负能否转嫁分类

按税负能否转嫁,税收可以分为直接税和间接税。

(1)直接税是指税负不能转嫁,只能由纳税人承担的一种税,如所得税、财产税等。

(2)间接税是指纳税人能将税负全部或部分转嫁给他人的一种税,如流转税等。

3. 按计税标准分类

按计税标准不同,税收可以分为从价税、从量税和复合税。

(1)从价税是以课税对象的价格作为计税依据,按照规定的税率征收的一种税,如增值税、企业所得税等。

(2)从量税是以课税对象的自然实物量(重量、件数、面积、容积等)为标准,采用固定单位税额征收的一种税,如资源税等。

(3)复合税是同时以课税对象的价格和自然实物量为标准征收的一种税,如白酒的消费税。

4. 按税收管理与使用权限分类

按税收管理与使用权限的不同,税收可以分为中央税、地方税和中央地方共享税。

(1)中央税是指管理权限归中央、税收收入归中央支配和使用的一种税,如我国现行的关税和消费税等。这类税一般收入较多,征收范围广泛。

(2)地方税是指由地方政府征收、管理、使用和支配的一种税,如车船税、契税、房产税和土地增值税等。

(3)中央地方共享税是指主要管理权限归中央、税收收入由中央和地方共同享有、按一定的比例分成的一种税,如增值税、资源税、企业所得税和印花税。

【练习题·单选题】 下列税种收入中,属于中央政府与地方政府共享收入的是(　　)。

A. 消费税　　B. 契税　　C. 房产税　　D. 增值税

5. 按税收与价格的关系分类

按税收与价格的关系不同,税收可以分为价内税和价外税。

(1)价内税是指商品税金包含在商品价格中,商品价格由“成本+税金+利润”构成的一种税,如消费税、关税等。

(2)价外税是指商品价格中不包含商品税金、商品价格,仅由成本和利润构成的一种税,如增值税。

价内税有利于国家通过对税负的调整，直接调节生产和消费，但往往容易造成对价格的扭曲。价外税与企业的成本、利润和价格没有直接关系，能更好地反映企业的经营成果。

1.2.3　税制的构成要素

税制的构成要素是指税法应当具备的必要因素和内容。税制的构成要素一般包括总则、纳税义务人、征税对象、税率、纳税环节、纳税地点、纳税期限、减税和免税、罚则、附则等。纳税义务人、征税对象和税率是税法的三个最基本要素。

(1)总则

总则主要包括立法依据、立法目的、适用原则等。

(2)纳税人

纳税人即纳税义务人、纳税主体，是指税法所规定的直接负有纳税义务的单位和个人，是缴纳税款的主体。任何一个税种首先要解决的就是国家对谁征税的问题，如我国个人所得税、增值税、消费税、资源税以及印花税等暂行条例第一条规定的都是该税种的纳税义务人。

纳税人有两种基本形式：自然人和法人。自然人和法人是两个相对称的法律概念。

法人是基于法律规定享有权利能力和行为能力、具有独立的财产和经费、依法独立承担民事责任的社会组织。我国的法人主要有四种：机关法人、事业法人、企业法人和社团法人。

自然人是基于自然规律而产生的、有民事权利和义务的主体，既包括本国公民，也包括外国人和无国籍人。自然人是指能够依法独立享有民事权利、承担民事义务的普通人的总称。

在实际税收征管工作中，必须区别以下几个与纳税人相关的概念。

①扣缴义务人。扣缴义务人即代扣代缴义务人，指虽不承担纳税义务，但依照有关规定，在向纳税人支付收入、结算货款、收取费用时有义务代扣代缴其应纳税款的单位和个人，如出版社代扣作者稿酬所得的个人所得税等。如果代扣代缴义务人按照规定履行了代扣代缴义务，税务机关将支付一定的手续费；反之，未按照规定代扣代缴税款，造成应纳税款流失或将已扣缴的税款私自截留挪用，不按时缴入国库，一旦被税务机关发现，将要承担相应的法律责任。

②负税人。负税人是税款的最后实际承担者，是负担税款的经济实体。纳税人是负担税款的法律实体。某种税的纳税人可能同时也是负税人，但也可能不是负税人。当纳税人缴纳的税款无法实现转嫁时，纳税人同时又是负税人；当纳税人能够将所缴税款转嫁给他人时，纳税人就不是负税人。税法一般只规定纳税人，不规定负税人。

(3)征税对象

征税对象又叫课税对象、征税客体，是指税法规定对什么征税，是征纳税收双方权利和义务共同指向的客体或标的物，是区别一种税与另一种税的重要标志。如消费税的征税对象是消费税条例所列举的应税消费品，房产税的征税对象是房屋等。征税对象是税法最基本的要素，因为它决定着某一种税的基本征收范围，同时征税对象也决定了各个不同税种的名称。如消费税、土地增值税、个人所得税等，这些税种因征税对象不同、性质不同，税的名称也就不同。

与征税对象相关的基本概念有以下两个。

①税目。税目是征税对象的具体化，反映各税种的具体征收范围，是对课税对象本质的界定。设置税目的目的主要是明确具体的征税范围，凡列入税目的，则为应税项目；未列入税目的，则不属于应税项目。如消费税、营业税等，一般都规定不同的税目。

②计税依据。计税依据是据以计算征税对象应纳税款的直接数量依据,它解决对征税对象课税的计算问题,是对课税对象量的规定。如企业所得税应纳税额的基本计算方法是应纳税所得额乘以适用税率,其中,应纳税所得额是据以计算所得税应纳税额的数量基础,为所得税的税基。计税依据按照计量单位的性质划分,有两种基本形态:价值形态和物理形态。价值形态包括应纳税所得额、销售收入等;物理形态包括面积、体积、容积、重量等。一种是以价值形态作为税基,又称为从价计征,即按征税对象的货币价值计算,如销售化妆品应纳消费税税额是由化妆品的销售收入乘以适用税率计算产生,其计税依据为销售收入,属于从价计征的方法。另一种是从量计征,即直接按征税对象的自然单位计算。如城镇土地使用税应纳税额是由占用土地面积乘以每单位面积应纳税额计算产生,其计税依据为占用土地的面积,属于从量计征的方法。计税依据是指税法中规定的计算应纳税额的标准或依据,是征税对象量的具体化。

【练习题·单选题】 在税法构成要素中,用以区分不同税种的是(　　)。

A. 征税对象　　B. 税额　　C. 纳税义务人　　D. 税率

(4)税率

税率是对征税对象的征收比例或征收额度。税率是计算税额的尺度,也是衡量税负轻重与否的重要标志。税率高低直接关系国家财政收入的多少和纳税人税收负担的轻重,它是最活跃、最有力的税收杠杆,是税收制度的核心。我国现行的税率形式主要有以下几种。

①比例税率。比例税率是指对同一征税对象,不分数额大小,规定相同的征收比例。我国的增值税、企业所得税等采用的是比例税率。比例税率又可分为三种具体形式:

a. 单一比例税率。它是指对同一征税对象的所有纳税人都适用同一比例税率。

b. 差别比例税率。它是指对同一征税对象的不同纳税人适用不同的比例税率。我国现行税法又分别按产品、行业和地区的不同将差别比例税率划分为以下三种类型:一是产品差别比例税率,即对不同产品分别适用不同的比例税率,同一产品采用同一比例税率,如消费税、关税等;二是地区差别比例税率,即不同的地区分别适用不同的比例税率,同一地区采用同一比例税率,如我国城市维护建设税等。

c. 幅度比例税率。它是指对同一征税对象,税法只规定最低税率和最高税率,各地区在该幅度内确定具体的适用税率。

比例税率具有计算简单、税负透明度高、有利于保证财政收入、有利于纳税人公平竞争、不妨碍商品流转额或非商品营业额扩大等优点,符合税收效率原则。但比例税率不能针对不同的收入水平实施不同的税收负担,在调节纳税人的收入水平方面难以体现税收的公平原则。

②累进税率。累进税率是指把计税依据按一定的标准划分为若干个等级,从低到高分别规定逐级递增的税率。这种税率形式的特点是税率等级与计税依据的数额等级同方向变动,有利于按纳税人的不同负担能力设计税率,更加符合税收公平的要求。累进税率按其累进依据和累进方式不同,有以下三种形式:

a. 全额累进税率。全额累进税率是指将计税依据划分为若干个等级,从低到高每一个等级规定一个适用税率,当计税依据由低的一级升到高的一级时,全部计税依据均按高一级税率计算应纳税额。这种方式计算简便,但累进程度急剧,特别是在两个等级的临界处,会出现应纳税额增加超过计税依据增加的不合理现象。这种方法目前在世界各国已很少使用。

表 1—1 所示为某三级全额累进税率。

表 1—1　　某三级全额累进税率

级 数	全月应纳税所得额	税率(%)
1	5 000 元以下	10
2	5 000～20 000 元(含)	20
3	20 000 元以上	30

运用全额累进税率的关键是查找每一纳税人应税收入在税率表中所属的级次，找到了收入级次，与其对应的税率便是该纳税人所适用的税率，全部税基乘以适用税率即可计算出应纳税额。例如，某纳税人某月应纳税所得额为 6 000 元，按表 1—1 所列税率，适用第二级次，其应纳税额为 6 000×20%＝1 200(元)。

b. 超额累进税率。超额累进税率是指将计税依据划分为若干个等级，从低到高每一个等级规定一个适用税率，一定数额的计税依据可以同时适用几个等级的税率，每超过一级，超过部分按高一级的税率计税，各等级应纳税额之和为纳税人的应纳税总额。这种方式累进程度比较缓和，目前已被多数国家或地区所采用，如我国的个人所得税税率。表 1—2 为某三级超额累进税率。

表 1—2　　某三级超额累进税率

级 数	全月应纳税所得额	税率(%)	速算扣除数
1	5 000 元以下	10	0
2	5 000～20 000 元(含)	20	500
3	20 000 元以上	30	2 500

如某人某月应纳税所得额为 6 000 元，根据表 1—2 所列税率，其应纳税额可以分步计算：

第一级的 5 000 元适用 10%税率，应纳税额为 5 000×10%＝500(元)。

第二级的 1 000(6 000－5 000)元适用 20%的税率，应纳税额为 1 000×20%＝200(元)。

其该月应纳税额＝5 000×10%＋1 000×20%＝500＋200＝700(元)。

在级数较多的情况下，分级计算然后相加的方法比较繁琐。为了简化计算，也可采用速算法。速算法的原理是，基于全额累进计算的方法比较简单，可将超额累进计算的方法转化为全额累进计算的方法。对于同样的课税对象数量，按全额累进方法计算出的税额比按超额累进方法计算出的税额多，即有重复计算的部分，这个多征的常数叫作速算扣除数，用公式表示为：

速算扣除数＝按全额累进方法计算的税额－按超额累进方法计算的税额

公式移项得：

按超额累进方法计算的税额＝按全额累进方法计算的税额－速算扣除数

接上例，某人某月应纳税所得额为 6 000 元，如果直接用 6 000 元乘以所对应级次的税率 20%，则对于第一级次的 5 000 元应纳税所得额就出现了[5 000×(20%－10%)]的重复计算的部分。因为这 5 000 元仅适用 10%的税率，而现在全部用了 20%的税率来计算，所以多算的这部分就是应该扣除的所谓速算扣除数。如果简化计算，则 6 000 元应纳税额为[6 000×20%－500]700(元)。

c. 超率累进税率。超率累进税率是指将计税依据按相对率划分为若干个等级,从低到高每一个等级规定一个适用税率,各个等级的计税依据分别按本级的适用税率计算,各等级应纳税额之和为纳税人的应纳税总额。超率累进税率的计税原理与超额累进税率相同,只是税率累进的依据不是征税对象的绝对数,而是相对数(如销售利润率等),如我国的土地增值税税率。

【练习题·单选题】下列税种中,适用超率累进税率的是(　　)。

A. 企业所得税　　B. 个人所得税　　C. 城市维护建设税　　D. 土地增值税

③定额税率。定额税率即按征税对象确定的计算单位,直接规定一个固定税额。定额税率的特点是税率与征税对象的价值量无关,不受征税对象价值量变化的影响。它适用于价格稳定或质量等级较为单一的征税对象。

【练习题·单选题】(　　)是计算税额的尺度,也是衡量税负轻重与否的重要标志。

A. 税率　　B. 税目　　C. 征税对象　　D. 纳税人

(5)纳税环节

纳税环节是指按税法规定对运动中的征税对象选定的应当征税的环节。商品从生产到消费要经历诸多流转环节,各环节都存在销售额,都有可能成为纳税环节。税法对每一税种都规定了纳税环节,不同税种具体的纳税环节不同。

按纳税环节的多少可将税收课征制度划分为两类:一次课征制和多次课征制。凡只在一个环节征税的称为一次课征制;凡在两个以上的环节征税的称为多次课征制,如我国的增值税对商品的生产、批发和零售环节均征税。

(6)纳税地点

纳税地点是指税法规定的纳税人缴纳税款的地点。

(7)纳税期限

纳税期限是指纳税人发生纳税义务后应向国家征税机关申报缴纳税款的期限。它是税收强制性、固定性在时间上的具体表现。纳税期限可分为两种形式:按期纳税和按次纳税。

按期纳税是根据纳税义务的发生时间,通过确定纳税间隔期实行。按期纳税间隔期通常分为1日、3日、5日、10日、15日、1个月和1个季度七种。纳税人的具体纳税期限由其主管税务机关按照规定核定。不能按固定期限纳税的,可根据纳税行为的发生次数确定纳税期限。

(8)减税和免税

减税和免税是对某些纳税人和征税对象采取减少征税或者免予征税的特殊规定。

(9)罚则

罚则主要是指对纳税人违反税法的行为采取的处罚措施。

(10)附则

附则一般都规定与该法紧密相关的内容,比如该法的解释权、生效时间等。

1.2.4　税收征收管理制度

税收征收管理法律的主要内容包括税务管理、税款征收、税务检查和法律责任。其中,税务管理是基础,税款征收是重点,税务检查是手段,法律责任是保障。限于篇幅,本书仅介绍前三部分。

(1)税务管理

①税务登记管理。税务登记是税务机关对纳税人的生产经营活动进行登记,并据此对纳

税人实施税务管理的一种法定制度。税务登记的目的是要保证税收征缴的真实、准确和完整，以便加强税收征管工作。税务登记管理主要包括以下内容：

a. 开业税务登记。开业税务登记的纳税人包括领取营业执照从事生产经营的纳税人和非从事生产经营的纳税人两类。从事生产经营的纳税人，应当自领取营业执照之日起30日内向生产经营地或纳税义务发生地的主管税务机关申报办理税务登记；非从事生产经营的纳税人，但依法负有纳税义务的单位和个人，除国家机关和个人外，应当自纳税义务发生之日起30日内持有关证件向所在地主管税务机关申报办理税务登记。此外，以下几种情况应比照开业登记办理：扣缴义务人应当自扣缴义务发生之日起30日内向所在地税务机关办理税务登记；跨地区、非独立核算分支机构应当自设立之日起30日内，向所在地税务机关办理注册登记；从事生产经营的纳税人到外县临时从事生产经营活动的，应当持税务登记证副本和所在地税务机关填开的外出经营活动税收管理证明，向营业地税务机关报验登记；从事生产经营的纳税人外出经营，在同一地累计超过180日的，应在营业地办理税务登记。

纳税人办理税务登记必须提供以下资料：营业执照，有关合同、章程、协议，银行账号证明，居民身份证、护照或其他合法证件，企业、事业单位的统一代码证书，税务机关要求的其他资料。税务机关应自收到申请之日起30日内审核并发给税务登记证。

税务登记证只限于纳税人自己使用，不得随意转借、涂改、损毁和伪造。纳税人遗失税务登记证，应向主管税务机关做出书面报告并公开声明作废，同时向主管税务机关申请补发。

b. 变更税务登记。纳税人办理税务登记后，若发生单位名称、法定代表人、经济性质或经济类型、住所或经营地点、生产经营或经营方式、注册资本和隶属关系等内容改变的，应当办理变更税务登记。纳税人税务登记内容发生变化的，应自工商行政管理机关办理变更登记之日起30日内向原税务机关申报办理变更登记；纳税人税务登记内容变更不需要到工商行政管理机关办理变更登记的，应自有关机关批准或宣布变更之日起30日内向原税务机关办理变更税务登记。

c. 注销税务登记。纳税人若发生因经营期限届满而自动解散、改组、合并等而被撤销、资不抵债而破产、被工商行政管理部门吊销营业执照及其他依法终止履行纳税义务的行为，应向原税务登记机关办理注销税务登记。纳税人发生解散、破产、撤销以及其他情形，依法终止纳税义务的，应当在向工商行政管理机关办理注销登记前，持有关证件向原税务登记机关申报办理注销税务登记；按规定不需要在工商行政管理机关办理注销登记的，应当自有关机关批准或宣告终止之日起15日内持有关证件向原税务机关办理注销税务登记。

d. 停业、复业登记。实行定期定额征收方式的纳税人，在营业执照核准的经营期限内需要停业的，应当向税务机关提出停业登记，说明停业的理由、时间，停业前的纳税情况和发票的领、用、存情况。纳税人应当于恢复生产经营之前向税务机关提出复业登记申请，经确认后办理复业登记，纳入正常管理。纳税人停业期满不能及时恢复生产经营的，应当在停业期满前向税务机关提出延长停业登记。纳税人停业期满未按期复业，又不申请延长停业的，税务机关应当视为已恢复营业，实施正常的税收征收管理。

税务登记是税务机关对纳税人实施税收管理的首要环节和基础工作，是征纳双方法律关系成立的依据和证明。除按规定不需发给税务登记证件外，纳税人在办理开立银行账户、申请减免退税、办理延期申报、办理延期缴纳税款、领购发票、申请办理外出经营活动税收管理证明和办理停业歇业等事项时，都必须持税务登记证件。税务登记证正本必须在其生产经营场所或办公场所公开悬挂，接受税务机关的检查。

②会计制度管理。会计制度管理包括账簿、凭证设置管理和财务会计制度管理两部分内容。

所有纳税人和扣缴义务人都必须按有关法律、行政法规和国务院财政、税务主管部门的规定设置账簿。从事生产经营的纳税人应当自领取营业执照或发生纳税义务之日起15日内设置账簿。扣缴义务人应当自扣缴义务发生之日起10日内按所代扣代收的税种分别设置代扣代缴税款账簿。所有纳税人和扣缴义务人都必须依据合法、有效的凭证进行账务处理。

从事生产经营的纳税人必须将所采用的财务会计制度和具体的财务会计处理办法按税务机关的规定,自领取税务登记证件之日起15日内及时报送主管税务机关备案。纳税人、扣缴义务人使用的会计制度和具体财务会计处理方法与国务院或财政部、国家税务总局有关税收方面的规定相抵触时,应按国务院制定的税收规定或财政部、国家税务总局的有关税收规定计算税款。

③纳税申报管理。纳税申报是纳税人按照税法规定的期限和内容,向税务机关提交有关纳税事项书面报告的法律行为。纳税申报是纳税人履行纳税义务、界定纳税人法律责任的主要依据,是税务机关研究经济信息、加强税源管理的重要手段。

凡有纳税义务的单位和个人,在纳税期内无论有无应纳税款,都必须按有关规定办理纳税申报。纳税人享受减税、免税待遇的,在减税、免税期间也应当按规定办理纳税申报。我国目前比较常用的纳税申报方式有直接申报、邮寄申报和数据电文申报三种。具体纳税期限和纳税申报内容将在后面章节讲述。

纳税人因特殊情况不能按期进行纳税申报的,经县级以上税务机关核准,可以延期申报。经核准,延期办理纳税申报的,应按上期实际缴纳的税款或税务机关核定的税款预缴,并在核准的延期内办理税款结算。

(2)税款征收

税款征收是税收征收管理工作的中心环节,是全部税收征管工作的目的和归宿。

①税款征收的原则

税款征收必须遵循以下基本原则:除税务机关、税务人员以及经税务机关依法委托的单位和个人外,任何单位和个人不得进行税款征收活动;税务机关只能依照法律、行政法规的规定征收税款,不得违反法律、行政法规的规定开征、停征、多征或少征、提前征收、延缓征收或摊派征收税款;税务机关征收税款或扣押和查封商品、货物或其他财产时,必须向纳税人开具完税凭证或开具扣押和查封的收据或清单;税务机关征收税款,税收优先于无担保债权,法律另有规定的除外;纳税人欠缴税款发生在纳税人以其财产设定抵押、质押或纳税人的财产被留置之前的,税收应当优先于抵押权、质权和留置权执行。

②税款征收的方式

税款征收的方式是指税务机关根据各税种的不同特点、征纳双方的具体条件而确定的计算征收税款的方法和形式。税款征收的方式主要有以下几种:

a. 查账征收。查账征收是指税务机关按纳税人提供的账、表所反映的经营情况,依照适用的税率计算缴纳税款的方式。该方式适用于会计核算制度比较健全,能够据以如实核算企业的收入、成本、费用和财务成果,并能够认真地履行纳税义务的纳税人。

b. 查定征收。查定征收是指税务机关根据纳税人的从业人员、生产设备、耗用的原材料等因素,在正常生产经营条件下对其生产的应税产品查实核定产量、销售额并据以征收税款的一种方式。该方式适用于生产规模小、账册不健全,但能够控制原材料或进、销货的纳税人。

c. 查验征收。查验征收是指税务机关对纳税人的应税商品，通过查验数量，按市场一般销售单价计算其销售收入并据以征税的方式。该方式适用于经营品种比较单一，经营地点、时间和商品来源不固定的纳税单位。

d. 定期定额征收。定期定额征收是指对一些营业额、所得额不能准确计算的小型工商业户，税务机关通过典型调查，核定一定时期的营业额和所得额，实行多税种合并征税的一种方式。该方式适用于无完整考核依据的小型纳税单位。

除上述方式外，还有委托代征税款、邮寄纳税、代扣代缴和代收代缴等方式。

③税款征收制度

税款征收制度有以下几种。

a. 延期缴纳税款制度。《税收征管法》规定，纳税人有特殊困难不能按期缴纳税款的，经省、自治区、直辖市国家税务局、地方税务局批准，可以延期缴纳税款，但最长不得超过 3 个月。上述所述的特殊困难主要指两种情况：一是因不可抗力，导致纳税人发生较大损失，正常生产经营受到较大影响的；二是当期货币资金在扣除应付职工工资、社会保险费后不足以缴纳税款的。纳税人在申请延期缴纳税款时，必须以书面形式提出申请，税务机关应在收到申请延期缴纳税款报告之日起 20 日内做出批复，批准延期内免予加收滞纳金。

b. 税收滞纳金征收制度。《税收征管法》规定，纳税人未按照规定期限缴纳税款的，扣缴义务人未按照规定期限解缴税款的，税务机关除责令限期缴纳外，从滞纳税款之日起按日加收滞纳税款万分之五的滞纳金。滞纳金必须是在税务机关发出催缴税款通知书责令限期缴纳税款而纳税人未能按期缴纳税款的情况下才能加收。加收滞纳金的起止日期为法律、行政法规规定的税款缴纳期限届满次日起至纳税人、扣缴义务人实际缴纳税款或解缴税款之日止。纳税人拒绝缴纳滞纳金的，可以按不履行纳税义务实行强制措施。

c. 税收保全措施。即税务机关对可能由于纳税人的行为或某种客观原因，致使以后税款的征收不能保证或难以保证的案件，采用限制纳税人处理或转移商品、货物或其他财产的措施。《税收征管法》规定，税务机关有根据认为从事生产、经营的纳税人有逃避纳税义务行为的，可以在规定的纳税期限之前责令限期缴纳税款；在限期内有明显的转移、隐匿其应纳税商品、货物以及其他财产迹象的，税务机关应责令其提供纳税担保。如果纳税人不能提供纳税担保，经县以上税务局（分局）局长批准，税务机关可以采取下列税收保全措施：第一，书面通知纳税人开户银行或其他金融机构冻结纳税人的金额相当于应纳税款的金额；第二，扣押和查封纳税人价值相当于应纳税款的商品、货物或其他财产的价值。纳税人在上款规定的期限内缴纳税款的，税务机关必须立即解除税收保全措施；期限届满仍未缴纳税款的，经县以上税务局（分局）局长批准，税务机关可以书面通知纳税人开户银行或其他金融机构，从其冻结的存款中扣缴税款，或依法拍卖或变卖所扣押和查封的商品、货物或其他财产，用拍卖或变卖所得抵缴税款。采取税收保全措施不当，或纳税人在期限内已缴纳税款，税务机关未立即解除税收保全措施，使纳税人的合法利益遭受损失的，税务机关应当承担赔偿责任。

d. 税收强制执行措施。即当事人不履行法律、行政法规规定的义务，有关国家机关采用法定的强制手段强迫当事人履行义务的行为。《税收征管法》规定，从事生产经营的纳税人、扣缴义务人未按照规定的期限缴纳税款或解缴税款，纳税担保人未按照规定的期限缴纳所担保的税款，由税务机关责令限期缴纳，逾期仍未缴纳的，经县以上税务局（分局）局长批准，税务机关可以采取下列强制执行措施：第一，书面通知其开户银行或其他金融机构从其存款中扣缴税款；第二，扣押、查封、依法拍卖或变卖其价值相当于应纳税款的商品、货物或其他财产的价值，用拍卖或变卖所得抵缴税款。

e. 税款退还与追征制度。《税收征管法》规定,纳税人超过应纳税额缴纳的税款,税务机关发现后应当立即退还;纳税人自结算缴纳税款之日起 3 年内发现的,可以向税务机关要求退还多缴的税款,并加算银行同期存款利息,税务机关及时查实后应当立即退还。《税收征管法实施细则》规定,税务机关发现纳税人多缴税款的,应当自发现之日起 10 日内办理退还手续;纳税人发现多缴税款且要求退还的,税务机关应自接到纳税人退还申请之日起 30 日内查实并办理退还手续。

《税收征管法》规定,因税务机关责任,致使纳税人、扣缴义务人未缴或少缴税款的,税务机关在 3 年内可要求纳税人、扣缴义务人补缴税款,但不得加收滞纳金。

因纳税人、扣缴义务人计算等失误,未缴或少缴税款的,税务机关在 3 年内可以追征税款、滞纳金;有特殊情况的,追征期可以延长到 5 年。所谓"特殊情况",是指纳税人或扣缴义务人因计算失误,未缴或少缴、未扣或少收税款,累计数额在 10 万元以上的。

对偷税、抗税、骗税的,税务机关追征其未缴或少缴的税款、滞纳金或所骗取的税款,不受前款规定期限的限制。

(3)税务检查

根据《税收征管法》规定,税务机关有权进行下列税务检查:①检查纳税人的账簿、记账凭证、报表和有关资料,检查扣缴义务人代扣代缴、代收代缴税款的账簿、记账凭证和有关资料。②到纳税人的生产、经营场所和货物存放地检查纳税人的应纳税商品、货物或其他财产,检查扣缴义务人与代扣代缴、代收代缴税款有关的经营情况。③责成纳税人、扣缴义务人提供与纳税或代扣代缴、代收代缴税款有关的问题和情况。④询问纳税人、扣缴义务人与纳税或代扣代缴、代收代缴税款有关的问题和情况。⑤到车站、码头、机场、邮政企业及其分支机构检查纳税人托运、邮寄应纳税商品、货物或其他财产的有关单据、凭证和有关资料。⑥经县以上税务局(分局)局长批准,凭全国统一格式的检查存款账户许可证明,查询从事生产、经营的纳税人、扣缴义务人在银行或其他金融机构的存款账户。税务机关在调查税收违法案件时,经设区的市、自治州以上的税务局(分局)局长批准,可以查询安全涉嫌人员的储蓄存款。税务机关查询所获得的资料,不得用于税收以外的用途。

税务机关对从事生产经营的纳税人以前纳税期的纳税情况依法进行税务检查时,发现纳税人有逃避纳税义务的行为,并有明显的转移、隐匿其应纳税的商品、货物以及其他财产或应纳税收入迹象的,可以按批准权限采取税收保全措施或强制执行措施。

税务机关依法进行税务检查,有权向有关单位和个人调查纳税人、扣缴义务人和其他当事人与纳税或代扣代缴、代收代缴税款有关的情况,有关单位和个人有义务向税务机关如实提供有关资料及证明材料。税务机关调查税务案件时,对与安全有关的情况和资料,可以记录、录音、录像、照相和复制。

税务机关派出人员进行税务检查时,应当出示税务检查证和税务检查通知书,并有责任为被检查人保守秘密;未出示税务检查证和税务通知书的,被检查人有权拒绝检查。纳税人、扣缴义务人必须接受税务机关依法进行的税务检查,如实反映情况,提供有关资料,不得拒绝、隐瞒。

1.2.5 税务筹划

(1)税务筹划的概念

西方流行的一句名言:人生只有两件事是任何人都无法避免的——死亡和纳税。个人如此，企业也同样如此。现代税收已经深入经济社会生活的各个方面，影响着企业的利益，成为企业决策时不可忽略的因素。在市场经济条件下，企业作为独立法人，其所追求的目标是如何最大限度地、合理、合法地满足自身的经济利益，而税务筹划正是纳税人的一项基本权利，所以野蛮者抗税，愚昧者偷税，糊涂者漏税，智慧者进行税务筹划。目前，国内外对税收筹划概念的描述不尽相同，观点各异，但基本的要点大致相同，即税收筹划是指在现行国家政策法规许可的范围内利用不违法的手段，运用税收、法律、财务和会计等专门知识，对企业经营、筹资、投资、收益分配和理财等各个方面进行事先安排和运筹，尽量减少税收成本，增加税后收益，实现财务目标，获得单位收益最大化的活动。

(2)税务筹划的特点

税务筹划的实质是合法纳税方案的最优选择。它不同于偷税、逃税、抗税和骗税。税务筹划具有以下特点：

①合法性

即税务筹划是在完全符合税法、不违反税法的前提下进行的。纳税人进行税务筹划，应以现行的各种税收法律规范为依据，要在熟悉税法的前提下，利用税制构成要素中的税负弹性进行税务筹划，选择最优的纳税方案。合法性是税务筹划最基本的特征，是税务筹划区别于偷税、逃税、欠税、抗税和骗税的关键。

②筹划性

税务筹划是在应税行为发生之前纳税人通过充分了解现行税法知识和财务知识，全方位地结合企业经济活动进行规划、设计和安排，以寻求未来税负相对最轻、经营效益相对最好的决策方案的行为，是一种合理、合法的预先筹划，具有超前性的特点。

③目的性

纳税人进行税务筹划的目的是减轻税收负担，其外在表现是尽可能地减少应纳税款或递延税款的支付。

④专业性

税务筹划作为一种综合的管理活动，所采用的方法是多种多样的。税务筹划在方法上的综合性特点使筹划活动成为一项高智力的活动，需要周密的规划知识。税务筹划的专业性有两层含义：一是指企业的税务筹划需要由财务、会计尤其是精通税法的专业人员进行；二是现代社会随着经济日趋复杂，各国税制也越趋复杂，税务代理、咨询及筹划业务便应运而生，税务筹划呈日益明显的专业化特点。

⑤多变性

各国税收政策的多变性决定了税务筹划的多变性。随着政治、经济形势的变化，国家的税收政策会相应地进行修正或改变，纳税人必须随时关注国家税收法规的变动，恰当地进行税务筹划。

本章小结

税务会计是以国家税法为准绳，借助会计的基本理论和方法，对纳税单位的纳税活动所引起的资金运动进行核算、监督和筹划的一门专业会计。税务会计具有区别于财务会计的目标、核算基础和核算依据。

税收是国家取得财政收入的一种方式，具有区别于其他财政收入形式而特有的“三性”。税法构成要素、税收法律体系、税收管理体制和税收征收管理制度是学习税务会计的前提和基础。

税务筹划是在遵循税收法律、法规的前提下,当存在两个或两个以上纳税方案时,为了合理纳税而进行的设计和运筹。税务筹划是税务会计的提升,我们也应该有所了解。

本章重点

税务会计的对象、目标、基本前提与原则,税收的概念与特征,我国现行税制的构成要素、税收管理体制及税收征收管理制度。

本章难点

税收征收管理制度的应用。

基本概念

税务会计　税收　纳税人　扣缴义务人　税目　税率　税收保全措施　税收强制执行措施　税务筹划

复习思考题

1. 简述税务会计的基本前提。
2. 简述税务会计与财务会计的区别和联系。
3. 简述税款征收制度的内容。
4. 我国税制要素包括哪些内容?
5. 我国的税率有几种类型?各有什么特点?

第 2 章　增值税会计

学习目标

了解增值税的概念及类型；
了解增值税一般纳税人和小规模纳税人身份的认定与管理；
熟悉增值税的征收范围；
熟悉增值税税率；
熟悉增值税纳税义务发生时间、纳税期限及纳税地点；
掌握一般纳税人和小规模纳税人增值税应纳税额的计算与核算；
掌握进口货物增值税应纳税额的计算与核算；
熟悉增值税一般纳税人和小规模纳税人纳税申报表的填制。

思政案例

早在 1917 年，美国学者亚当斯(T. Adams)就已经提出了具有现代增值税雏形的想法。1921 年，德国学者西蒙士(C. F. V. Siemens)正式提出了增值税的名称。但是增值税最早得以确立并征收的国家是法国。1954 年，法国在生产阶段将原来的按营业额全额课征改为按全额计算后，允许扣除购进项目已缴纳的税款，即按增值额征税，开创了增值税实施之先河。此后，增值税在欧洲得到推广，不久又扩展到欧洲以外的许多国家或地区。目前，世界上已有 100 多个国家或地区实行。增值税在半个多世纪的时间里能得到如此众多国家和地区的广泛认可和推行，这在世界税制发展史上是罕见的，被称为 20 世纪人类在财税领域的一个最重要的改革和成就。

增值税是我国的第一大税种，增值税收入占据全国税收收入近半壁江山。1994 年，财政部、国家税务总局和电子工业部(现改为中华人民共和国工业和信息化部)在北京召开"金税工程"工作会议，以加强增值税管理为主要目标的"金税工程"试点工作于 1994 年 3 月启动。从 2009 年 1 月 1 日起，在我国实行消费型增值税的转型改革。增值税转型就是将我国现行的生产型增值税转为消费型增值税，其主要表现为增值税税基的缩减，其核心内容是允许企业购进机器设备等固定资产的进项税额可以在销项税额中抵扣。

我国从 1979 年起在部分城市试行增值税。1982 年，财政部制定了《增值税暂行办法》，并自 1983 年 1 月 1 日开始在全国试行。1984 年 9 月，在总结经验的基础上，国务院又制定了《中华人民共和国增值税条例(草案)》，并自当年 10 月起施行。1993 年 12 月 13 日，国务院又发布了《中华人民共和国增值税暂行条例》，并自 1994 年 1 月 1 日起施行。为了进一步完善税制,国务院决定全面实施增值税转型改革,修订《中华人民共和国增值税暂行条例》(以下简称《增值税暂行条例》),在2008年11月5日经国务院第34次常务会议审议通过,11月10日以国务院令第538号公布,于2009年1月1日起施行。

2011年年底,国家决定在上海试点营业税改征增值税的工作,这是继2009年增值税转型改革之后的又一重要措施。贯彻落实国务院关于先在上海市交通运输业和部分现代服务业开展改革试点的决定,根据经国务院同意的营业税改征增值税试点方案,财政部、国家税务总局印发了《交通运输业和部分现代服务业营业税改征增值税试点实施办法》《交通运输业和部分现代服务业营业税改征增值税试点有关事项的规定》和《交通运输业和部分现代服务业营业税改征增值税试点过渡政策的规定》等文件,自2012年1月1日起施行。2015年,营改增范围将扩大到建筑业和不动产、金融保险业、生活服务业。营业税改征增值税是我国结构性减税的重要步骤,是财政支持经济发展的重大举措,政策的实施将给相关行业带来深远影响。营业税改征增值税改革,是我国货物劳务税制发展走向更高层次的必经之路,标志着我国增值税制的发展从生产型转向消费型、征税范围从货物销售扩展到更多劳务服务领域,我国的货物劳务税制体系逐步走向规范与成熟。营改增改革有利于完善税收体系、消除重复征税、促进社会专业化分工、加强三次产业融合,尤其在世界经济减速、国内经济降温的背景下,对于减轻企业负担、优化三大需求结构、促进国民经济健康协调发展具有重要作用与积极意义。自2016年5月1日起,我国全行业执行增值税,增值税已成为我国的第一大税种。中国是复合税制国家,增值税是两个主体税种之一。

2.1 增值税概述

2.1.1 增值税的概念

增值税是以单位和个人生产经营过程中取得的增值额为课税对象征收的一种税。对增值税概念的理解,关键是要理解增值额的含义,具体可以从以下三个方面进行理解。

(1)从理论上讲,增值额是指生产经营者在生产经营过程中新创造的价值额。增值额相当于商品价值 $C+V+M$ 中的 $V+M$ 部分。C 即商品生产过程中所消耗的生产资料转移价值;V 即工资,是劳动者为自己创造的价值;M 即剩余价值或盈利,是劳动者为社会创造的价值。增值额是劳动者新创造的价值,从内容上讲,大体相当于净产值或国民收入。

(2)就一个生产单位而言,增值额是这个单位商品销售收入额或经营收入额扣除非增值项目(相当于物化劳动,如外购的原材料、燃料、动力、包装物、低值易耗品等)价值后的余额。这个余额,大体相当于该单位活劳动创造的价值。

(3)就一种商品的生产经营全过程来讲,不论其生产经营经过几个环节,其最后的销售总值应等于该商品从生产到流通的各个环节的增值额之和,即

商品最后的销售价格=各环节的增值额之和

以表2—1为例,如果用传统的流转税计税方式,对每个流转环节均按全额课税,将会对该商品从原材料到零售环节的每个环节按销售全额计税,其计税总值为390元。但如果按增值税的计税方式,对每个环节的增值额计税,则其计税总值为140元。这两者的差额250元就产生了重复征税问题,即第一环节的50元实际上在传统的流转税计税方式下将被征税4次,被重复征税3次。同理,其余环节分别被重复征税若干次。而改为按每一环节的增值额征税后,

不论一种商品从生产到最后销售经过几个流转环节，其计税总值都等于该商品的最终销售价格。这个特点对消除重复征税、产品的出口退税等均产生了重要影响。

表 2—1 某商品最后的销售价格与各生产流通环节增值额的关系

生产流通环节	本环节销售额	本环节增值额
原材料生产环节	50	50①
产成品生产环节	80	30②
批发环节	120	40
零售环节	140	20
合 计	390	140

注：①假定本环节均为增值额，无购进项目。

②每个环节的增值额为本环节销售额减去购进成本即上一环节的销售额后的余额。

【想一想】 增值税从生产环节、批发环节到零售环节道道征税，所以存在严重的重复征税现象，你认为这种说法正确吗？

2.1.2 增值税的类型

上述所谓的增值额，指的是理论增值额，在税收实务中要获取其数据十分困难。因此，在实践中，各国实行的增值税都是以法定增值额为课税对象的。法定增值额和理论增值额往往不相一致，其主要区别在于对购入固定资产的处理上。因此根据对购入固定资产已纳税款处理的不同，可以将增值税分为不同的类型。依据实行增值税的各个国家允许抵扣已纳税款的扣除项目范围的大小，增值税分为生产型增值税、收入型增值税、消费型增值税三种类型。

（1）生产型增值税

生产型增值税以纳税人的销售收入（或劳务收入）减去用于生产经营的外购原材料、燃料、动力等物质资料价值后的余额作为法定的增值额，但对购入的固定资产及其折旧均不予扣除。也就是说，既不允许扣除购入固定资产的价值，也不考虑生产经营过程中固定资产磨损的那部分转移价值（即折旧）。由于这个法定增值额等于工资、租金、利息、利润和折旧之和，其内容从整个社会来说相当于国民生产总值，所以称为生产型增值税。生产型增值税的法定增值额大于理论增值额，税基较宽，能在一定程度上保证国家财政收入的稳定增长，但存在部分重复征税现象，不利于鼓励投资。我国 1994 年 1 月 1 日至 2008 年 12 月 31 日实行的增值税为该类型。

（2）收入型增值税

收入型增值税除允许扣除外购物质资料的价值以外，对于购置用于生产经营用的固定资产，允许将已提折旧的价值额予以扣除，即对于购入的固定资产，可以按照磨损程度相应地给予扣除。这个法定增值额就整个社会来说相当于国民收入，所以称为收入型增值税。收入型增值税的法定增值额等于理论增值额，它消除了增值税的重复征税现象，但由于固定资产的折旧是分期进行的，其价值转移不能获得准确的凭证，不利于发票扣税法的操作，因此实际采用的国家或地区极少。

（3）消费型增值税

消费型增值税下计算增值额时，允许将外购物质资料的价值和外购用于生产经营的固定资产价值中所含的税款,在购置当期一次全部扣除。该法定增值额就整个社会而言仅限于当期生产销售的消费品,不包括生产资料部分,故称为消费型增值税。消费型增值税的法定增值额小于理论增值额,它不仅消除了增值税的重复征税现象,而且有利于发票扣税法的操作,但从局部范围来看会减少国家的财政收入。我国2009年开始实行的增值税采用该类型。

2.1.3 增值税的特点

增值税是对在我国境内销售货物或提供加工,修理修配劳务,销售服务、无形资产或者不动产以及进口货物的单位和个人,就其实现的增值额为征税对象征收的一种流转税。增值税之所以能够在世界上众多国家或地区推广,是因为其可以有效地防止商品在流转过程中的重复征税问题,并使其具备保持税收中性、普遍征收、税收负担由最终消费者承担、实行税款抵扣制度、实行比例税率、实行价外税等特点。我国从1979年开始在部分城市试行生产型增值税。2008年,国务院决定全面实施增值税改革,即将生产型增值税转为消费型增值税。2011年年底,国家决定在上海试点营业税改征增值税(以下简称"营改增")工作;2016年5月1日起,全国全面实施"营改增"。2017年10月30日,国务院常务会议通过《国务院关于废止〈中华人民共和国营业税暂行条例〉和修改〈中华人民共和国增值税暂行条例〉的决定(草案)》,正式取消营业税。增值税具有以下特点。

(1)保持税收中性

根据增值税的计税原理,流转额中的非增值因素在计税时被扣除。因此,对同一商品而言,无论流转环节的多与少,只要增值额相同,税负就相等,不会影响商品的生产结构、组织结构和产品结构。

(2)实行多环节征税

从纳税环节上看,增值税实行多环节征税,每经过一道生产经营环节只要有增值额就征收一种税,而不是只在某一环节征税。在生产、批发、零售和进口等环节普遍征收增值税。

(3)税负由最终消费者承担

增值税属于流转税,虽然其税额在形式上是向销售者征收,但它可以通过价格转嫁到下一流通环节,最后由最终消费者承担。

(4)税额计算实行税款抵扣法

纳税人在计算增值税应纳税额时,要扣除购进货物或接受应税劳务等支付款项时所取得的增值税专用发票上注明的税款,以避免重复征税。

(5)实行价外计税制度

增值税以不含增值税税额的价格为计税依据,销售商品时,增值税专用发票上分别注明增值税税款和不含增值税的销售额。

2.1.4 增值税纳税人及分类管理

根据《中华人民共和国增值税暂行条例》的规定,在中华人民共和国境内销售货物或者提供加工、修理修配劳务、销售服务、无形资产、不动产以及进口货物的单位和个人,为增值税纳税人。

单位租赁或承包给其他单位或者个人经营的,以承租人或承包人为纳税人。

对报关进口的货物,以进口货物的收货人或办理报关手续的单位和个人为进口货物的纳税人。对代理进口货物,以海关开具的完税凭证上的纳税人为增值税纳税人;对报关进口货物，凡是海关的完税凭证开具给委托方的，对代理方不征增值税；凡是海关的完税凭证开具给代理方的，对代理方应按规定征收增值税。

境外的单位或个人在境内提供应税劳务，在境内未设有经营机构的，其应纳税款以境内代理人为扣缴义务人；在境内没有代理人的，以购买者为扣缴义务人。

中华人民共和国境外（以下简称境外）单位或者个人在境内销售服务、无形资产或者不动产，在境内未设有经营机构的，以购买方为增值税扣缴义务人。财政部和国家税务总局另有规定的除外。

在中华人民共和国境内（以下简称境内）销售货物或提供加工、修理修配劳务是指销售货物的起运地或所在地在境内；提供的应税劳务发生地在境内。

在境内销售服务、无形资产或者不动产的含义如下。

（1）服务（租赁不动产除外）或者无形资产（自然资源使用权除外）的销售方或者购买方在境内。

（2）所销售或者租赁的不动产在境内。

（3）所销售自然资源使用权的自然资源在境内。

（4）财政部和国家税务总局规定的其他情形。

【注意】两个或者两个以上的纳税人，经财政部和国家税务总局批准可以视为一个纳税人合并纳税，具体办法由财政部和国家税务总局另行规定。

【特别提示 1】在境内销售货物或提供加工、修理修配劳务是指销售货物的起运地或所在地在境内；提供的应税劳务发生地在境内。在境内销售服务、无形资产或者不动产是指：①服务（租赁不动产除外）或者无形资产（自然资源使用权除外）的销售方或者购买方在境内。②所销售或者租赁的不动产在境内。③所销售自然资源使用权的自然资源在境内。④财政部和国家税务总局规定的其他情形。

【特别提示 2】境外单位或者个人发生的下列行为不属于在境内销售服务或者无形资产：(1)向境内单位或者个人销售完全在境外发生的服务。(2)向境内单位或者个人销售完全在境外使用的无形资产。(3)向境内单位或者个人出租完全在境外使用的有形动产。(4)向境内单位或者个人提供的工程施工地点在境外的建筑服务、工程监理服务。(5)向境内单位或者个人提供的工程、矿产资源在境外的工程勘察勘探服务。(6)向境内单位或者个人提供的会议展览地点在境外的会议展览服务。(7)为出境的函件、包裹在境外提供的邮政服务、收派服务。(8)财政部和国家税务总局规定的其他情形。

增值税实行凭专用发票抵扣税款的制度，客观上要求纳税人具备健全的会计核算制度和能力。在实际经济生活中，我国增值税纳税人众多，会计核算水平差异较大，大量的小企业和个人还不具备用发票抵扣税款的条件。《中华人民共和国增值税暂行条例》（以下简称《增值税暂行条例》）及其实施细则规定，划分一般纳税人和小规模纳税人的基本依据是纳税人的会计核算是否健全，以及企业规模的大小。衡量企业规模的大小一般以年销售额为依据。因此，现行增值税制度是依据纳税人年应税销售额的大小，会计核算健全是指能够按照国家统一的会计制度规定设置账簿，根据合法、有效的凭证核算。

对增值税纳税人进行分类，主要是为了适应纳税人经营管理规模差异大、财务核算水平不一的实际情况。分类管理有利于税务机关加强重点税源管理，简化小型企业的计算缴纳程序，也有利于对专用发票正确使用与安全管理要求的落实。这两类纳税人在税款计算方法、适用税率以及管理办法上都有所不同:对一般纳税人实行凭发票扣税的计税方法,对小规模纳税人实行简便易行的计税方法和征收管理办法。

1. 一般纳税人

增值税一般纳税人资格实行登记制,登记事项由增值税纳税人向其主管税务机关办理。年应税销售额超过财政部、国家税务总局规定的小规模纳税人标准的,除另有规定外,应当向主管税务机关申请一般纳税人资格登记。

上述所称年应税销售额,是指纳税人在连续不超过 12 个月或四个季度的经营期内累计应征增值税销售额,包括纳税申报销售额、稽查查补销售额、纳税评估调整销售额、税务机关代开发票销售额和免税销售额。经营期是指在纳税人存续期内的连续经营期间,含未取得销售收入的月份。

兼有销售货物、提供加工修理修配劳务以及应税服务的纳税人,应税货物及劳务销售额与应税服务销售额分别计算,分别适用增值税一般纳税人资格登记标准。年应税销售额未超过财政部、国家税务总局规定的小规模纳税人标准以及新开业的纳税人,可以向主管税务机关申请一般纳税人资格登记。对提出申请并且能够按照国家统一的会计制度设置账簿,根据合法、有效的凭证核算,能够提供准确的税务资料的纳税人,主管税务机关应当为其办理一般纳税人资格登记。

2. 小规模纳税人的认定及管理

小规模纳税人是指年销售额在规定标准以下,并且会计核算不健全,不能按规定报送有关税务资料的增值税纳税人。会计核算不健全是指不能正确核算增值税的销项税额、进项税额和应纳税额。

自 2018 年 5 月 1 日起,增值税小规模纳税人的标准为年应征增值税销售额 500 万元及以下。年应税销售额是指纳税人在连续不超过 12 个月或四个季度的经营期内累计应征增值税销售额,包括纳税申报销售额、稽查查补销售额、纳税评估调整销售额;销售服务、无形资产或者不动产有扣除项目的纳税人,其应税行为年应税销售额按未扣除之前的销售额计算。纳税人偶然发生的销售无形资产、转让不动产的销售额,不计入应税行为年应税销售额。小规模纳税人实行简易办法征收增值税,一般不得使用增值税专用发票。

【注意】 应当办理一般纳税人资格登记而未办理的,应当按照销售额和增值税税率计算应纳税额,不得抵扣进项税额,也不得使用增值税专用发票。

3. 一般纳税人与小规模纳税人的区别

(1)使用发票不同。

(2)适用税率不同。

(3)应纳税额不同。

(4)纳税期限不同。

【拓展阅读】 为贯彻落实全国两会精神和中办、国办印发的《关于进一步深化税收征管改革的意见》,《财政部税务总局关于明确增值税小规模纳税人免征增值税政策的公告》(2021 年第 11 号)相关规定如下。

一、小规模纳税人发生增值税应税销售行为,合计月销售额未超过 15 万元(以 1 个季度为 1 个纳税期的,季度销售额未超过 45 万元,下同)的,免征增值税。

小规模纳税人发生增值税应税销售行为，合计月销售额超过 15 万元，但扣除本期发生的销售不动产的销售额后未超过 15 万元的，其销售货物、劳务、服务和无形资产取得的销售额免征增值税。

二、适用增值税差额征税政策的小规模纳税人，以差额后的销售额确定是否可以享受本公告规定的免征增值税政策。

《增值税纳税申报表（小规模纳税人适用）》中的"免税销售额"相关栏次，填写差额后的销售额。

三、按固定期限纳税的小规模纳税人可以选择以 1 个月或 1 个季度为纳税期限，一经选择，一个会计年度内不得变更。

四、《中华人民共和国增值税暂行条例实施细则》第九条所称的其他个人，采取一次性收取租金形式出租不动产取得的租金收入，可在对应的租赁期内平均分摊，分摊后的月租金收入未超过 15 万元的，免征增值税。

五、按照现行规定应当预缴增值税税款的小规模纳税人，凡在预缴地实现的月销售额未超过 15 万元的，当期无须预缴税款。

六、小规模纳税人中的单位和个体工商户销售不动产，应按其纳税期、本公告第五条以及其他现行政策规定确定是否预缴增值税；其他个人销售不动产，继续按照现行规定征免增值税。

七、已经使用金税盘、税控盘等税控专用设备开具增值税发票的小规模纳税人，月销售额未超过 15 万元的，可以继续使用现有设备开具发票，也可以自愿向税务机关免费换领税务 Ukey 开具发票。

2.1.5　增值税的征收范围

增值税的征收范围包括货物的生产、批发、零售和进口四个环节，覆盖第一产业、第二产业和第三产业。

(1)增值税征收范围的一般规定

①销售货物

"货物"是指有形动产，包括电力、热力和气体在内。销售货物是指有偿转让货物的所有权。"有偿"不仅指从购买方取得货币，还包括取得货物或其他经济利益。

②提供加工、修理修配劳务

"加工"是指接收来料承做货物，加工后的货物所有权仍属于委托者的业务，即通常所说的委托加工业务。"委托加工业务"是指由委托方提供原料及主要材料，受托方按照委托方的要求制造货物并收取加工费的业务。"修理修配"是指受托对损伤和丧失功能的货物进行修复，使其恢复原状和功能的业务。

【注意】以上提供加工和修理修配劳务都是指有偿提供加工和修理修配劳务，但单位或个体工商户聘用的员工为本单位或雇主提供加工、修理修配劳务不包括在内。

③销售服务

销售服务是指提供交通运输服务、邮政服务、电信服务、建筑服务、金融服务、现代服务和生活服务。

a. 交通运输服务

交通运输服务是指使用运输工具将货物或者旅客送达目的地,使其空间位置得到转移的业务活动,包括陆路运输服务、水路运输服务、航空运输服务和管道运输服务。

b. 邮政服务

邮政服务是指中国邮政集团公司及其所属邮政企业提供邮件寄递、邮政汇兑和机要通信等邮政基本服务的业务活动,包括邮政普遍服务、邮政特殊服务和其他邮政服务。

c. 电信服务

电信服务是指利用有线、无线的电磁系统或者光电系统等各种通信网络资源,提供语音通话服务,传送、发射、接收或者应用图像、短信等电子数据和信息的业务活动,包括基础电信服务和增值电信服务。

d. 建筑服务

建筑服务是指各类建筑物、构筑物及其附属设施的建造、修缮、装饰,线路、管道、设备、设施等的安装以及其他工程作业的业务活动,包括工程服务、安装服务、修缮服务、装饰服务和其他建筑服务。

e. 金融服务

金融服务是指经营金融保险的业务活动,包括贷款服务、直接收费金融服务、保险服务和金融商品转让。

f. 现代服务

现代服务是指围绕制造业、文化产业和现代物流产业等提供技术性、知识性服务的业务活动,包括研发和技术服务、信息技术服务、文化创意服务、物流辅助服务、租赁服务、鉴证咨询服务、广播影视服务、商务辅助服务和其他现代服务。

g. 生活服务

生活服务是指为满足城乡居民日常生活需求提供的各类服务活动,包括文化体育服务、教育医疗服务、旅游娱乐服务、餐饮住宿服务、居民日常服务和其他生活服务。

④销售无形资产

销售无形资产是指有偿转让无形资产,是转让无形资产所有权或者使用权的业务活动。

无形资产是指不具有实物形态,但能带来经济利益的资产,包括技术、商标、著作权、商誉、自然资源使用权和其他权益性无形资产。技术包括专利技术和非专利技术。自然资源使用权包括土地使用权、海域使用权、探矿权、采矿权、取水权和其他自然资源使用权。其他权益性无形资产,包括基础设施资产经营权、公共事业特许权、配额、经营权(包括特许经营权、连锁经营权、其他经营权)、经销权、分销权、代理权、会员权、席位权、网络游戏虚拟道具、域名、名称权、肖像权、冠名权和转会费等。

⑤销售不动产

销售不动产是指有偿转让不动产,是转让不动产所有权的业务活动。

不动产是指不能移动或者移动后会引起性质、形状改变的财产,包括建筑物、构筑物等。建筑物包括住宅、商业营业用房和办公楼等可供居住、工作或者进行其他活动的建造物。构筑物包括道路、桥梁、隧道和水坝等建造物。转让建筑物有限产权或者永久使用权的,转让在建的建筑物或者构筑物所有权的,以及在转让建筑物或者构筑物时一并转让其所占土地的使用权的,按照销售不动产缴纳增值税。

⑥进口货物

进口货物是指申报进入我国海关境内的货物。确定一项货物是否属于进口货物,必须看其是否办理了报关进口手续。通常,境外产品要输入境内,必须向我国海关申报进口,并办理有关报关手续。只要是报关进口的应税货物,均属于增值税征收范围,在进口环节缴纳增值税(享受免税政策的货物除外)。

【相关政策】

1. 非营业活动的界定

销售服务、无形资产或者不动产,是指有偿提供服务、有偿转让无形资产或者不动产,但属于下列非经营活动的情形除外。

(1)行政单位收取的,同时满足以下条件的政府性基金或者行政事业性收费。

由国务院或者财政部批准设立的政府性基金,由国务院或者省级人民政府及其财政、价格主管部门批准设立的行政事业性收费;收取时开具省级以上(含省级)财政部门监(印)制的财政票据;所收款项全额上缴财政。

(2)单位或者个体工商户聘用的员工为本单位或者雇主提供取得工资的服务。

(3)单位或者个体工商户为员工提供应税服务。

(4)财政部和国家税务总局规定的其他情形。

2. 境内销售服务或无形资产的界定

在境内销售服务或无形资产是指销售服务或无形资产的提供方或者接受方在境内。下列情形不属于在境内提供销售服务或无形资产。

(1)境外单位或者个人向境内单位或者个人销售完全在境外发生的服务。

(2)境外单位或者个人向境内单位或者个人销售完全在境外使用的无形资产。

(3)境外单位或者个人向境内单位或者个人出租完全在境外使用的有形动产。

(4)财政部和国家税务总局规定的其他情形。

【练习题·单选题】下列属于增值税征收范围的有(　　)。

A. 单位聘用的员工为本单位提供的运输服务

B. 航空运输企业提供的湿租业务

C. 广告公司提供的广告代理业务

D. 房地产评估咨询公司提供的房地产评估业务

(2)增值税征收范围的特殊规定

纳税人发生的下列行为应视同销售货物征收增值税。

①将货物交付其他单位或者个人代销。

②销售代销货物。

③设有两个以上机构并实行统一核算的纳税人,将货物从一个机构移送至其他机构用于销售,但相关机构设在同一县(市)的除外。

“用于销售”是指收货机构发生以下情形之一的经营行为。

a. 向购货方开具发票。

b. 向购货方收取货款。

售货机构的货物移送行为有上述两项情形之一的,应当向所在地税务机关缴纳增值税;未发生上述两项情形的,则应由总机构统一缴纳增值税。如果售货机构只就部分货物向购买方开具发票或收取货款,则应当区别不同情况计算并分别向总机构所在地或分支机构所在地缴纳税款。

④将自产、委托加工的货物用于集体福利或者个人消费。

⑤将自产、委托加工或者购进的货物作为投资,提供给其他单位或者个体工商户。

⑥将自产、委托加工或者购进的货物分配给股东或者投资者。

⑦将自产、委托加工或者购进的货物无偿赠送给其他单位或者个人。

⑧单位和个体工商户向其他单位或者个人无偿提供应税服务,但以公益活动为目的或者以社会公众为对象的除外。

⑨单位或者个人向其他单位或者个人无偿转让无形资产或者不动产,但用于公益事业或者以社会公众为对象的除外。

⑩财政部和国家税务总局规定的其他情形。

上述 10 种行为应该确定为视同销售货物或提供应税服务行为,均要征收增值税。目的主要有三个:一是保证增值税税款抵扣制度的实施,不致因发生上述行为而造成各相关环节税款抵扣链条的中断,如①和②就是这种原因;如果不将之视同销售就会出现销售代销货物方仅有销项税额而无进项税额,而将货物交付其他单位或者个人代销方仅有进项税额而无销项税额的情况,就会出现增值税抵扣链条不完整。二是避免因发生上述行为而造成货物、应税劳务和应税服务销售税收负担不平衡的矛盾,防止上述行为逃避纳税的现象。三是体现增值税计算的配比原则。购进货物、应税劳务和应税服务已经在购进环节实施了进项税额抵扣,这些购进货物、应税劳务和应税服务应该产生相应的销售额,同时就应该产生相应的销项税额,否则就会产生不配比情况。

(3)混合销售行为

在 1994 年流转税制改革时,由于对货物销售全面实行了增值税,而对服务业除加工和修理修配外仍实行营业税,以及企业为适应市场经济需要开展多种经营的情况下,出现了混合销售、兼营非增值税应税劳务或应税服务行为和混业经营等税收概念。2016 年"营改增"后,保留了混合销售和兼营行为,混业经营不复存在。一项销售行为如果既涉及货物又涉及服务,为混合销售。从事货物的生产、批发或者零售的单位和个体工商户的混合销售行为,按照销售货物缴纳增值税;其他单位和个体工商户的混合销售行为,按照销售服务缴纳增值税。

上述从事货物的生产、批发或者零售的单位和个体工商户,包括以从事货物的生产、批发或者零售为主,并兼营销售服务的单位和个体工商户在内。

【练习题·单选题】下列业务属于增值税混合销售的有(　　)。

A. 手机制造商销售手机,出租仓库

B. 软件厂销售软件并同时收取安装费、培训费

C. 房地产开发公司销售房产,转让自用过的二手车

D. 餐厅为现场餐饮消费的顾客提供销售

(4)兼营非增值税应税劳务行为

所谓兼营,是指纳税人的经营范围既包括销售货物和加工修理修配劳务,又包括销售服务、无形资产或者不动产。但是,销售货物、加工修理修配劳务、服务、无形资产或者不动产不同时发生在同一项销售行为中。

根据《增值税暂行条例实施细则》和《营业税改征增值税试点有关事项的规定》,纳税人销售货物、加工修理修配劳务、服务、无形资产或者不动产适用不同税率或者征收率的,应当分别核算适用不同税率或者征收率的销售额,未分别核算销售额的,按照以下方法适用税率或者征

收率。

①兼有不同税率的销售货物、加工修理修配劳务、服务、无形资产或者不动产，从高适用税率。

②兼有不同征收率的销售货物、加工修理修配劳务、服务、无形资产或者不动产，从高适用征收率。

③兼有不同税率和征收率的销售货物、加工修理修配劳务、服务、无形资产或者不动产，从高适用税率。

【总结分析】　　混合销售与兼营的异同点

混合销售与兼营有相同的方面，又有明显的区别。相同点是：两种行为的经营范围都有销售货物和提供劳务这两类经营项目。区别是：混合销售强调的是在同一项销售行为中存在着两类经营项目的混合，销售货款及劳务价款是同时从一个购买方取得的；兼营强调的是在同一纳税人的经营活动中存在着两类经营项目，但这两类经营项目不是在同一项销售行为中发生。

混合销售与兼营是两个不同的税收概念，因此，在税务处理上的规定也不同。混合销售的纳税主要原则是按"经营主业"划分，分别按照"销售货物"或"销售服务"征收增值税。兼营的纳税原则是分别核算、分别按照适用税率征收增值税；对兼营行为不分别核算的，从高适用税率征收增值税。

2.1.6　增值税减免优惠政策

(1)《增值税暂行条例》规定的免税项目

①农业生产者销售的自产农产品

农业是指种植业、养殖业、林业、牧业、水产业。农产品是指农业初级产品，具体范围由财政部、国家税务总局确定。

②避孕药品和用具

③古旧图书

古旧图书是指向社会收购的古书和旧书。

④直接用于科学研究、科学试验和教学的进口仪器、设备

⑤外国政府、国际组织无偿援助的进口物资和设备

⑥由残疾人的组织直接进口供残疾人专用的物品

⑦销售自己使用过的物品

这是指其他个人自己使用过的物品。

(2)财政部、国家税务总局规定的减免税项目

①资源综合利用产品和劳务增值税优惠政策

纳税人销售自产的资源综合利用产品和提供资源综合利用劳务，可享受增值税即征即退政策。

②免征蔬菜流通环节的增值税

对从事蔬菜批发、零售的纳税人销售的蔬菜免征增值税。

a. 享受免征增值税的对象，是指从事蔬菜批发、零售的纳税人。

b. 蔬菜是指可作副食的草本、木本植物，包括各种蔬菜、菌类植物和少数可作副食的木本植物。经挑选、清洗、切分、晾晒、包装、脱水、冷藏和冷冻等工序加工的蔬菜也属于享受免征增值税税收优惠的范围。

c. 蔬菜经处理、装罐、密封、杀菌或无菌包装而制成的各种罐头不享受免征增值税税收优惠。

③饲料、制种的优惠政策

a. 豆粕属于征收增值税的饲料产品，除豆粕以外的其他粕类饲料产品，均免征增值税。

b. 制种企业利用自有土地或承租土地，雇用农户或雇工进行种子繁育，再经烘干、脱粒、风筛等深加工后销售种子，以及制种企业提供亲本种子委托农户繁育并从农户手中收回，再经烘干、脱粒、风筛等深加工后销售种子，都属于农业生产者销售自产农业产品，可免征增值税。

(3)增值税起征点的规定

对个人销售额未达到规定起征点的，免征增值税。增值税起征点的适用范围限于个人，不包括认定为一般纳税人的个体工商户。也就是说，增值税起征点仅适用于个体工商户小规模纳税人和其他个人。

增值税起征点的幅度规定如下：

①销售货物的，为月销售额 5 000～20 000 元。

②销售应税劳务的，为月营业额 5 000～20 000 元。

③按次纳税的，为每次(日)销售额 300～500 元。

增值税的起征点的调整由财政部和国家税务总局规定，各省、自治区、直辖市根据本地区的情况在规定的幅度内自行确定本地区适用的起征点，并报财政部和国家税务总局备案。

(4) 其他有关减免税的规定

①纳税人提供应税服务同时适用免税和零税率规定的，优先适用零税率。纳税人兼营减税、免税项目的，应当分别核算免税、减税项目销售额；未分别核算销售额的，不得免税、减税。

②纳税人放弃免税权。纳税人销售货物或者应税劳务、应税服务适用免税规定的，可以放弃免税，依照规定缴纳增值税。纳税人不能有选择地针对某些项目、对象进行放弃免税权，纳税人放弃免税权后，36 个月内不得再申请免税。

③安置残疾人单位既符合促进残疾人就业增值税优惠政策条件，又符合其他增值税优惠政策条件的，可同时享受多项增值税优惠政策，但年度申请退还增值税总额不得超过本年度内应纳增值税总额。

2.1.7 增值税税率及征收率

(1)增值税税率

增值税税率一共有 4 档：13%，9%，6%，0。自 2019 年 4 月 1 日起，增值税一般纳税人发生增值税应税销售行为或者进口货物，原适用 16%税率的，税率调整为 13%；原适用 10%税率的，税率调整为 9%。

①基本税率 13%：销售或进口货物，提供加工、修理修配劳务，有形动产租赁。

②低税率 9%(货物类)：跟居民吃有关系的、用有关系的、看有关系的、农有关系的。注意包括粮食等农产品、食用植物油、鲜奶、食用盐、自来水、暖气、冷气、热水、煤气、石油液化气、天然气、沼气、居民用煤炭制品、二甲醚、图书、报纸、杂志、音像制品、电子出版物、饲料、化肥、农药、农机和农膜。

③低税率 9%(服务、销售无形资产、不动产类)：交通运输、邮政、基础电信、建筑、不动产租赁、销售不动产和转让土地使用权。

④低税率 6%：销售增值电信、金融服务、现代服务(租赁服务除外)、生活服务和转让土地

使用权以外的无形资产。

⑤出口货物税率为零。

【注意】零税率不等同于免税。出口货物免税是指在出口环节不征增值税，而零税率是指对出口货物除了在出口环节不征增值税外，还要对该产品在出口之前已缴纳的增值税进行退税，使该出口产品在出口时完全不含增值税。我国在实践中对大部分出口产品实行零税率，但对某些出口产品并非完全实行零税率。

(2)增值税征收率

①建筑服务，有形动产租赁，小规模纳税人提供劳务派遣服务、安全保护服务未选择差额纳税的增值税征收率是3%。

②销售不动产，不动产租赁，转让土地使用权，提供劳务派遣服务、安全保护服务选择差额纳税的增值税征收率是5%。

③小规模纳税人增值税采用简易征收办法适用征收率为3%。

【特殊规定】

(1)根据《财政部税务总局关于支持个体工商户复工复业增值税政策的公告》的规定，增值税小规模纳税人，适用3%征收率的应税销售收入，减按1%征收率征收增值税；适用3%预征率的预缴增值税项目，减按1%预征率预缴增值税。计税时：销售额＝含税销售额/(1＋1%)，应纳税额＝销售额×1%。2022年，增值税小规模纳税人延续1%的征收率征收

(2)个人出租住房，按照5%的征收率减按1.5%计算应纳税额。

(3)销售自己使用过的固定资产、旧货，按照3%的征收率减按2%征收。

(4)自2020年5月1日至2023年12月31日，从事二手车经销的纳税人销售其收购的二手车，由原按照简易办法依3%征收率减按2%征收增值税，改为减按0.5%征收增值税。并按下列公式计算销售额：销售额＝含税销售额/(1＋0.5%)

2.2　增值税应纳税额的计算

2.2.1　一般纳税人增值税应纳税额的计算

(1)销项税额的计算

我国现行一般纳税人增值税应纳税额采用凭票抵扣税款的办法计算确定，即当期应纳税额等于当期销项税额。纳税是纳税人的光荣义务，对企业来说，也是不容忽视的重要经济业务。正确办理涉税业务是税务会计的必备技能。加强对税务会计职业素养的培养、降低企业涉税风险是此课程的开课目标。

【注意】销项税额也是销售方向购买方收取的，但是增值税采用价外计税方式，用不含税价作为计税依据，因而销售额中不包括向购买方收取的销项税额。

价外费用是指价外向购买方收取的手续费、补贴、基金、集资费、返还利润、奖励费、违约金、滞纳金、延期付款利息、赔偿金、包装费、包装物租金、储备费、优质费、运输装卸费、代收款项、代垫款项及其他各种性质的价外收费，但不包括下列项目。

①向购买方收取的销项税额。

②受托加工应税消费品所代收代缴的消费税。

③同时符合以下条件的代垫运费:承运者的运费发票开具给购货方;纳税人将该项发票交给购货方。

④同时符合下列条件代为收取的政府性基金或行政事业性收费:由国务院或财政部门批准设立的政府基金,由国务院或省级人民政府及其财政、价格主管部门批准设立的行政事业性收费;收取时开具省级以上财政部门印制的财政票据;所收款项全额上缴财政。

⑤销售货物的同时代办保险等而向购买方收取的保险费,以及向购买方收取的代购买方缴纳的车辆购置税、车辆牌照费。

凡随同销售货物或提供应税劳务向购买方收取的价外费用,无论其会计制度规定如何核算,均应并入销售额计算应纳税额。税法规定各种性质的价外收费都要并入销售额计算征税,目的是防止以各种名目的收费减少销售额而逃避纳税。上述五项允许不计入价外费用,是因为在满足了上述相关条件后可以确认销售方在其中仅仅是代为收取了有关费用,这些价外费用确实没有形成销售方的收入。

【注意】根据国家税务总局规定,对增值税一般纳税人(包括纳税人自己或代其他部门)向购买方收取的价外费用应视为含税收入,在征税时换算成不含税收入再并入销售额。含税销售额换算为不含税销售额的公式如下:

不含税销售额=含税销售额÷(1+增值税税率)

【练一练】某增值税一般纳税人销售钢材一批,开出增值税专用发票,销售额为10万元,另开了一张普通发票收取包装费113元。计算上述业务的增值税销项税额。

①视同销售行为销售额的确定

增值税法规规定,对视同销售而无销售额的,应按下列顺序确定其销售额:

a. 按纳税人最近时期同类货物的平均销售价格确定。

b. 按其他纳税人最近时期同类货物的平均销售价格确定。

c. 按组成计税价格确定。计算公式为:

组成计税价格=成本+利润+消费税

或

组成计税价格=成本×(1+成本利润率)÷(1-消费税税率)

纳税人销售货物或应税劳务的价格明显偏低且无正当理由的,税务机关有权按与上述视同销售行为相同的方法核定其销售额。

【练一练】某厂将自产的200件服装出售给本企业职工,每件成本为40元,无同类产品售价,成本利润率为10%。计算该业务产生的销项税额。

②包装物押金是否计入销售额的处理

包装物是指纳税人包装本单位货物的各种物品。纳税人销售货物时另收取包装物押金,目的是促使购货方及早退回包装物以便周转使用。包装物押金是否计入货物的销售额呢?

增值税法规定,纳税人为销售货物而出租出借包装物收取的押金,单独记账核算,时间在1年以内又未逾期的,不计征增值税;但对因逾期未收回包装物不再退还的押金,应视为价外收费,按所包装货物的适用税率计征增值税。

"逾期"是指按合同约定实际逾期1年以上仍未收回的包装物。对个别包装物周转使用期限较长，经税务机关确定后，可适当放宽逾期期限。

【提示】在将包装物押金并入销售额征税时，需要先将该押金换算为不含税价，再并入销售额征税。

【特例】对销售除啤酒、黄酒外的其他酒类产品而收取的包装物押金，无论是否返还以及会计上如何核算，均应并入当期销售额计征增值税；销售啤酒、黄酒所收取的押金，按上述包装物押金的一般规定处理。

【练一练】某酒厂为增值税一般纳税人，8 月份销售散装白酒 30 吨，开具增值税专用发票注明的销售额为 600 000 元；同时收取包装物押金 3 390 元，已单独入账核算。计算该厂 8 月份上述业务的增值税销项税额。

③特殊销售方式下销售额的确定

在销售活动中，为了达到促销的目的，有多种销售方式。不同销售方式下，销售者取得的销售额会有所不同。对不同的销售方式如何确定其计征增值税的销售额，既是纳税人关心的问题，也是税法必须分别予以明确规定的事情。

a. 折扣销售。折扣销售是指销货方因购货方购货数量较大等而给予购货方的价格优惠（如购买 5 件，销售价格折扣 10%；购买 10 件，销售价格折扣 20%等）。

增值税法规规定，如果销售额和折扣额在同一张发票上分别注明的，可按折扣后的余额作为销售额计算增值税；如果将折扣额另开发票的，不论其在会计上如何处理，计算增值税时折扣额均不得从销售额中扣除。

【注意】折扣销售不同于销售折扣。销售折扣即现金折扣，是指销货方在销售货物后，为鼓励购货方及早付款而协议许诺给予购货方的一种折扣优惠。销售折扣发生在销售之后，是一种融资性质的理财费用。增值税法规规定，销售折扣一律不得从销售额中减除。

折扣销售不同于销售折让。销售折让是指货物销售后，由于其品种、质量等不符合购货方的要求，销货方需给购货方的一种价格折让。销售折让虽然发生在销售之后，但它是由于货物品种和质量引起的销售额减少。增值税法规规定，销售折让可以从销售额中扣除，即应以扣除折让后的销售额为计税销售额。

【练一练】某商场为增值税一般纳税人，某月批发给 A 企业一批货物，不含税售价为 300 万元，合同约定的折扣条件是“6/10，3/20，n/30”。A 企业于提货后第 6 天全部付清货款。计算此项业务的增值税销项税额。

b. 以旧换新。以旧换新是指纳税人在销售新货物的同时有偿收回旧货物的行为。

增值税法规规定，除金银首饰外，其他货物的以旧换新销售应按新货物的同期销售价格确定销售额，不得扣减旧货物的收购价格。

【特例】金银首饰以旧换新业务，应按销售方实际收取的不含税销售额计征增值税。

【练一练】某商场采取“以旧换新”方式销售洗衣机 120 台，每台洗衣机含税售价 2 260 元，对以旧换新者以每台 1 500 元的含税价格售出，不再支付旧洗衣机的收购款。计算此项业务的增值税销项税额。

c. 还本销售。还本销售是指纳税人在销售货物后到一定期限时由销货方一次或分次退还给购货方全部或部分价款的一种销售方式。这种方式实际上是一种筹资,是以货物换取资金的使用价值、到期还本不付息的方法。

增值税法规定,还本销售计征增值税时,不得从销售额中减除还本支出,其销售额就是该货物的销售价格。

【练一练】某公司向某商场销售A商品600件,每件含税售价4 520元。双方约定商场在购货时一次付清全部货款,工厂在货物销售后的半年内全部返还货款。计算此项业务的增值税销项税额。

d. 以物易物。以物易物是一种较为特殊的购销活动,是指购销双方不是以货币结算,而是以同等价款的货物相互结算,从而实现货物购销的一种方式。

增值税法规规定,以物易物双方都应做购销处理,以各自发出的货物核算销售额并计算销项税额,以各自收到的货物核算购货额并计算进项税额。

④金融服务销售额的确定

a. 贷款服务,以提供贷款服务取得的全部利息及利息性质的收入为销售额。

b. 直接收费金融服务,以提供直接收费金融服务收取的手续费、佣金、酬金、管理费、服务费、经手费、开户费、过户费、结算费和转托管费等各类费用为销售额。

⑤差额征税项目销售额的确定

差额征税是指提供增值税应税服务、转让无形资产或销售不动产的纳税人,按照国家有关增值税差额征税的政策规定,以取得的全部价款和价外费用扣除支付给规定范围纳税人的规定项目价款后的不含税余额为销售额。

【注意】一般纳税人对应税服务、无形资产或不动产选择差额征税的,如适用一般计税方法,并符合进项税额抵扣条件的,可以抵扣进项税额。

a. 金融商品转让

金融商品转让,按照卖出价扣除买入价后的余额为销售额。转让金融商品出现的正负差,按盈亏相抵后的余额为销售额。若相抵后出现负差,可结转下一纳税期与下期转让金融商品销售额相抵,但年末时仍出现负差的,不得转入下一个会计年度。金融商品的买入价,可以选择按照加权平均法或者移动加权平均法进行核算,选择后36个月内不得变更。

【注意】金融商品转让不得开具增值税专用发票。

【练一练】甲公司为一般纳税人企业,2019年7月1日以含税价10元/股的价格购入A公司普通股股票20 000股。2019年9月10日以11.50元/股的价格转让10 000股。假设甲公司除该股票外,未购入其他金融商品,不考虑相关费用及股票的公允价值变动损益。计算甲公司应纳增值税。

b. 经纪代理服务

经纪代理服务以取得的全部价款和价外费用扣除向委托方收取并代为支付的政府性基金或者行政事业性收费后的余额为销售额。提供经纪代理服务的纳税人,向委托方收取的政府性基金或者行政事业性收费,不得开具增值税专用发票。

c. 融资租赁服务

经中国人民银行、银监会或者商务部批准从事融资租赁业务的试点纳税人,提供融资租赁服务,以取得的全部价款和价外费用,扣除支付的借款利息(包括外汇借款和人民币借款利息)、发行债券利息和车辆购置税后的余额为销售额。

d. 融资性售后回租

经中国人民银行、银监会或者商务部批准从事融资租赁业务的试点纳税人,提供融资性售后回租服务,以取得的全部价款和价外费用(不含本金),扣除对外支付的借款利息(包括外汇借款和人民币借款利息)、发行债券利息后的余额作为销售额。

融资性售后回租业务按照金融业贷款服务缴纳增值税,税率为6%。

试点纳税人根据2016年4月30日前签订的有形动产融资性售后回租合同,在合同到期前提供的有形动产融资性售后回租服务,可继续按照有形动产融资租赁服务缴纳增值税。继续按照有形动产融资租赁服务缴纳增值税的试点纳税人,经中国人民银行、银监会或者商务部批准从事融资租赁业务的,根据2016年4月30日前签订的有形动产融资性售后回租合同,在合同到期前提供的有形动产融资性售后回租服务,可以选择以下方法之一计算销售额。

方法一:以向承租方收取的全部价款和价外费用,扣除向承租方收取的价款本金,以及对外支付的借款利息(包括外汇借款和人民币借款利息)、发行债券利息后的余额为销售额。纳税人提供有形动产融资性售后回租服务,计算当期销售额时可以扣除的价款本金,为书面合同约定的当期应当收取的本金。无书面合同或者书面合同没有约定的,为当期实际收取的本金。试点纳税人提供有形动产融资性售后回租服务,向承租方收取的有形动产价款本金,不得开具增值税专用发票,可以开具普通发票。

方法二:以向承租方收取的全部价款和价外费用,扣除支付的借款利息(包括外汇借款和人民币借款利息)、发行债券利息后的余额为销售额。

e. 航空运输服务

自2018年1月1日起,航空运输销售代理企业提供境外航段机票代理服务,以取得的全部价款和价外费用,扣除向客户收取并支付给其他单位或者个人的境外航段机票结算款和相关费用后的余额为销售额。

f. 客运场站服务

一般纳税人提供客运场站服务,以其取得的全部价款和价外费用,扣除支付给承运方运费后的余额为销售额。其取得的增值税专用发票进项税额不能抵扣。

【提示】上述业务不采取进项税额抵扣而采用差额征税的原因是运输服务适用税率为9%,而客运场站服务为物流辅助服务适用税率为6%,如果采用进项税额抵扣可能会出现增值税税率倒挂,故采用差额征税的方法,但同时规定其取得的增值税专用发票进项税额不能抵扣。

g. 旅游服务

纳税人提供旅游服务,以取得的全部价款和价外费用,扣除向旅游服务购买方收取并支付给其他单位或者个人的住宿费、餐饮费、交通费、签证费、门票费和支付给其他接团旅游企业的旅游费用后的余额为销售额。

【注意】选择上述办法计算销售额的试点纳税人,向旅游服务购买方收取并支付的上述费用,不得开具增值税专用发票,可以开具普通发票。

【练一练】A企业是从事旅游服务的一般纳税人,选择差额征税。2019年5月共取得旅游收入43万元,其中包含向其他单位支付的住宿费9.36万元、餐饮费4.15万元、交通费

2.09 万元、门票费 6.20 万元。A 企业当月购进办公家具,并取得专用发票,注明进项税额 1 万元。计算应纳增值税。

h. 房地产开发企业销售自行开发的房地产项目

房地产开发企业中的一般纳税人销售其自行开发的房地产项目(选择简易计税方法的房地产老项目除外),选用一般计税方法计税的,以取得的全部价款和价外费用,扣除受让土地时向政府部门支付的土地价款后的余额为销售额。

"向政府部门支付的土地价款",包括土地受让人向政府部门支付的征地和拆迁补偿费用、土地前期开发费用和土地出让收益等。房地产开发企业中的一般纳税人销售其开发的房地产项目(选择简易计税方法的房地产老项目除外),在取得土地时向其他单位或个人支付的拆迁补偿费用也允许在计算销售额时扣除。

【练一练】房地产企业销售开发产品售价 1 090 万元,假设土地成本 545 万元,开具增值税专用发票注明销项税额 90 万元。计算该房地产企业差额征税方法下应纳增值税。

i. 建筑服务

建筑服务增值税计算方法根据纳税人身份的不同,计税方法与计税依据也不同,具体内容如表 2—2 所示。

表 2—2　建筑服务增值税相关政策

纳税人身份	计税方法	计税依据	税率(征收率)	预缴(异地)		
				预缴依据	预征率	预缴地
一般纳税人	一般	全额	9%	差额	2%	建筑服务发生地
	简易	差额	3%	差额	3%	建筑服务发生地
小规模纳税人	—	差额	3%	差额	3%	建筑服务发生地

【提示】

A. 全额=全部价款+价外费用,差额=全额-分包款。

B. 一般纳税人对于下列建筑服务可选择简易计税方法:以清包工方式提供的建筑服务;为甲供工程提供的建筑服务;为建筑工程老项目提供的建筑服务。

【练一练】A 公司将一项工程发包给不在同一地市的 B 公司,工程造价 1 000 万元。B 公司把其中的 200 万元分包给 C 公司,支付分包款后,取得 C 公司开具的普通发票。B 公司是一般纳税人,选择简易计税,计算此业务中 B 公司应纳增值税。

j. 转让不动产

纳税人转让不动产,包括以直接购买、接受捐赠、接受投资入股、自建以及抵债等各种形式取得的不动产,因其身份不同可以选用不同的计税方法,具体内容如表 2—3 所示。

表 2—3　　不动产增值税相关政策

情形	纳税人身份	取得方式	计税方法	计税依据	税率（征收率）	预缴（异地）			申报地
						预缴依据	预征率	预缴地	
1	一般纳税人	自建	一般	全额	9%	全额	5%	不动产所在地地税机关	机构所在地主管国税机关
2			简易	全额	5%	全额	5%		
3		非自建	一般	全额	9%	差额	5%		
4			简易	差额	5%	差额	5%		
5	小规模纳税人	自建	—	全额	5%	全额	5%		
6		非自建	—	差额	5%	差额	5%		
7	其他个人	非自建、非住房		差额	5%	—	—	—	不动产所在地地税机关

【提示】

A. 全额＝全部价款＋价外费用；差额＝全额－购置原价（取得时作价）。

B. 一般纳税人销售 2016 年 4 月 30 日前取得或自建的不动产，可以选择适用简易计税方法。

C. 小规模纳税人不含个体工商户销售购买的住房和其他个人销售不动产，但含个体工商户销售购买的非住房。

【练一练】甲市 A 企业为一般纳税人，2019 年 8 月销售一处位于乙市的办公楼。该办公楼系 2014 年以 1 050 万元购入，售价为 1 575 万元。分别计算简易计税方法和一般计税方法下此业务应纳的增值税。

(2)进项税额的计算

进项税额是指纳税人购进货物、劳务、服务、无形资产或不动产时所支付或负担的增值税税额。它是与销项税额对应的一个概念。在开具增值税专用发票的情况下，销售方收取的销项税额就是购买方支付的进项税额。

任何一个增值税一般纳税人都会有收取的销项税额和支付的进项税额，计算纳税人实际应纳增值税的核心就是用纳税人收取的销项税额抵扣其支付的进项税额。因此，进项税额作为可抵扣的部分，对于纳税人实际纳税多少就产生了举足轻重的作用。

①准予抵扣的进项税额。

进项税额抵扣有两种情况：凭票抵扣和计算抵扣。

a. 凭票抵扣

根据《增值税暂行条例》的规定，准予从销项税额中抵扣的进项税额，限于下列增值税扣税凭证上注明的增值税税额和按规定的扣除率计算的进项税额。

第一，从销售方取得的增值税专用发票上注明的增值税税额。

第二，从海关取得的海关进口增值税专用缴款书上注明的增值税税额。

第三，从境外单位或者个人购进服务、无形资产或者不动产，为税务机关或者扣缴义务人取得的解缴税款的完税凭证上注明的增值税税额。

第四，自 2019 年 4 月 1 日起，购进国内旅客运输服务，其进项税额允许从销项税额中抵扣。纳税人购进国内旅客运输服务未取得增值税专用发票的,取得增值税电子普通发票的,为发票上注明的税额;取得注明旅客身份信息的航空运输电子客票行程单的,航空旅客运输进项税额=(票价+燃油附加费) ÷(1+9%)×9%;取得注明旅客身份信息的铁路车票的,铁路旅客运输进项税额=票面金额÷(1+9%)×9%;取得注明旅客身份信息的公路、水路等其他客票的,公路、水路等其他旅客运输进项税额=票面金额÷(1+3%)×3%。

【注意】纳税人在进行增值税账务处理时每抵扣一笔进项税额,就要有一份记录该进项税额的法定扣税凭证与之相对应;没有从销售方或海关取得注明增值税税额的法定扣税凭证的、没有税收缴款凭证的,就不能抵扣进项税额。

b. 计算抵扣

购进免税农产品,购进方没有取得增值税专用发票、海关进口增值税专用缴款书、税收缴款凭证,收到(开具)销售发票或者收购发票的,按销售或收购发票上注明的农产品买价和 9%的扣除率计算抵扣进项税额。纳税人购进用于生产销售或委托加工 13%税率货物的农产品,按 10%的扣除率计算进项税额。计算公式为:

进项税额=买价×扣除率

②进项税额的加计扣减政策

2019 年 10 月 1 日至 2021 年 12 月 31 日,允许生活性服务业纳税人按照当期可抵扣进项税额加计 15%,抵减应纳税额(以下称加计抵减 15%政策)。生活性服务业纳税人,是指提供生活服务取得的销售额占全部销售额的比重超过 50%的纳税人。2019 年 9 月 30 日前设立的纳税人,自 2018 年 10 月至 2019 年 9 月期间的销售额(经营期不满 12 个月的,按照实际经营期的销售额)符合上述规定条件的,自 2019 年 10 月 1 日起适用加计抵减 15%政策。2019 年 10 月 1 日后设立的纳税人,自设立之日起 3 个月的销售额符合上述规定条件的,自登记为一般纳税人之日起适用加计抵减 15%政策。纳税人确定适用加计抵减 15%政策后,当年内不再调整,以后年度是否适用,根据上年度销售额计算确定。

生活性服务业纳税人应按照当期可抵扣进项税额的 15%计提当期加计抵减额。按照现行规定不得从销项税额中抵扣的进项税额,不得计提加计抵减额;已按照 15%计提加计抵减额的进项税额,按规定作进项税额转出的,应在进项税额转出当期,相应调减加计抵减额。

计算公式如下:

当期计提加计抵减额=当期可抵扣进项税额×15%

当期可抵减加计抵减额=上期末加计抵减额余额+当期计提加计抵减额-当期调减加计抵减额

③不得抵扣的进项税额。

下列项目的进项税额不得抵扣。

a. 用于非增值税应税项目、增值税免税项目、集体福利或个人消费的购进货物、劳务、服务、无形资产和不动产。

b. 非正常损失的购进货物及相关应税劳务和交通运输服务。所谓非正常损失,是指因管理不善造成的被盗、丢失、霉烂变质等损失。

c. 非正常损失的在产品、产成品所耗用的购进货物或应税劳务和交通运输服务。

d. 非正常损失的不动产,以及该不动产所耗用的购进货物、设计服务和建筑服务。

e. 非正常损失的不动产在建工程所耗用的购进货物、设计服务和建筑服务。

f. 购进的贷款服务、餐饮服务、居民日常服务和娱乐服务。

【练习题・单选题】一般纳税人将购买货物用于（　　）时，则其进项税额在计算增值税时允许抵扣。

A. 免税项目　　　　B. 职工福利或个人消费

C. 对外投资　　　　D. 生产应税产品

④进项税额转出

增值税一般纳税人购进货物、服务、无形资产和不动产，购进时已明确属于不得抵扣事项，不做进项税额处理；事后发生非正常损失、改变用途用于税法规定不得抵扣事项等，在发生非正常损失、改变用途的当期做进项税额转出。按照原来抵扣的进项税额计算转出；无法确定原抵扣进项税额的，按照当期实际成本计算应转出的进项税额。该方法主要适用于外购材料、不动产在建工程的非正常损失和改变用途等。

【练习题】某食品厂为增值税一般纳税人，2020 年 2 月在建的职工文体中心领用 1 月份外购的材料，购进成本为 25 万元，其中包括运费 5 万元，外购原材料的进项税额已于购买当期认证抵扣；外购原材料一批，取得增值税专用发票，注明金额为 125 万元。要求：请计算该食品厂 2 月份可抵扣的进项税额。

(3)增值税应纳税额的计算

根据前已述及的增值税一般纳税人当期应纳税额的基本计算公式，正确计算当期应纳增值税额还应注意以下规定。

(1)计算应纳税额的时间限定

为了保证计算应纳税额的合理性、准确性，纳税人必须严格把握当期进项税额从当期销项税额中抵扣这个要点。"当期"是个重要的时间限定，具体是指税务机关依照税法规定对纳税人确定的纳税期限；只有在纳税期限内实际发生的销项税额、进项税额，才是法定的当期销项税额或当期进项税额。目前，有些纳税人为了达到逃避纳税的目的，把当期实现的销售额隐瞒不记账或滞后记账，以减少当期销项税额，或者把不是当期实际发生的进项税额（上期结转的进项税额除外）也充当当期进项税额，以加大进项税额，少纳税甚至不纳税，这是违反税法规定的行为。为了制止这种违法行为，税法首先对销售货物或应税劳务应计入当期销项税额以及抵扣的进项税额的时间做了限定。

a. 当期销项税额的时间确定

纳税人在什么时间计算销项税额，《增值税暂行条例》及《增值税暂行条例实施细则》都做了严格的规定。例如，采取直接收款方式销售货物的，不论货物是否发出，均为收到销售款或者取得索取销售款凭据的当天；采取托收承付和委托银行收款方式销售货物的，为发出货物并办妥托收手续的当天。当期销项税额确认时间与增值税纳税义务发生时间一致。

b. 增值税扣税凭证抵扣时限的确定。

增值税的扣税凭证包括增值税专用发票、海关进口增值税专用缴款书、农产品收购发票和农产品销售发票。增值税的扣税凭证必须在规定的时限内到增值税发票选择确认平台进项勾选确认，才能作为合法的扣税凭证，申请抵扣进项税额。

②进项税额不足抵扣的处理

在计算增值税应纳税额时，如果当期销项税额小于当期进项税额，当期不足抵扣的部分可以结转下期继续抵扣，即形成"上期留抵税额"。

③扣减发生期进项税额的处理

已抵扣后改变用途,用于增值税简易计税项目、增值税免税项目、集体福利或个人消费、购进货物发生非正常损失、在产品或产成品发生非正常损失等进项税额不得抵扣的,应将该项购进货物或应税劳务已抵扣的进项税额从当期发生的进项税额中扣减。

【练一练】 某零售商店8月份购入一批商品,取得增值税专用发票上注明的价款为10 000元,增值税1 300元;支付运输费800元,取得货运发票。9月初将其中的5%用于职工福利。计算9月份不得抵扣的进项税额。

④销货退回或销售折让的税务处理

纳税人因货物质量、规格等发生销货退回或销售折让时,不仅涉及货款的退回或折让,还涉及增值税的退回。增值税法规规定,一般纳税人因销货退回或销售折让而退还给购货方的增值税,应从发生销货退回或销售折让当期的销项税额中扣减;因进货退回或折让而收回的增值税,应从发生进货退回或折让当期的进项税额中扣减。

⑤混合销售行为的税务处理

一项销售行为如果既涉及服务又涉及货物,为混合销售。从事货物的生产、批发或者零售的单位和个体工商户的混合销售行为,按照销售货物缴纳增值税;其他单位和个体工商户的混合销售行为,按照销售服务缴纳增值税。该混合销售行为所用购进货物的进项税额,凡能取得合法扣税凭证的,在计算该混合销售行为增值税时准予从销项税额中抵扣。

⑥兼营不同税率货物或应税劳务行为的税务处理

纳税人兼营不同税率的货物或应税劳务,属于同税种的,应按不同税率、不同类别或项目分别设账核算,凡有免税项目的,也应单独核算。若未分别核算或不能准确核算的,则免税项目不得免税,应税项目从高税率计税。

例2.1 某生产企业为增值税一般纳税人,适用增值税税率为13%,2019年5月份的有关生产经营业务如下:

(1)销售甲产品给某大商场,开具增值税专用发票,取得不含税销售额80万元;另外,开具普通发票,取得销售甲产品的送货运输费收入5.65万元。

(2)销售乙产品,开具普通发票,取得含税销售额28.25万元。

(3)将试制的一批应税新产品用于本企业基建工程,成本价为20万元,成本利润率为10%,该新产品无同类产品市场销售价格。

(4)购进货物取得增值税专用发票,注明支付的货款为60万元、进项税额为7.8万元;另外,支付购货的运输费用为6万元,取得运输公司开具的普通发票。

(5)向农业生产者购进免税农产品一批,支付收购价30万元,支付给运输单位的运费5万元,取得相关的合法票据。本月下旬将购进农产品的20%用于本企业职工福利。

以上相关票据均符合税法的规定。请按下列顺序计算该企业5月份应缴纳的增值税税额:

(1)计算销售甲产品的销项税额;

(2)计算销售乙产品的销项税额;

(3)计算自制新产品的销项税额;

(4)计算外购货物应抵扣的进项税额;

(5)计算外购免税农产品应抵扣的进项税额;

(6)计算该企业5月份合计应缴纳的增值税税额。

答案：

(1)销售甲产品的销项税额＝80×13%＋5.65÷(1＋13%)×13%＝ 11.05(万元)

(2)销售乙产品的销项税额＝28.25÷(1＋13%)×13% ＝3.25(万元)

(3)自制新产品的销项税额＝20×(1＋10%)×13% ＝2.86(万元)

(4)外购货物应抵扣的进项税额＝7.8(万元)

(5)外购免税农产品应抵扣的进项税额＝(30×9%＋5×9%)×(1－20%)＝2.52(万元)

(6)该企业 5 月份应缴纳的增值税税额＝11.05＋3.25＋2.86－7.8－2.52＝6.84(万元)

2.2.2　小规模纳税人增值税应纳税额的计算

小规模纳税人发生应税行为的，按销售额和征收率计算应纳税额的简易征收办法计算应纳增值税税额，并且不得抵扣进项税额。其计算公式为：

应纳税额＝销售额×征收率

上述公式中，征收率为 3%；销售额为不含税销售额，其内涵与一般纳税人规定的相同。

由于小规模纳税人发生应税行为，一般只能开具普通发票，取得的销售收入均为含税销售额，因此，在计算增值税应纳税额时，应将含税销售额换算为不含税销售额，其换算公式为：

不含税销售额＝含税销售额÷(1＋征收率)

例 2.2　某食品商店为增值税小规模纳税人，2019 年 6 月取得零售收入 80 000 元。计算该商店当月应纳增值税税额。

应纳税额＝80 000÷(1＋3%)×3%＝2 330(元)

2.2.3　进口货物增值税应纳税额的计算

我国增值税法规定，凡报关进口的应税货物，不论其是国外制造还是出口转内销，是进口者自行采购还是国外捐赠，是进口者自用还是作为贸易或其他用途等，均应按规定缴纳进口环节增值税。

纳税人(无论是一般纳税人还是小规模纳税人)进口货物，均按组成计税价格和规定的税率计算缴纳增值税，不得抵扣任何税额。其计算公式如下：

组成计税价格＝关税完税价格＋关税＋消费税

或

组成计税价格＝(关税完税价格＋关税)÷(1－消费税税率)

应纳税额＝组成计税价格×税率

前述“不得抵扣任何税额”是指在计算进口环节的增值税应纳税额时，不得抵扣发生在我国境外的各种税金。

例 2.3　某商场 2019 年 10 月进口货物一批。该批货物在国外的买价为 40 万元，运抵我国海关前发生的包装费、运输费、保险费等共计 20 万元。货物报关后，商场按规定缴纳了进口环节的增值税。该批进口货物在国内全部销售，取得不含税销售额 100 万元。货物进口关税税率为 15%，增值税税率为 13%。

[分析]

进口货物应纳关税＝(40＋20)×15%＝9(万元)

组成计税价格＝60＋9＝69(万元)

进口环节应纳增值税税额＝69×13%＝8.97(万元)

本月内销货物增值税销项税额＝100×13%＝13(万元)

当月内销货物应纳增值税税额＝13－8.97＝4.03(万元)

2.2.4 扣缴义务人应扣缴税额的计算

境外单位或个人在中国境内提供应税行为，但在境内未设有经营机构的，扣缴义务人应按下列公式计算应扣缴税额：

应扣缴税额＝接收方支付的价款÷(1＋税率)×税率

例 2.4 美国某咨询公司向中国境内甲公司提供咨询服务，合同约定咨询费用共计 106 万元。

要求：请计算甲公司应扣缴的增值税税额。

分析：应扣缴增值税＝106÷(1＋6%)×6%＝6(万元)

2.3 增值税的会计核算

2.3.1 会计科目设置

(1)增值税一般纳税人会计科目的设置

增值税一般纳税人核算增值税，应在“应交税费”科目下设置“应交增值税”明细科目。该科目借方登记企业购进货物或接受应税劳务所支付的进项税额、实际已缴纳的增值税税额；贷方登记企业销售货物或提供应税劳务所收取的销项税额、出口货物退税额、进项税额转出额。期末借方余额，反映企业尚未抵扣的增值税税额；期末贷方余额，反映企业尚未缴纳的增值税税额。

为了详细核算企业增值税的计算、缴纳、抵扣等信息，可在“应交税费——应交增值税”明细科目下设置如下专栏。

“进项税额”专栏，记录企业购进货物或接受应税劳务而支付的、准予从销项税额中抵扣的增值税税额；若发生购货退回或折让应冲减的进项税额，用红字登记本专栏。

“销项税额”专栏，记录企业销售货物或提供应税劳务应收的增值税税额。企业发生销货退回应冲减的销项税额，用红字登记本专栏。

“进项税额转出”专栏，记录企业的购进货物、在产品、产成品等发生非正常损失及其他原因，不得从销项税额中抵扣而应按规定转出的进项税额。

“已交税金”专栏，记录企业本月应交且实际已交纳的增值税税额；收到退回本月多交的增值税税额，用红字登记本专栏。

“减免税款”专栏，记录企业按规定直接减免的、用于指定用途的(新建项目、改扩建和技术改造项目、归还长期借款，冲减进口货物成本等)或未规定专门用途的、准予从销项税额中抵扣的增值税税额。按规定直接减免的增值税用蓝字登记，应冲销直接减免的增值税用红字登记。

“出口抵减内销产品应纳税额”专栏，记录企业按规定的退税率计算的出口货物的进项税额抵减内销产品的应纳税额。

“出口退税”专栏，记录企业出口产品向海关办理报关出口手续后，根据出口退税政策，向海关办理出口退税而收到退回的税款。出口货物退税后发生退货或退关而补交已退的税款，用红字登记本专栏。

“销项税额抵减”专栏，记录一般纳税人按照现行增值税制度规定因扣减销售额而减少的销项税额；

“转出未交增值税”和“转出多交增值税”专栏，分别记录一般纳税人月度终了转出当月应交未交或多交的增值税额；

“应交税费——应交增值税”通常采用多栏式账页，其格式如表 2—4 所示。

表 2—4　　应交税费——应交增值税

略	借方						贷方					借或贷	余额
	合计	进项税额	已交税金	出口抵减内销产品应纳税额	销项税额抵减	转出未交增值税	合计	销项税额	进项税额转出	出口退税	转出多交增值税		

【注意】增值税的账务处理有一个明显特点，与应交消费税等其他税种不同，不能转入“税金及附加”以及“管理费用”等账户，只在“应交税费”账户的借、贷方核算。在购进阶段，根据增值税专用发票上注明的价款和增值税税额，价款计入货物成本，符合条件的增值税税额计入“进项税额”；在销售阶段，将不含增值税的销售额作为销售收入，向购买方收取的增值税计入“销项税额”；月末，计算当月的应交增值税。

除了“应交税费——应交增值税”，增值税一般纳税人应当在“应交税费”科目下设置“应交增值税”“未交增值税”“预交增值税”“待抵扣进项税额”“待认证进项税额”“待转销项税额”“简易计税”“转让金融商品应交增值税”“代扣代交增值税”等明细科目。

“未交增值税”明细科目，核算一般纳税人月度终了从“应交增值税”或“预交增值税”明细科目转入当月应交未交、多交或预交的增值税额，以及当月交纳以前期间未交的增值税额。

“预交增值税”明细科目，核算一般纳税人转让不动产、提供不动产经营租赁服务、提供建筑服务、采用预收款方式销售自行开发的房地产项目等，以及其他按现行增值税制度规定应预交的增值税额。

“待抵扣进项税额”明细科目，核算一般纳税人已取得增值税扣税凭证并经税务机关认证，按照现行增值税制度规定准予以后期间从销项税额中抵扣的进项税额。

“待认证进项税额”明细科目，核算一般纳税人由于未经税务机关认证而不得从当期销项税额中抵扣的进项税额，包括一般纳税人已取得增值税扣税凭证、按照现行增值税制度规定准予从销项税额中抵扣，但尚未经税务机关认证的进项税额；一般纳税人已申请稽核但尚未取得稽核相符结果的海关缴款书进项税额。

“待转销项税额”明细科目，核算一般纳税人销售货物、劳务、服务、无形资产或不动产，已确认收入（或利得）但尚未发生增值税纳税义务而需于以后期间确认为销项税额的增值税额。

“简易计税”明细科目，核算一般纳税人采用简易计税方法发生的增值税计提、扣减、预交、缴纳等业务。

“转让金融商品应交增值税”明细科目，核算增值税纳税人转让金融商品发生的增值税额。

“代扣代交增值税”明细科目，核算纳税人购进在境内未设经营机构的境外单位或个人在境内的应税行为代扣代缴的增值税。

(2)增值税小规模纳税人会计科目的设置

小规模纳税人发生的业务相对一般纳税人而言比较简单,只需在“应交税费”科目下设置“应交增值税”“转让金融商品应交增值税”“代扣代交增值税”三个二级明细科目,以减轻小规模纳税人的核算压力。

2.3.2 一般纳税人增值税的会计核算

(1)进项税额的会计核算

①国内购进货物和发生退货的会计核算。

企业从国内采购的货物,并取得增值税专用发票,按照增值税专用发票上注明的金额,借记“应交税费——应交增值税(进项税额)”科目;按照采购成本的金额,借记“在途物资”“材料采购”“原材料”“制造费用”等科目;按照应付或实际支付的金额,贷记“应付账款”“应付票据”“银行存款”等科目。购入货物发生的退货,编制相反的会计分录。

借:在途物资(材料采购、原材料、库存商品、生产成本、管理费用等)

　　应交税费——应交增值税(进项税额)

　　贷:银行存款(应付账款、应付票据等)

购入货物发生的退货,做相反的会计分录或者用红字冲销会计分录。

例 2.4　某工厂某月购入原材料 400 吨,取得增值税专用发票上注明价款 50 000 元,增值税额 6 500 元,货物已验收入库,支付给承运企业运费 1 000 元,取得增值税专用发票。上述款项已通过银行支付(已知该企业采用实际成本法核算原材料)。

[分析]

可抵扣的进项税额=6 500+1 000×9%=6 590(元)

购进时,根据相关的原始凭证:

借:原材料	51 000	
应交税费——应交增值税(进项税额)	6 590	
贷:银行存款		57 590

例 2.5　6 月 6 日,天瑞公司购进原料一批,取得增值税专用发票,注明价款为 100 000 元,增值税为 13 000 元,原料已验收入库并同时支付货款。在购货过程中支付运输费用 2 000 元,已取得增值税专用发票。

[分析]

运费允许抵扣的进项税额=2 000×9%=180(元)

入库材料采购成本=100 000+2 000=102 000(元)

根据增值税专用发票、入库单及付款凭证,编制的会计分录为:

借:原材料	102 000	
应交税费——应交增值税(进项税额)		13 180
贷:银行存款		115 180

例 2.6　甲公司为增值税一般纳税人,2019 年 6 月 3 日,持银行汇票 300 万元购入 W 材料 800 千克,增值税专用发票上注明的货款为 200 万元,增值税额为 26 万元,对方代垫包装费 1.13 万元,材料已验收入库,剩余票款退回并存入银行。

编制的会计分录为:

借:原材料——W 材料　2 010 000
　应交税费——应交增值税(进项税额)　261 300
　　贷:其他货币资金——银行汇票存款　2 271 300
借:银行存款　722 000
　　贷:其他货币资金——银行汇票存款　722 000

②接受投资者投入货物的会计核算

企业接受投资者投入的货物,应按增值税专用发票上注明的增值税,借记"应交税费——应交增值税(进项税额)"科目;按双方确认的价值,借记"原材料"等科目;按投资者应享有的注册资本份额,贷记"实收资本"或"股本"科目;其差额贷记"资本公积"科目。

借:原材料等
　应交税费——应交增值税(进项税额)
　　贷:股本(或实收资本)
　　　资本公积

例 2.7　6 月 8 日,天籁公司接受联营单位投入的原材料一批,增值税专用发票上注明价款为 51 000 元,增值税为 6 630 元,材料已验收入库,假定均享受注册资本份额。

根据合同和相关验收凭证,编制的会计分录为:

借:原材料　51 000
　应交税费——应交增值税(进项税额)　6 630
　　贷:实收资本　57 630

例 2.8　2019 年 6 月 10 日,A 公司收到乙公司作为资本投入的 W 材料 5 000 千克,并验收入库。投资合同约定该批原材料价值(不含可抵扣的增值税进项税额)为 1 415 万元,增值税进项税额为 183.95 万元,乙公司开具增值税专用发票。假定合同约定的价值与公允价值相等,未发生资本溢价。

编制的会计分录为:

借:原材料——W 材料　14 150 000
　应交税费——应交增值税 (进项税额)　1 839 500
　　贷:实收资本　15 989 500

③接受捐赠货物的会计核算

企业接受捐赠货物,应按增值税专用发票上注明的增值税,借记"应交税费——应交增值税(进项税额)"科目;按捐赠确认的价值,借记"原材料"等科目;按接受捐赠货物价税合计,贷记"营业外收入"科目。

借:原材料
　应交税费——应交增值税(进项税额)
　　贷:营业外收入

例 2.9　6 月 12 日,公司接受某机构无偿捐赠的原材料一批,增值税专用发票上注明的价款为 60 000 元,增值税为 7 800 元,材料已验收入库。

根据合同和相关验收凭证,编制的会计分录为:

借:原材料　60 000

应交税费——应交增值税(进项税额)　　7 800
贷:营业外收入　　67 800

④接受应税劳务的会计核算。

企业接受应税劳务,按增值税专用发票上注明的应计入加工、修理修配等劳务成本的金额,借记“其他业务成本”“制造费用”“委托加工物资”等科目;按专用发票上注明的增值税,借记“应交税费——应交增值税(进项税额)”科目;按实际支付的金额,贷记“银行存款”等科目。

借:生产成本(制造费用、管理费用、销售费用、委托加工物资等)应交税费——应交增值税(进项税额)
贷:银行存款(应付账款、应付票据等)

例 2.10　6 月 16 日,公司的基本生产车间委托某修理厂修理设备,以银行存款支付修理费 2 000 元,增值税为 260 元。

根据增值税专用发票和支付凭证,编制的会计分录为:

借:制造费用　　2 000
应交税费——应交增值税(进项税额)　　260
贷:银行存款　　2 260

⑤国外进口货物的会计核算

企业从国外进口货物,应根据完税凭证上注明的进口货物采购成本,借记“原材料”等科目;按完税凭证上注明的增值税,借记“应交税费——应交增值税(进项税额)”科目;按实际支付的金额,贷记“银行存款”等科目。

例 2.11　6 月 22 日,公司从国外进口材料一批,关税完税价格为 500 000 元,缴纳进口关税 50 000 元,消费税 27 500 元,材料已验收入库,款项以银行存款支付。

[分析]

增值税组成计税价格=500 000+50 000+27 500=577 500(元)

进项税额=577 500×13%=75 075(元)

根据海关完税凭证、材料入库单及付款凭证等,编制的会计分录为:

借:原材料　　577 500
应交税费——应交增值税(进项税额)　　75 075
贷:银行存款　　652 575

⑥购进免税农产品的会计核算

企业购进免税农产品,应按购入农产品的买价和规定的扣除率计算的金额,借记“应交税费——应交增值税(进项税额)”科目;按买价扣除按规定计算的进项税额后的余额,借记“原材料”等科目;按实际支付的金额,贷记“银行存款”等科目。

借:在途物资(库存商品)等　　(买价－进项税额)应交税费——应交增值税(进项税额)　　(买价×扣除率)
贷:银行存款(应付账款等)　　(买价)

【提示】购进免税农产品的进项税额=买价×扣除率,而采购成本=买价－进项税额。

例 2.12　6 月 26 日,公司从农民手中收购小麦,填开的经税务机关批准使用的收购凭证上注明的买价为 80 000 元,该批小麦已运抵企业并验收入库,货款以现金支付。

[分析]

购进免税农产品允许抵扣的进项税额＝80 000×9%＝7 200(元)

根据收购凭证和付款凭证,编制的会计分录为:

借:原材料 72 800

应交税费——应交增值税(进项税额) 7 200

贷:库存现金 80 000

例 2.13 某罐头厂直接从农民手中收购猪肉加工,某月购入猪肉 2 000 千克,每千克 11 元,按 10%的扣除率计算进项税额。根据规定允许坐支销货款,用现金支付。

编制的会计分录为:

借:在途物资 19 800

应交税费——应交增值税(进项税额) 2 200

贷:库存现金 22 000

⑦不得抵扣进项税额的会计核算

a. 购进货物改变用途的核算

企业购进货物时就能明确用于简易计税项目、免税项目、集体福利和个人消费等用途的,应将发票上注明的增值税直接计入相关项目的成本。企业购进的生产经营用货物改变用途,用于简易计税项目、免税项目、集体福利和个人消费的,应在改变其用途时将其原已确认的增值税进项税额转入“应交税费——应交增值税(进项税额转出)”科目的贷方,同时借记“在建工程”“应付职工薪酬”等科目。

例 2.14 某企业(一般纳税人)将已抵扣进项税额的库存原材料 5 吨用于在建工程,该批材料的实际成本为 50 000 元。

[分析]

借:在建工程 50 000

贷:原材料 50 000

b. 非正常损失购进货物的核算

发生非正常损失,不能实现销售,不会产生销项税额,在购进时已作为进项税额抵扣的增值税需作为进项税额转出进行抵销。

借:待处理财产损溢

贷:应交税费——应交增值税(进项税额转出)

例 2.15 某企业某月因遭受火灾,存放在仓库里的原材料发生损失。受损材料账面价为 30 000 元,增值税税率为 13%。保险公司按照合同赔付 6 700 元。

[分析]

转出的进项税额＝30 000×13%＝3 900(元)

借:待处理财产损溢 33 900

贷:原材料 30 000

应交税费——应交增值税(进项税额转出) 3 900

后经有关部门批准,该损失转作营业外支出处理。

借:营业外支出 27 200

其他应收款　　6 700

　贷:待处理财产损溢　　33 900

例 2.16　2019 年 6 月 30 日,A 公司因自然灾害毁损 W 材料 50 千克,每千克 0.28 万元,该批材料购入时支付的增值税为 1.82 万元。经保险公司核定应赔偿 10 万元,款项尚未收到,其余损失已经有关部门批准处理。

编制的会计分录为:

借:待处理财产损溢　　158 200

　贷:原材料——W 材料　　140 000

　　应交税费——应交增值税(进项税额转出)　　18 200

借:营业外支出　　58 200

　其他应收款　　100 000

　贷:待处理财产损溢　　158 200

【练一练】8 月 18 日,公司验收入库上月支付货款的材料,应收 10 000 千克(不含税单价 80 元),实收 9 000 千克。公司允许的定额内合理损耗率为 2%,其余为非正常损失。上述货款以银行存款支付。

c. 购进生产经营用固定资产的核算

增值税一般纳税人购进、接受捐赠、接受投资或者自制、改扩建、安装的固定资产发生的进项税额,可凭增值税专用发票、海关进口增值税专用缴款书和运输费用结算单据(简称增值税扣税凭证)从销项税额中抵扣,其进项税额应当记入"应交税费——应交增值税(进项税额)"科目。

企业购进可以抵扣的机器、机械等固定资产时,会计处理为:

借:固定资产(在建工程)　(买价+运输费+保管费等杂费)应交税费——应交增值税(进项税额)　(进项税额+运输费×9%)

　贷:银行存款　(实际支付价款)

【提示】纳税人允许抵扣的固定资产进项税额,是指纳税人 2009 年 1 月 1 日以后实际发生,并取得 2009 年 1 月 1 日以后开具的增值税扣税凭证上注明的或者依据增值税扣税凭证计算的增值税税额。

例 2.17　2019 年 6 月 5 日,A 公司购入一台生产用设备,增值税专用发票价款为 280 000 元,增值税额为 36 400 元,支付运输费为 20 000 元。接受捐赠的新固定资产一台,发票价款为 100 000 元,增值税额为 13 000 元,支付运输费为 1 000 元。两项固定资产均无须安装,除接受捐赠支付的运费未取得合法抵扣凭证外,其余均取得了增值税合法抵扣凭证,以上货款均以银行存款支付。

[分析]

①购进时:

借:固定资产　　300 000

　应交税费——应交增值税(进项税额)　　54 400

　贷:银行存款　　354 400

②接受捐赠时:

借:固定资产　　101 000

应交税费——应交增值税(进项税额) 13 000
贷:营业外收入——接受捐赠利得 113 000
银行存款 1 000

(8)购入货物退回及折让的会计核算

①退货

借:银行存款

贷:应收账款——××单位应交税费——应交增值税(进项税额)

②购入货物折让

在未付款且未做账务处理的情况下,只需将发票联和抵扣联退还给销货方,由销货方按折让后的价款重新开具专用发票。在已付款或已做账务处理、发票联和抵扣联无法退还的情况下,购货方应当向当地主管税务机关索取证明单送给销货方,然后根据销货方开具的红字发票联和抵扣联进行账务处理。

收到销货方转来折让金额的红字专用发票时,编制的会计分录为:

借:银行存款
贷:应收账款——××单位
应交税费——应交增值税(进项税额)

(2)销项税额的会计核算

①一般销售方式下销项税额的会计核算

借:应收账款(应收票据、银行存款)

贷:主营业务收入应交税费——应交增值税(销项税额)

发生的销货退回,做相反的会计处理或者用红字冲销分录。

例 2.18 某公司向华丰公司销售A产品300件,货已发出,每件不含税售价600元,开具增值税专用发票,收到转账支票一张,存入银行。

根据专用发票和银行进账单,编制的会计分录为:

借:银行存款 203 400
贷:主营业务收入 180 000
应交税费——应交增值税(销项税额) 23 400

例 2.19 公司向某小规模纳税人销售A产品100件,开具普通发票金额为67 800元,收到对方交来的期限为3个月的银行承兑汇票一张。

[分析]

不含税销售额=67 800÷(1+13%)=60 000(元)

根据普通发票和银行承兑汇票,编制的会计分录为:

借:应收票据 67 800
贷:主营业务收入 60 000
应交税费——应交增值税(销项税额) 7 800

【注意】如果采用预收货款方式销售货物的,应在企业发出货物当天确认销售实现并发生纳税义务。

a. 企业收到预收款时

借:银行存款

贷:预收账款

b. 企业发出货物时:

借:预收账款 (冲销原预收账款)应收账款(银行存款) (补收货款)

贷:主营业务收入应交税费——应交增值税(销项税额)

例 2.20 某公司以预收货款方式销售C产品一批,开具的增值税专用发票上注明销售额70 000元,增值税为9 100元。上月预收货款60 000元,对方当日补付货款。

根据专用发票和银行进账单,编制会计分录为:

借:银行存款	19 100	
预收账款	60 000	
贷:主营业务收入		70 000
应交税费——应交增值税(销项税额)		9 100

②视同销售行为销项税额的会计核算

视同销售行为的会计核算关键解决两个方面的问题:其一,视具体情况区分是否作销售收入核算,在税法与会计分离的情况下,一般认为若视同销售行为能使企业获得收益或体现企业与外部关系的,应作销售收入核算,否则按成本结转;其二,视同销售行为增值税必须作增值税销项税额核算。

a. 将货物交付给单位或者个人代销

发出货物:

借:委托代销商品

贷:库存商品

收到代销清单或代销款:

借:应收账款(银行存款)

贷:主营业务收入应交税费——应交增值税(销项税额)

同时结转成本:

借:主营业务成本

贷:委托代销商品

【练一练】 3月7日,公司委托某商场代为销售A产品800件,单位成本500元,产品已发出。代销合同规定,每件不含税售价600元,代销手续费按不含税售价的8%支付。3月29日,该商场将代销的A产品全部售出,公司收到商场转来的代销清单和手续费结算凭证。

b. 销售代销货物(受托代销)

企业代销商品,无论会计上是否作销售处理,都需计算应交增值税,收到代销清单时,作销售处理并计算销项税额。

收到代销货物:

借:受托代销商品

贷:受托代销商品款

销售货物:

借:银行存款

贷:主营业务收入应交税费——应交增值税(销项税额)

交付代销款：

借：应付账款应交税费——应交增值税(进项税额)

贷：银行存款

c. 将自产、委托加工的货物用于集体福利和个人消费

企业将自产、委托加工的货物用于集体福利或个人消费，按会计制度规定并非一般销售业务，但税法规定应视同销售计征增值税，并且规定其纳税义务的发生时间为移送货物的当天。

借：其他业务成本(在建工程等)

贷：库存商品(原材料、低值易耗品等)应交税费——应交增值税(销项税额)

例2.21　东方工厂将自产的商品乙产品40件用于单位招待所，该产品单位售价为200元，单位成本为160元，增值税税率为13%。

编制的会计分录为：

借：其他业务成本	7 440	
贷：库存商品		6 400
应交税费——应交增值税(销项税额)		1 040

d. 将自产、委托加工或购买的货物对外投资

企业将自产、委托加工或购买的货物对外投资，企业虽然没有直接的经济利益流入，但可获得间接的经济利益，根据会计准则规定，会计上应作销售处理，税法规定应视同销售货物计征增值税。

例2.22　公司将购入的生产用材料一批用于对外投资，账面金额为80 000元，税务部门核算的计税价格为88 000元，开具增值税专用发票。

[分析]

销项税额＝88 000×13%＝11 440(元)

根据发料单，编制的会计分录为：

借：长期股权投资	99 440	
贷：主营业务收入		88 000
应交税费——应交增值税(销项税额)		11 440

e. 将自产、委托加工或购买的货物分配给股东或投资者

企业将自产、委托加工或购买的货物分配给股东或投资者，虽然这一行为没有直接的货币流入或货币流出，但实际上它与先将货物出售，取得货币资产，再分配给股东或投资者并无实质区别。因此，会计上将这一行为作销售处理，税法规定应视同销售计征增值税。

例2.23　公司将自产的A产品和委托加工的B产品作为利润分配给投资者，A产品的生产成本为8 000元，不含税售价为12 000元；B产品的委托加工成本为11 000元，无同类产品售价，成本利润率为10%。未开具发票。

[分析]

B产品的组成计税价格＝11 000×(1＋10%)＝12 100(元)

B产品的销项税额＝12 100×13%＝1 573(元)

A产品的销项税额＝12 000×13%＝1 560(元)

根据发货单，编制的会计分录为：

借：应付利润(应付股利)	27 233	

贷:主营业务收入　　24 100

应交税费——应交增值税(销项税额)　　3 133

f. 将自产、委托加工或购买的货物无偿赠送给他人

企业将自产、委托加工或购买的货物无偿赠送给他人,企业并未因此发生经济利益流入,会计上不做销售处理。但这种变化实质上使货物进入了消费环节,税法规定应视同销售计征增值税。

例 2.24　公司将一批试制的新产品 E 赠送给客户,生产成本为 2 000 元,尚无同类产品销售价格,成本利润率为 10%。未开具发票。

[分析]

组成计税价格=2 000×(1+10%)=2 200(元)

销项税额=2 200×13%=286(元)

根据发货单,编制的会计分录为:

借:营业外支出　　2 286

贷:库存商品　　2 000

应交税费——应交增值税(销项税额)　　286

③与包装物销售相关的销项税额的会计核算

a. 随同产品销售包装物

随同产品销售并单独计价的包装物,应单独确认为其他业务收入,并按税法规定在产品实现销售时计征增值税。

借:应收账款(应收票据)

贷:主营业务收入(销售货物价款)

其他业务收入(出售包装物价款)

应交税费——应交增值税(销项税额)

例 2.25　公司销售 A 产品一批,增值税专用发票上注明价款为 20 000 元,增值税为 2 600 元;企业在出售产品时随同出售并单独计价的包装物,价款为 1 000 元,增值税为 130 元。上述款项均未收到。

根据销货发票,编制的会计分录为:

借:应收账款　　23 730

贷:主营业务收入　　20 000

其他业务收入　　1 000

应交税费——应交增值税(销项税额)　　2 730

b. 出租包装物收取的租金

出租包装物收取的租金,按税法规定属于价外费用,应计征增值税。

借:应收账款(应收票据)

贷:主营业务收入(销售货物收入)

其他业务收入(出租包装物收入)

应交税费——应交增值税(销项税额)

例 2.26　公司销售 A 产品 50 件,每件不含税售价 600 元,增值税税率为 13%;出租包装

物 50 个，承租期 10 天，共计租金 2 260 元；另收取包装物押金每个 100 元。上述款项均已收到，存入银行。

[分析]

销售 A 产品销项税额＝50×600×13%＝3 900(元)

包装物租金应计销项税额＝2 260÷(1＋13%)×13%＝260(元)

根据销货发票、押金收据等凭证，编制的会计分录为：

借：银行存款	41 160	
贷：主营业务收入		30 000
其他业务收入		2 000
应交税费——应交增值税(销项税额)		4 160
其他应付款——存入保证金		5 000

c. 出租、出借包装物收取的押金

出租、出借包装物收取的押金应在包装物归还时退还给购货方，但当购货方逾期不能退还包装物时，企业应没收包装物押金。按税法规定，企业没收的包装物押金应计征增值税。

例 2.27 上例出租期满，购货方归还包装物 40 个，其余 10 个无法归还。

[分析]

没收包装物押金不含税收＝100×10÷(1＋13%)＝885(元)

没收包装物押金应计销项税额＝885×13%＝115(元)

编制的会计分录为：

借：其他应付款——存入保证金	5 000	
贷：营业外收入		885
应交税费——应交增值税(销项税额)		115
银行存款		4 000

④特殊销售方式下销项税额的会计核算

a. 折扣销售

税法规定销货方只有在开出的同一张专用发票上注明销售额和折扣额时，才能以扣除折扣后的金额为计税依据计征增值税；若折扣额另开发票，无论财务会计如何处理，增值税的销项税额都要按未扣除折扣时的销售额为计税依据计算。

例 2.28 公司销售给某商店 A 产品 700 件，价目表中标明的单位售价为 600 元(不含税)，因购买数量较大，公司给予了 10%的折扣，同时折扣额与销售额在同一张专用发票上注明，货款尚未收到。

[分析]

根据税法规定，上述折扣额开票符合税法规定的扣除条件。

销项税额＝700×600×(1－10%)×13%＝49 140(元)

根据销售发票，编制的会计分录为：

借：应收账款	427 140	
贷：主营业务收入		378 000
应交税费——应交增值税(销项税额)		49 140

b. 销售折扣

为鼓励及早付款而给予购货方的一种折扣优待。销售折扣不得从销售额中扣除。

例 2.29 公司销售 A 产品的全部价款为 20 000 元，规定的折扣条件为“3/10，n/30”(以不含税货款为折扣基数)。

[分析]

销项税额＝20 000×13%＝2 600(元)

产品发出并办妥托收手续时，编制的会计分录为：

借：应收账款	22 600	
贷：主营业务收入		20 000
应交税费——应交增值税(销项税额)		2 600

若购货方在 10 天内支付货款，编制的会计分录为：

借：银行存款	21 922	
财务费用	678	
贷：应收账款		22 600

若购货方超过 10 天支付货款，编制的会计分录为：

借：银行存款	22 600	
贷：应收账款		22 600

c. 销货退回与折让

企业在销售过程中，如果发生销货退回或折让，不论是当月的销货退回与折让，还是以前月份的销货退回与折让，均应冲减发生退回与折让当月的主营业务收入，并在收到购货单位退回的增值税专用发票或寄来的“证明单”后做相应的账务处理。

例 2.30 公司上月销售给某商店的某产品因与合同不符全部退回，已收到商店转来的发票联和抵扣联，上列货款 50 000 元、增值税 6 500 元，同时转来退货运费 400 元的增值税专用发票。上月的销售款尚未收到，公司开具红字专用发票。

根据开具的红字专用发票，编制的会计分录为：

借：应收账款	56 500	
贷：主营业务收入		50 000
应交税费——应交增值税(销项税额)		6 500

根据运输发票，编制的会计分录为：

借：销售费用	400	
应交税费——应交增值税(进项税额)	52	
贷：应收账款		452

d. 以旧换新

除金银首饰外，一般商品的以旧换新业务，销售货物与有偿收购旧货物是两项不同的业务活动，销售额与收购额不能相互抵销，增值税应以新货物的同期售价为计税依据计征。

例 2.31 某商场向消费者销售某款电冰箱，价值 2 260 元，如果消费者同时送回一台旧电冰箱，则售价为 200 元。

销售新电冰箱：

借:银行存款　　2 260

　　贷:主营业务收入　　2 000

　　　　应交税费——应交增值税(销项税额)　　260

购进旧电冰箱:

借:原材料　　200

　　贷:银行存款　　200

【练一练】 为了占领市场,公司以每件不含税价 600 元出售自产 A 产品。为了扩大销售,厂商决定任何品牌的同类产品都可以以旧换新,旧货的收购价每件 80 元,本月以旧换新销售 A 产品 400 件。该公司如何进行会计核算?

e. 以物易物

以物易物的双方都应作购销处理,以各自发出的货物核算销售额并计算销项税额,以各自收到的货物核算采购成本和进项税额。这类业务的会计处理应根据《企业会计准则第 7 号——非货币性资产交换》的规定,在符合商业性质且公允价值能够可靠计量的情况下,以换出资产的公允价值(不包括准予抵扣的进项税额)和支付的相关税费作为换入资产的入账成本,公允价值与换出资产账面价值的差额计入当期损益。

例 2.32 甲企业以产品 A 换取乙企业原材料 B,A 产品的成本为 300 000 元,公允价值为 400 000 元,交易无补价,属于典型的非货币性资产交换。双方适用的增值税税率为 13%。

编制的会计分录为:

借:原材料　　400 000

　　应交税费——应交增值税(进项税额)　　52 000

　　贷:主营业务收入　　400 000

　　　　应交税费——应交增值税(销项税额)　　52 000

借:主营业务成本　　300 000

　　贷:库存商品　　300 000

【练一练】 某公司以账面价值为 8 000 元、公允价值为 10 000 元的 A 材料,换入另一家公司账面价值为 12 000 元、公允价值为 10 000 元的 B 材料,某公司支付运费 400 元,两公司均未对存货计提跌价准备。增值税税率均为 13%,双方均开具了增值税专用发票。

⑥销售自己使用过的固定资产。销售自己使用过的固定资产应通过“固定资产清理”科目将所发生的净损益作为资产处置损益。不符合免税条件的,应计征增值税。

【提示】 一般纳税人销售自己使用过的 2008 年 12 月 31 日以前购进或者自制的固定资产,包括 2008 年 12 月 31 日以前未纳入或者纳入扩大增值税抵扣范围试点的纳税人,都是按照 3% 的征收率减按 1.5% 征收增值税,不论售价高低,不得抵扣增值税的进项税额。一般纳税人销售自己使用过的 2009 年 1 月 1 日以后购进或者自制的固定资产,按照适用税率 13% 征收增值税。

例 2.33 某公司 2019 年 5 月出售 2008 年 11 月购入的已使用过的机器一台,原值为 21 000 元,已提折旧 1 400 元,发生清理费用 200 元,含税售价 30 900 元。

[分析]

销售 2009 年 1 月 1 日前购入的固定资产,应按照 3% 的征收率减按 1.5% 征收增值税。

应纳增值税税额=30 900÷(1+3%)×1.5%=450(元)

编制的会计分录为:

注销固定资产价值:

借:固定资产清理　　19 600
　　累计折旧　　1 400
　　贷:固定资产　　21 000

支付清理费用:

借:固定资产清理　　200
　　贷:库存现金　　200

收到出售的固定资产的价款:

借:银行存款　　30 900
　　贷:固定资产清理　　30 450
　　　　应交税费——应交增值税　　450

结转固定资产清理净损益:

借:固定资产清理　　10 650
　　贷:资产处置损益　　10 650

【练一练】 某企业销售一台生产上已使用过的设备,含税价为113万元,已提折旧10万元,该设备是在2009年1月1日增值税转型之后购进,出售时收到含税价款80万元。对该事项进行相关的会计核算。

(3)销售(提供)应税劳务增值税的会计核算

企业销售应税劳务,其纳税义务发生时间为提供劳务同时收讫销售款或者取得索取销售款的凭据的当天。企业销售应税劳务,应当按应收或已收的金额,借记"应收账款""应收票据""银行存款"等科目;按取得的收入金额,贷记"主营业务收入""其他业务收入""工程结算"等科目;按现行增值税制度规定计算的销项税额(或采用简易计税方法计算的应纳增值税额),贷记"应交税费——应交增值税(销项税额)"或"应交税费——简易计税"科目。发生销售退回的,应根据按规定开具的红字增值税专用发票做冲减的会计分录。

例 2.34　某公司是一家汽车修理厂,为增值税一般纳税人,2020年1月为某公司修理2辆汽车,收取修理费并开具增值税专用发票,发票上注明价款20 000元、增值税额2 600元,款项已收存银行。要求:请根据上述业务编制该公司会计分录。

[分析]　相应会计分录为:

借:银行存款　　22 600
　　贷:主营业务收入　　20 000
　　　　应交税费——应交增值税(销项税额)　　2 600

(4)销售服务增值税的会计核算

①一般销售方式下增值税的会计核算

企业一般销售方式下销售服务,其纳税义务发生时间为收讫销售款或者取得索取销售款凭据的当天;先开具发票的,为开具发票的当天。企业销售服务,应当按应收或已收的金额,借记"应收账款""应收票据""银行存款"等科目;按取得的收入金额,贷记"主营业务收入""其他业务收入""工程结算"等科目;按现行增值税制度规定计算的销项税额(或采用简易计税方法计算的应纳增值税额)，贷记“应交税费——应交增值税(销项税额)”或“应交税费——简易计税”科目。发生销售退回的，应根据按规定开具的红字增值税专用发票做冲减的会计分录。

对于采取预收货款方式销售服务(租赁服务除外)的企业，应在收到预收款项时，借记“银行存款”科目，贷记“预收账款”科目；发生服务时，确认收入及补收款项，借记“预收账款”“银行存款”等科目，贷记“应交税费——应交增值税(销项税额)”“主营业务收入”“其他业务收入”等科目。

需要注意的是，采取预收货款方式提供租赁服务的企业，其纳税义务发生时间为收到预收款的当天。企业采取预收货款方式提供租赁服务，应在收到预收款时按预收的价税合计金额，借记“银行存款”等科目；按未来应当确认的收入金额，贷记“预收账款”科目；按现行增值税制度规定计算的销项税额(或采用简易计税方法计算的应纳增值税额)，贷记“应交税费——应交增值税(销项税额)”或“应交税费——简易计税”科目。发生销售退回的，应根据按规定开具的红字增值税专用发票做冲减的会计分录。

例 2.35 甲租赁公司为增值税一般纳税人，2020 年 1 月 2 日与乙公司签订经营租赁合同，合同约定甲公司向乙公司出租一台机器设备，租期为 12 个月，租赁开始日为 2 月 1 日，同时还约定乙公司要在 1 月 15 日向甲公司一次性支付全部租金。1 月 15 日，甲公司收到乙公司支付的不含税租金 60 000 元和相应税款。要求：请根据上述业务编制甲公司会计分录。

分析：甲公司采用预收款方式向乙公司出租机器设备，纳税义务发生时间为收到预收款的当天，所以甲公司应于 1 月 15 日对收到的款项计提销项税额。

销项税额＝60 000×13%＝7 800(元)

1 月 15 日收到预收款时：

借：银行存款	67 800	
贷：预收账款——乙公司		60 000
应交税费——应交增值税(销项税额)		7 800

在租赁期内的每月月末，甲租赁公司分别确认收入时：

借：预收账款——乙公司	5 000	
贷：主营业务收入		5 000

②视同销售服务增值税的会计核算

企业发生视同销售服务的，其纳税义务发生时间为服务完成的当天，但会计上不确认收入。对于无偿提供服务，企业应借记“营业外支出”等科目；按最近时期销售服务的平均价格和规定的增值税税率计算的销项税额或者采用简易计税方法计算的应纳增值税税额，贷记“应交税费——应交增值税(销项税额)”或“应交税费——简易计税”等科目。

例 2.36 甲会计师事务所为增值税一般纳税人，2020 年 2 月 7 日免费提供给乙公司有关企业重组业务的财税咨询服务 2 小时，甲会计师事务所此类咨询服务不含增值税价格为 1 000 元每小时。要求：请根据上述业务编制甲会计师事务所会计分录。

[分析] 销项税额＝2×1 000×6%＝120(元)

相关会计分录为：

借：营业外支出	120	
贷：应交税费——应交增值税(销项税额)		120

(5)销售无形资产增值税的会计核算

纳税人销售无形资产，其纳税义务发生时间为收讫销售款或者取得索取销售款凭据的当天;先开具发票的,为开具发票的当天。纳税人应当按应收或已收的金额,借记"应收账款""应收票据""银行存款"等科目;按取得的收入(或者损失)金额,贷记"主营业务收入""其他业务收入""资产处置损益"等科目;按现行增值税制度规定计算的销项税额(或采用简易计税方法计算的应纳增值税额),贷记"应交税费——应交增值税(销项税额)"或"应交税费——简易计税"科目。发生销售退回的,应根据按规定开具的红字增值税专用发票做冲减的会计分录。

(6)销售不动产增值税的会计核算

①房地产企业销售自行开发的房地产项目的会计核算房地产企业销售自行开发的房地产项目,应当按应收或已收的金额,借记"应收账款""应收票据""银行存款"等科目;按取得的收入贷记"主营业务收入""其他业务收入"等科目;按现行增值税制度规定计算的销项税额(或采用简易计税方法计算的应纳增值税额),贷记"应交税费——应交增值税(销项税额)"或"应交税费——简易计税"科目。发生销售退回的,应根据按规定开具的红字增值税专用发票做冲减的会计分录。

如果是以预收货款方式销售自行开发的房地产,还需要按3%的征收率预缴增值税,借记"应交税费——预交增值税"科目,贷记"银行存款"科目;期末将预缴的增值税转入"应交税费——未交增值税"等科目。

②非房地产企业销售不动产的会计核算纳税人销售不动产应通过"固定资产清理"账户核算,根据按规定收取的增值税税额,贷记"应交税费——应交增值税(销项税额)"或"应交税费——简易计税"科目;按发生的净损益,记入"资产处置损益"科目。需要预交增值税的,借记"应交税费——预交增值税"科目,贷记"银行存款"科目;期末将预交的增值税转入"应交税费——未交增值税"等科目。

2.3.3 小规模纳税人增值税的会计核算

(1)购进货物或接受应税劳务的会计核算

小规模纳税人不能采用税款抵扣办法计税,因此其采购货物或接受应税劳务时,无论是否收到增值税专用发票或普通发票,所付税款均应计入所购货物的采购成本。

例2.34 某小规模纳税企业购入原材料一批,增值税专用发票上注明的价款为10 000元,增值税为1 300元,款项已由银行存款支付,材料已验收入库。

根据入库单和付款凭证,编制的会计分录为:

借:原材料	11 300	
贷:银行存款		11 300

(2)销售货物的会计核算

小规模纳税人销售货物实行简易征收办法,按征收率计征增值税。

例2.35 某小规模商品流通企业本月取得商品销货款83 200元。计算当月该企业应交增值税税额,并编制会计分录。

[分析]

应纳税额=83 200÷(1+3%)×3%=2 423(元)

根据进账单,编制的会计分录为:

借:银行存款	83 200	
贷:主营业务收入		80 777
应交税费——应交增值税		2 423

2.4　增值税纳税申报管理

2.4.1　增值税的纳税义务发生时间、纳税期限与纳税地点

(1)纳税义务发生时间

纳税义务发生时间是纳税人发生应税行为应当承担纳税义务的起始时间。增值税纳税义务发生时间规定如下。

①纳税人销售货物或应税劳务，其纳税义务发生的时间为收讫销货款或取得索取销货款凭据的当天；先开具发票的，为开具发票的当天。按结算方式不同分别规定如下。

a. 采用直接收款方式销售货物的，不论货物是否发出，均为收到销货款或取得索取销货款凭据的当天。

b. 采取托收承付和委托银行收款方式销售货物的，为发出货物并办妥托收手续的当天。

c. 采取赊销和分期收款方式销售货物的，为书面合同约定的收款日期的当天；无书面合同或书面合同没有约定收款日期的，为货物发出的当天。

d. 采取预收货款方式销售货物的，为货物发出的当天；但生产销售工期超过 12 个月的大型机械设备、船舶、飞机等货物，为收到预收款或书面合同约定的收款日期的当天。

e. 委托其他纳税人代销货物的，为收到代销单位的代销清单或收到全部或部分货款的当天；未收到代销清单及货款的，为发出代销货物满 180 天的当天。

f. 销售应税劳务的，为提供劳务同时收讫销售款或取得索取销售款凭据的当天。

g. 发生税法规定的增值税视同销售行为的，为货物移送的当天。

②纳税人进口货物，其纳税义务发生的时间为报关进口的当天。

③增值税扣缴义务发生的时间为纳税人增值税纳税义务发生的当天。

(2)纳税期限

根据《增值税暂行条例》规定，增值税的纳税期限分别为 1 日、3 日、5 日、10 日、15 日、1 个月或 1 个季度。具体纳税期限，由主管税务机关根据纳税人应纳税额的大小分别核定；不能按固定期限纳税的，可以按次纳税。1 个季度纳税期限的规定仅适用于小规模纳税人。

纳税人以 1 个月或 1 个季度为一期纳税的，自期满之日起 15 日内申报纳税；以 1 日、3 日、5 日、10 日或 15 日为一期纳税的，自期满之日起 5 日内预缴税款，于次月 1 日起 15 日内申报纳税并结清上月应纳税款。

扣缴义务人解缴税款的期限，依照纳税人的相关规定执行。进口货物应当自海关填发税款缴纳书之日起 15 日内缴纳税款。

(3)纳税地点

①固定业户应当向其机构所在地的主管税务机关申报纳税。总机构和分支机构不在同一县(市)的，应当分别向各自所在地的主管税务机关申报纳税；经国务院财政、税务主管部门或其授权的财政、税务机关批准，也可由总机构汇总向总机构所在地的主管税务机关申报纳税。

固定业户到外县(市)销售货物或应税劳务的，应当向其机构所在地的主管税务机关申请开具外出经营活动管理证明，并向其机构所在地的主管税务机关申报纳税。未持有其机构所在地的主管税务机关核发的外出经营活动管理证明，到外县(市)销售货物或提供应税劳务的，应向销售地的主管税务机关申报纳税；未向销售地的主管税务机关申报纳税的，由其机构所在

地的主管税务机关补征税款。

②非固定业户销售货物或应税劳务,应当向销售地或劳务发生地的主管税务机关申报纳税。非固定业户到外县(市)销售货物或提供应税劳务,未向销售地的主管税务机关申报纳税的,由其机构所在地的或居住地主管税务机关补征税款。

③进口货物,应当由进口人或其代理人向报关地的海关申报纳税。

④扣缴义务人应当向其机构所在地的或居住地的主管税务机关申报缴纳扣缴的税款。

2.4.2 增值税纳税申报表的编制

根据《税收征收管理法》《增值税暂行条例》及《发票管理办法》的有关规定,国家税务总局制定了以下增值税纳税人纳税申报的办法。

(1)中华人民共和国境内的增值税纳税人,均应按照本公告的规定进行增值税纳税申报

(2)纳税申报资料

纳税申报资料包括纳税申报表及其附列资料和纳税申报其他资料。

①增值税一般纳税人(以下简称一般纳税人)纳税申报表及其附列资料包括:

a.《增值税纳税申报表(一般纳税人适用)》。

b.《增值税纳税申报表附列资料(一)》(本期销售情况明细)。

c.《增值税纳税申报表附列资料(二)》(本期进项税额明细)。

d.《增值税纳税申报表附列资料(三)》(服务、不动产和无形资产扣除项目明细)。

一般纳税人销售服务、不动产和无形资产,在确定服务、不动产和无形资产销售额时,按照有关规定可以从取得的全部价款和价外费用中扣除价款的,需填报《增值税纳税申报表附列资料(三)》。其他情况不填写该附列资料。

e.《增值税纳税申报表附列资料(四)》(税额抵减情况表)。

f.《固定资产(不含不动产)进项税额抵扣情况表》。

g.《本期抵扣进项税额结构明细表》。

h.《增值税减免税申报明细表》。

②增值税小规模纳税人(以下简称小规模纳税人)纳税申报表及其附列资料包括:

a.《增值税纳税申报表(小规模纳税人适用)》。

b.《增值税纳税申报表(小规模纳税人适用)附列资料》。

小规模纳税人销售服务,在确定服务销售额时,按照有关规定可以从取得的全部价款和价外费用中扣除价款的,需填报《增值税纳税申报表(小规模纳税人适用)附列资料》。其他情况不填写该附列资料。

c.《增值税减免税申报明细表》。

③纳税申报其他资料:

a. 已开具的税控机动车销售统一发票和普通发票的存根联。

b. 符合抵扣条件且在本期申报抵扣的增值税专用发票(含税控机动车销售统一发票)的抵扣联。

c. 符合抵扣条件且在本期申报抵扣的海关进口增值税专用缴款书、购进农产品取得的普通发票的复印件。

d. 符合抵扣条件且在本期申报抵扣的税收完税凭证及其清单,书面合同、付款证明和境外单位的对账单或者发票。

e. 已开具的农产品收购凭证的存根联或报查联。

f. 纳税人销售服务、不动产和无形资产，在确定服务、不动产和无形资产销售额时，按照有关规定从取得的全部价款和价外费用中扣除价款的合法凭证及其清单。

g. 主管税务机关规定的其他资料。

④纳税申报表及其附列资料为必报资料。纳税申报其他资料的报备要求由各省、自治区、直辖市和计划单列市税务局确定。

(3)纳税人跨县(市)提供建筑服务、房地产开发企业预售自行开发的房地产项目、纳税人出租与机构所在地不在同一县(市)的不动产，按规定需要在项目所在地或不动产所在地主管税务机关预缴税款的，需填写《增值税预缴税款表》，表样及填写说明详见附件5至附件6。

(4)主管税务机关应做好增值税纳税申报的宣传和辅导工作

增值税一般纳税人纳税申报表格式如表2—5所示。

表2—5　增值税纳税申报表

(适用于增值税一般纳税人)

根据《中华人民共和国增值税暂行条例》第二十二条和第二十三条的规定制定本表。纳税人不论有无销售额，均应按主管税务机关核定的纳税期限按期填报本表，并于次月1日起15日内，向当地税务机关申报。

税款所属时间：自　　年　月　日至　　年　月　日　填表日期：　　年　月　日

金额单位：元(列至角分)

纳税人识别号				所属行业			
纳税人名称	(公章)	法定代表人姓名		注册地址		营业地址	
开户银行及账号		企业登记注册类型				电话号码	

项目		栏次	一般货物及劳务		即征即退货物及劳务	
			本月数	本年累计	本月数	本年累计
销售额	(一)按适用税率征税销售额	1				
	其中：应税货物销售额	2				
	应税劳务销售额	3				
	纳税检查调整的销售额	4				
	(二)按简易办法计税销售额	5				
	其中：纳税检查调整的销售额	6				
	(三)免、抵、退办法出口销售额	7			—	—
	(四)免税销售额	8			—	—
	其中：免税货物销售额	9			—	—
	免税劳务销售额	10			—	—
税款计算	销项税额	11				
	进项税额	12				
	上期留抵税额	13		—		—
	进项税额转出	14				
	免、抵、退应退税额	15			—	
	按适用税率计算的纳税检查应补缴税额	16			—	
	应抵扣税额合计	17=12+13−14−15+16		—		—
	实际抵扣税额	18(如17<11，则为17，否则为11)				
	应纳税额	19=11−18				
	期末留抵税额	20=17−18		—		—
	简易计税办法计算的应纳税额	21				
	按简易计税办法计算的纳税检查应补缴税额	22			—	—
	应纳税额减征额	23				
	应纳税额合计	24=19+21−23				

续表

税款缴纳	期初未缴税额(多缴为负数)	25				
	实收出口开具专用缴款书退税额	26			—	—
	本期已缴税额	27=28+29+30+31				
	①分次预缴税额	28		—		—
	②出口开具专用缴款书预缴税额	29		—	—	—
	③本期缴纳上期应纳税额	30				
	④本期缴纳欠缴税额	31				
	期末未缴税额(多缴为负数)	32=24+25+26−27				
	其中:欠缴税额(≥0)	33=25+26−27		—		—
	本期应补(退)税额	34=24−28−29		—		—
	即征即退实际退税额	35	—	—		
	期初未缴查补税额	36			—	—
	本期入库查补税额	37			—	—
	期末未缴查补税额	38=16+22+36−37			—	—

授权声明	如果你已委托代理人申报,请填写下列材料: 为代理一切税务事宜,现授权 (地址)　　　　为本纳税人的代理申报人,任何与本申报表有关的往来文件,都可寄予此人。 授权人签字:	申报人声明	此纳税申报表是根据《中华人民共和国增值税暂行条例》的规定填报的,我相信它是真实的、可靠的、完整的。 声明人签字:

主管税务机关　　　　　　接收人:　　　　　　接收日期:

增值税小规模纳税人纳税申报表格式如表2—6所示。

表2—6　　　　　　　　　增值税纳税申报表

(适用于增值税小规模纳税人)

纳税人识别号:

纳税人名称(公章):　　　　　　　　　　　　　　　　金额单位:元(列至角分)

税款所属期:　　年　月　日至　　年　月　日　　　　　　填表日期:　　年　月　日

	项目	栏次	本期数		本年累计	
			货物及劳务	服务、不动产和无形资产	货物及劳务	服务、不动产和无形资产
一、计税依据	(一)应征增值税不含税销售额	1				
	税务机关代开的增值税专用发票不含税销售额	2				
	税控器具开具的普通发票不含税销售额	3				
	(二)销售、出租不动产不含税销售额	4				
	税务机关代开的增值税专用发票不含税销售额	5				
	税控器具开具的普通发票不含税销售额	6				
	(三)销售使用过的固定资产不含税销售额	7(7≥8)	—		—	
	其中:税控器具开具的普通发票销售额	8	—		—	
	(四)免税销售额	9=10+11+12	—		—	
	其中:小微企业免税销售额	10		—		—
	未达起征点销售额	11				
	其他免税销售额	12		—		—
	(五)出口免税销售额	13(13≥14)				
	其中:税控器具开具的普通发票销售额	14				

续表

二、税款计算	本期应纳税额	15				
	本期应纳税额减征额	16				
	本期免税额	17				
	其中：小微企业免税额	18				
	未达起征点免税额	19				
	应纳税额合计	20＝15－16				
	本期预缴税额	21				
	本期应补(退)税额	22＝20－21				
纳税人或代理人声明：	如纳税人填报，由纳税人填写以下各栏：					
本纳税申报表是根据国家税收法律法规及相关规定填报的，我确定它是真实的、可靠的、完整的。	办税人员(签章)： 财务负责人(签章)： 法定代表人(签章)： 联系电话：					
	如委托代理人填报，由代理人填写以下各栏：					
	代理人名称(公章)： 经办人(签章)： 联系电话：					

主管税务机关： 接收人： 接收日期：

本章小结

增值税会计是本书的重点章节之一。本章在介绍我国现行增值税基本法规的基础上比较全面地阐述了增值税一般纳税人应纳税额的计算方法、会计核算及纳税申报表的编制。同时，对小规模纳税人增值税的计算方法、会计核算及纳税申报也做了介绍。

本章重点

一般纳税人与小规模纳税人增值税的征收管理办法、征税范围的确定、应纳税额的计算、进项税额与销项税额的会计处理、“应交增值税”二级账户的登记、增值税的纳税申报。

本章难点

应纳税额计算中销项税额的确定、允许扣除和不允许扣除进项税额的规定、混合销售与兼营行为的区分及会计处理、纳税申报表的编制。

基本概念

增值税　销项税额　进项税额　一般纳税人　小规模纳税人　混合销售行为　视同销售行为和兼营行为

复习思考题

1. 如何认定增值税一般纳税人和小规模纳税人？
2. 怎样确定增值税的征收范围？
3. 如何确定视同销售和混合销售的销售额？
4. 企业的哪些行为属于进项税额不得抵扣行为？
5. 简述增值税的纳税义务人。
6. 增值税的免税项目有哪些？

第3章　消费税会计

学习目标

了解消费税的概念与特点；
熟悉消费税纳税人及扣缴义务人认定；
熟悉消费税的征收范围、税目和税率；
熟悉消费税纳税义务发生时间、纳税期限、纳税地点；
掌握消费税应纳税额的计算与核算；
掌握消费税纳税申报表的填制。

思政案例

消费税是目前世界各国普遍实行的一个税种，据统计，有120多个国家和地区开征消费税，特别是发展中国家，大多以流转税为主体，而消费税又是流转税种类中的一个主要税种，地位重要。19世纪以来，由于以所得税为主体的直接税的发展，消费税占各国税收收入的比重有所下降，但因其特殊的调节作用，仍然受到各国的普遍重视。美国、英国、日本等主要发达国家均对特定的消费品征收消费税。

消费税作为一种流转税，是我国在1994年新设立的一个税种，是以消费品的流转额作为课税对象进行价内征收的各种税收的统称。消费税历史悠久，始于西汉时期，直至今日，已深入人们的生活。随着经济的不断发展，消费税的征收范围不断扩大，税额也日益提高。我国自1994年实行税改以来，消费税制的实施一直比较稳定；2006年在木制商品、部分奢侈品和成品油方面的税目增加到14个；2008年，小汽车根据节能减排方面做出调整；到2009年，对卷烟和白酒的消费税做出调整；2012年，统一对液体石油产品征税。除上述重大改革外，1994年至今，根据经济社会发展的需要以及国家产业政策的要求，对消费税的征税范围、税率结构和征收环节都在不断地进行完善和调整。这么多次的税费调整，无一不说明了以税收手段促进环境保护和节约资源的政策取向，以及消费税对消费行为和收入分配的导向调节作用。

3.1　消费税概述

3.1.1　消费税的概念

消费税是对消费品和特定的消费行为按流转额征收的一种税。根据我国《消费税暂行条例》规定，消费税是指对在我国境内从事生产、委托加工和进口应税消费品的单位与个人，按其应税消费品的销售额或销售数量征收的一种流转税。

消费税以消费品为课税对象，税收随价格转嫁给消费者负担，消费者是间接纳税人、实际负税人。消费税的征收具有较强的选择性，是国家贯彻消费政策、引导消费结构从而引导产业结构的重要手段，因而在保证国家财政收入、体现国家经济政策等方面具有十分重要的意义。

消费税：从陌生到熟悉的12年

现在人们谈论起消费税，普遍将1994年作为一个历史性坐标。这一年，我国进行了中华人民共和国成立以来最大规模的税制改革，首次设立了这样一个新税种。1994年设置的消费税针对11种产品征税，包括烟、酒、化妆品、护肤护发品、贵重首饰及珠宝玉石、鞭炮焰火、汽油、柴油、汽车轮胎、摩托车和小汽车。后来随着市场的变化，对税率做过一些小调整，比如护肤护发品的税率最初是17%，2001年调整为8%；白酒以前征收从价消费税，2001年开始加收从量消费税。在这段时间，国家对消费税的调整只是小范围的修修补补，直到2006年3月21日，财政部、国家税务总局联合下发通知，规定自2006年4月1日起对现行消费税的税目、税率政策进行相关的调整。此次是1994年税制改革以来消费税最大规模的一次调整，主要涉及三个方面：一是新增了高尔夫球及球具、高档手表、游艇、木制一次性筷子和实木地板等税目，增列成品油税目，原汽油、柴油税目作为该税目的两个子目，同时新增石脑油、溶剂油、润滑油、燃料油、航空煤油五个子目；二是对白酒、小汽车、摩托车和汽车轮胎等税目的税率进行调整；三是取消了护肤护发品税目。由于我国消费税属价内税，也就是说，消费税已经包含在价格中，消费者无须再为自己的消费行为单独缴税，所以很多人对消费税的概念其实相当模糊。在日常消费中，大家并不知道自己为哪些商品缴纳了消费税，以及缴纳了多少消费税。这一次国家大规模地调整消费税，才使这一概念引起广泛关注。

在数以万计的商品中，为什么这十几种商品需要额外缴纳消费税？一个基本原则是这些产品属于非生活必需品。如果进一步地细分，大致分为以下几类：一是过度消费会对人类健康、社会秩序等造成危害的消费品，比如烟、酒、鞭炮、焰火等；二是一些奢侈品，比如游艇、高档手表等；三是一些高耗能产品，比如汽车、摩托车等；四是一些不可再生的资源型产品，比如汽油、柴油等。

经过调整之后，新版的消费税总共有14个项目。在现有的14个项目中，是否存在某些不合理之处？张斌表示："消费税的设置是否合理，短期内无法看出来，只能随着时间的推移逐步完善。就现在看，税率的设置基本合理，不过项目多少还是让人费解。比如粮食白酒的消费税从25%下降到20%，以前对粮食白酒征收消费税，是因为生产白酒的过程中消耗大量的粮食，属于高耗能产业。现在调低粮食白酒的消费税，是不是意味着鼓励生产或者鼓励消费呢？另外，对木制一次性筷子征收5%的消费税，也基本上达不到限制消费、鼓励环保的初衷。"

对于奢侈品和大排量汽车征收较高的消费税。很多人认为，如果消费者有能力消费这些商品，也不会在乎多缴纳一点消费税，也就是价格弹性很小，所以通过消费税来指导消费的意义不是很大。张斌认为："奢侈品和大排量汽车的生产耗费了较多资源，消费者应该为此多缴纳消费税。至于说对消费者没有弹性，并不表示消费税就没有意义，从消费者角度看，如果他们能够消费得起这些奢侈品，对于多缴纳的消费税并不在乎，那就应该多缴纳一点，为国家财政做贡献。如果说消费者觉得税率过高，那就会停止或者转移消费，也就达到了指导消费的目的。"

与国外相比,从理论上讲,我国的消费税是针对消费者而设立的税种,最终将由消费者承担,但由于我国消费税在生产环节征收,如果行业竞争激烈,很多厂家就会自己承担全部或部分消费税成本,所以消费税并未完全转移到消费者身上。

从1994年设立消费税至今,究竟有多少消费税实际转移到消费者身上?生产者和消费者之间各自负担了多少消费税?消费税虽然名义上是为了调节消费,但很大意义上是为了调节生产。比如,这次对实木地板征收5%的消费税,并没有对复合地板征税,也就是通过这样的政策来鼓励厂家生产复合地板,从而达到对木材的保护。张斌说:"税负转移是很多专家穷其一生研究的课题,是一个非常难的问题。究竟消费者最终承担了多少消费税,现在看仍然是一个很难统计的数字。"

资料来源:《三联生活周刊》,http://www.lifeweek.com.cn/2006/0417/15054.shtml。

【扩展阅读】2008年11月5日,国务院第34次常务会议修订通过的《消费税暂行条例》,自2009年1月1日起施行。2014年取消了轮胎的消费税。为了促进节能环保,经国务院批准,自2015年2月1日起对电池、涂料征收消费税。2016年调整了高档化妆品和超豪华小汽车税率。2020年2月28日,国家发改委等23部门公布《关于促进消费扩容提质加快形成强大国内市场的实施意见》,落实好降低日用消费品进口关税的措施,调整优化部分消费税品目征收环节,将高档手表、贵重首饰和珠宝玉石的消费税由进口环节后移至零售环节。

3.1.2 消费税的特点

消费税是一种流转税,与增值税相比,具有以下特点。

(1)征税范围的选择性

我国仅选择部分消费品征收消费税,而不是对所有消费品都征收消费税。我国消费税目前共设置15个税目,只有消费税税目税率表上列举的应税消费品才征收消费税,没有列举的则不应征收消费税。

(2)征税环节的单一性

我国应税消费品在生产环节或进口环节征税之后,除个别消费品的纳税环节为零售环节外,再继续转销该消费品不再征收消费税。无论在哪个环节征税,都实行单环节征收,如以零售环节为纳税环节的应税消费品,在零售环节以前的诸环节都不征收消费税,这样既可以减少纳税人的数量,降低税款征收费用和税源流失的风险,又可以防止重复征税。

(3)计税方法的灵活性

消费税既可以对应税消费品或消费行为按比例税率实行从价计征,也可以对应税消费品按定额税率实行从量计征,甚至可以对应税消费品采取从价和从量相结合的复合计税办法征收。

(4)消费税是一种价内税

消费税是一种价内税,其税额构成应税消费品售价的一部分。消费税的计税销售额应包含消费税税额。

【练习题·多选题】我国消费税的特点有(　　)。

A. 征税项目具有普遍性　　B. 征税环节具有单一性

C. 征税方法具有多样性　　D. 是一种价内税

【练习题·多选题】根据消费税现行规定，下列表述中，正确的有（　　）。

A. 消费税税收负担具有转嫁性

B. 消费税的税率呈现单一税率形式

C. 消费品生产企业没有对外销售的应税消费品均不征消费税

D. 消费税税目列举的消费品都属消费税的征收范围

E. 消费税实行多环节课征制度

3.1.3 消费税的纳税人和扣缴义务人

在我国境内生产、委托加工和进口《消费税暂行条例》规定的消费品的单位与个人为消费税的纳税人。

“在我国境内”是指生产、委托加工和进口应税消费品的起运地或所在地在我国境内；“单位”是指企业、行政单位、事业单位、军事单位、社会团体和其他单位；“个人”是指个体工商户及其他个人。

自 2009 年 1 月 1 日起，增加了国务院确定的销售应税消费品的其他单位和个人，即在我国境内从事金银首饰、钻石饰品零售的单位和个人。自 2009 年 5 月 1 日起，对卷烟在批发环节加征一道消费税，自 2016 年起对超豪华小汽车在零售环节加征一道消费税，因此，从事卷烟批发、超豪华小汽车零售的单位和个人也是消费税的纳税义务人。

为确保消费税源泉扣税，税法同时规定受托加工应税消费品的单位(除个体经营者外)负有扣缴消费税的义务，海关负有扣缴进口环节消费税的义务。

3.1.4 消费税的征收范围和税目、税率

(1)消费税的征收范围

①生产应税消费品

生产应税消费品的销售是消费税征收的主要环节，因为消费税具有单一环节征税的特点，所以在销售环节征税以后，货物在流通环节无论再转销多少次，都不用再缴纳消费税。

②委托加工应税消费品

委托加工应税消费品是指委托方提供原料和主要材料，受托方只收取加工费和代垫部分辅助材料加工的应税消费品。

③进口应税消费品

单位和个人进口货物属于消费税征收范围的，在进口环节也要缴纳消费税。为了减少征税成本，进口环节缴纳的消费税由海关代征。

④零售应税消费品

仅限于金基、银基合金首饰以及金、银和金基、银基合金的镶嵌首饰、钻石及钻石饰品。

⑤批发应税消费品

烟草批发企业将卷烟销售给零售单位的，要加征一道 11%的从价税，并按 0.005 元/支加征从量税；烟草批发企业将卷烟销售给其他烟草批发企业的，不缴纳消费税。烟草批发企业在计算应纳税额时不得扣除卷烟中已含的生产环节的消费税。

上述消费税的征收范围具体表现为 15 个税目，即烟、酒、高档化妆品、贵重首饰及珠宝玉石、鞭炮和焰火、成品油、摩托车、小汽车、高尔夫球及球具、高档手表、游艇、木制一次性筷子、实木地板、电池和涂料。现行消费税法规规定这些税目的种类、规格、等级较为复杂，对需要区

别对待的应税项目还设置了相关的子目。

(2)消费税的税目

①烟

凡以烟叶为原料加工生产的产品，不论使用何种辅料，均属于本税目征税范围。本税目下设卷烟、雪茄烟和烟丝 3 个子目，其中卷烟包括国产卷烟、进口卷烟、白包卷烟、手工卷烟以及未经国务院批准纳入计划的企业及个人生产的卷烟。

②酒

酒是指酒精度在 1 度以上的各种酒类饮料。本税目下设白酒、黄酒、啤酒、其他酒 4 个子目，具体包括粮食白酒、薯类白酒、黄酒、啤酒、果啤和其他酒。

③高档化妆品

高档化妆品包括高档美容、修饰类化妆品，高档护肤类化妆品和成套化妆品，即生产(进口)环节销售(完税)价格(不含增值税)在 10 元/毫升(克)或 15 元/片(张)及以上的美容、修饰类化妆品和护肤类化妆品，不包括普通化妆品，舞台、戏剧、影视演员化妆用的上妆油、卸妆油和油彩。

④贵重首饰及珠宝玉石

本税目包括各种金银珠宝首饰和经采掘、打磨、加工的各种珠宝玉石。

⑤鞭炮和焰火

本税目包括各种鞭炮和焰火。体育用的发令纸、鞭炮药引线不属于本税目。

⑥成品油

本税目下设汽油、柴油、航空煤油、石脑油、溶剂油、润滑油和燃料油 7 个子目。

汽油是指用原油或其他原料生产的、辛烷值不小于 66 的、可用作汽油发动机燃料的各种轻质汽油。以汽油、汽油组分调和生产的甲醇汽油、乙醇汽油也属于本税目。

柴油是指用原油或其他原料生产的、倾点或凝点在－50℃至 30℃的、可用作柴油发动机燃料的各种轻质柴油和以柴油组分为主、经调和精制可以用作柴油发动机燃料的非标油。以柴油、柴油组分调和生产的生物柴油也属于本税目。

航空煤油又叫喷气燃料，是以原油或其他原料生产的、用于喷气发动机和喷气推进系统燃料的各种轻质油。

石脑油又叫化工轻油，是以原油或其他原料生产的、用于化工原料的轻质油。本子目包括除汽油、柴油、航空煤油、溶剂油以外的各种轻质油。

溶剂油是用原油或其他原料生产的，用于涂料、油漆、食用油、印刷油墨、皮革、农药、橡胶、化妆品生产和机械清洗、胶黏行业的轻质油。

润滑油是用原油或其他原料生产的用于内燃机、机械加工过程的润滑产品。润滑油分为矿物性润滑油、植物性润滑油、动物性润滑油和化工原料合成润滑油。本子目包括矿物性润滑油、矿物性润滑油基础油、植物性润滑油、动物性润滑油和化工原料合成润滑油。

燃料油也称重油、渣油，是用原油或其他原料生产，主要用于电厂发电用燃料、锅炉用燃料、加热炉燃料、冶金和其他工业炉燃料。

⑦摩托车

本税目包括轻便摩托车、摩托车。对最大设计车速不超过 50 千米/小时、发动机气缸总工作容量不超过 50 毫升的三轮摩托车不征消费税。

⑧小汽车

汽车是指动力驱动、具有四个或四个以上车轮的非轨道承载的车辆。本税目下设乘用车和中轻型商用客车两个子目。

乘用车包括含驾驶员座位在内最多不超过9个座位(含)的,在设计和技术特性上用于载运乘客和货物的各类乘用车。

中轻型商用客车包括含驾驶员座位在内的座位数在10～23座(含23座)的、在设计和技术特性上用于载运乘客和货物的各类中轻型商用客车。

用排气量小于1.5升(含)的乘用车底盘(车架)改装、改制的车辆属于乘用车的征收范围。用排气量大于1.5升的乘用车底盘(车架)或用中轻型商用客车底盘(车架)改装、改制的车辆属于中轻型商用客车的征收范围。

车身长度大于7米(含),并且座位在10～23座(含)以下的商用客车,不属于中轻型商用客车,不征消费税。对于电动汽车、沙滩车、雪地车、卡丁车和高尔夫车,不征消费税。

⑨高尔夫球及球具

本税目包括高尔夫球、高尔夫球杆、高尔夫球包(袋)。高尔夫球杆的杆头、杆身和握把属于本税目。

⑩高档手表

高档手表是指销售价格(不含增值税)每只在10 000元(含)以上的各类手表。本税目包括符合以上标准的各类手表。

⑪游艇

本税目包括艇身长度大于8米(含)小于90米(含),内置发动机,可以在水上移动,主要用于水上运动和休闲娱乐等非牟利活动的各类机动艇。

⑫木制一次性筷子

本税目包括各种规格的木制一次性筷子。未经打磨、倒角的木制一次性筷子属于本税目。

⑬实木地板

本税目包括各类规格的实木地板、实木指接地板、实木复合地板及用于装饰墙壁、天棚的端面为榫、槽的实木装饰板。未经涂饰的素板属于本税目的征收范围。

⑭电池

自2015年2月1日起对电池征收消费税。对无汞原电池、金属氢化物镍蓄电池(又称“氢镍蓄电池”或“镍氢蓄电池”)、锂原电池、锂离子蓄电池、太阳能电池、燃料电池和全钒液流电池免征消费税。2015年12月31日前对铅蓄电池缓征消费税;自2016年1月1日起,对铅蓄电池按4%的税率征收消费税。

⑮涂料

自2015年2月1日起对涂料征收消费税。对施工状态下挥发性有机物(VOC)含量低于4克/升(含)的涂料免征消费税。

(3)消费税的税率

①消费税采用比例税率、定额税率和复合税率三种形式,以适应不同应税消费品的实际情况。

消费税根据不同的税目或子目确定相应的税率或单位税额。例如,粮食白酒税率为20%加0.5元/500克,摩托车税率为3%等。消费税的税目税率如表3－1所示。

表 3—1　　消费税税目税率表

税　目	税　率
一、烟	
1. 卷烟	
(1)甲类卷烟	56%加 0.003 元/支
(2)乙类卷烟	36%加 0.003 元/支
(3)批发环节	11%加 0.005 元/支
2. 雪茄烟	36%
3. 烟丝	30%
二、酒	
1. 白酒	20%加 0.5 元/500 克(或者 500 毫升)
2. 黄酒	240 元/吨
3. 啤酒	
(1)甲类啤酒	250 元/吨(出厂价≥3 000 元)
(2)乙类啤酒	220 元/吨(出厂价<3 000 元)
4. 其他酒	10%
三、高档化妆品	15%
四、贵重首饰及珠宝玉石	
1. 金银首饰、铂金首饰和钻石及钻石饰品	5%
2. 其他贵重首饰和珠宝玉石	10%
五、鞭炮、焰火	15%
六、成品油	
1. 汽油	1.52 元/升
2. 柴油	1.20 元/升
3. 航空煤油	1.20 元/升
4. 石脑油	1.52 元/升
5. 溶剂油	1.52 元/升
6. 润滑油	1.52 元/升
7. 燃料油	1.20 元/升
七、摩托车	
1. 汽缸容量在 250 毫升(仅这一个容量)	3%
2. 汽缸容量在 250 毫升以上的	10%
八、小汽车	
1. 乘用车	
(1)气缸容量(排气量,下同)在 1.0 升(含 1.0 升)以下的	1%
(2)气缸容量在 1.0 升以上至 1.5 升(含 1.5 升)的	3%
(3)气缸容量在 1.5 升以上至 2.0 升(含 2.0 升)的	5%
(4)气缸容量在 2.0 升以上至 2.5 升(含 2.5 升)的	9%
(5)气缸容量在 2.5 升以上至 3.0 升(含 3.0 升)的	12%
(6)气缸容量在 3.0 升以上至 4.0 升(含 4.0 升)的	25%

续表

税 目	税 率
(7)气缸容量在4.0升以上的 2. 中轻型商用客车(含驾驶员座位在内的座位数≤23座) 3. 超豪华小汽车(零售环节)	40% 5% 10%(零售环节),生产环节同乘用车和中轻型商用客车
九、高尔夫球及球具	10%
十、高档手表	20%
十一、游艇	10%
十二、木制一次性筷子	5%
十三、实木地板	5%
十四、电池	4%
十五、涂料	4%

【注意】(1)适用定额税率的有啤酒、黄酒和成品油,适用复合税率的有白酒和卷烟(批发的除外),其他的应税消费品全部适用比例税率。

(2)甲类卷烟,即每标准条(200支,下同)调拨价格在70元(不含增值税)以上(含70元)的卷烟;乙类卷烟,即每标准条调拨价格在70元(不含增值税)以下的卷烟。

(3)下列两种情况应按最高税率征税:一是纳税人兼营不同税率的应税消费品未分别核算的;二是将不同税率应税消费品组成套装消费品销售的。

常见的单位换算:汽油1吨=1 388升;柴油1吨=1 176升;石脑油1吨=1 385升;溶剂油1吨=1 282升;润滑油1吨=1 126升;燃料油1吨=1 015升;航空煤油1吨=1 246升。

【小练习·单选题】某酒厂某月生产税率为20%的粮食白酒,又生产税率为10%的其他酒,该厂未分别核算上述两种酒的销售额,在计算消费税应纳税额时应使用的税率为( )。

A. 20%　　B. 15%　　C. 不确定　　D. 10%

【小练习·单选题】下列消费品中,实行从量征收的有( )。

A. 黄酒　　B. 酒精　　C. 小汽车　　D. 高尔夫球

②最高税率运用

a. 纳税人兼营不同税率应税消费品的,应分别核算其销售额和销售量;未分别核算的,从高适用税率。b. 纳税人将应税消费品与非应税消费品以及适用不同税率的应税消费品组成套装消费品销售的,应根据成套消费品的销售金额按应税消费品中适用税率最高的消费品税率征收消费税。

③适用税率的特殊规定

a. 卷烟适用税率:生产环节卷烟适用复合税率。从量税率为0.003元/支;从价税率按以下类别选择确定:甲类卷烟,56%;乙类卷烟,36%。卷烟批发环节适用复合税率:从价税率11%,从量税率0.005元/支。卷烟每标准箱250条,每标准条10包,每包20支。

b. 啤酒适用税率啤酒按照出厂价格(含包装物押金)分类确定:甲类啤酒,从量税率为250元/吨;乙类啤酒,从量税率为220元/吨。

c. 超豪华小汽车适用税率对超豪华小汽车,在生产(进口)环节按现行税率(5%)征收消费税的基础上,在零售环节加征消费税,税率为10%。

3.1.5 消费税的纳税环节

(1)生产与销售环节

纳税人生产销售的应税消费品,由生产者于销售时计税。生产者自产自用的应税消费品,用于本企业连续生产应税消费品的,不征税;用于其他方面的,于移送使用时计税。

(2)委托加工环节

委托加工的应税消费品,由受托方在向委托方交货时代收代缴,但委托个体经营者加工的,一律由委托方收回后,在委托方的所在地纳税。

【小练习·单选题】纳税人委托个体经营者加工应税消费品,消费税应(　　)。

A. 由受托方代收代缴

B. 由委托方在受托方所在地缴纳

C. 由委托方收回后在委托方的所在地缴纳

D. 由委托方在受托方或委托方的所在地缴纳

【小练习·单选题】按照现行消费税制度规定,纳税人委托加工应税消费品,由受托方代收代缴税款,以下情况可以由委托方回原地纳税的是(　　)。

A. 委托国有企业加工应税消费品

B. 委托私营企业加工应税消费品

C. 委托外商投资企业加工应税消费品

D. 委托个体经营者加工应税消费品

(3)进口环节

进口应税消费品,由进口报关者于报关进口时海关代征。

(4)批发环节

自2015年5月10日起,在我国境内从事卷烟批发业务的所有单位和个人,其批发销售的所有牌号、规格的卷烟的从价税税率提高到11%,并按0.005元/支加征从量税。

(5)零售环节

从1995年1月1日起,金银首饰(仅限于金基、银基合金首饰以及金、银和金基、银基合金的镶嵌首饰)改在零售环节征收消费税;从2002年1月1日起,钻石及钻石饰品改在零售环节征收消费税。

自2016年12月1日起,对超豪华小汽车在零售环节加征10%的消费税。超豪华小汽车是指每辆不含增值税零售价格高于或等于130万元的乘用车和中轻型商用客车。

3.2 消费税应纳税额的计算

3.2.1 生产环节消费税应纳税额的计算

(1)生产销售应税消费品应纳税额的计算

①计算公式

从价计征的消费品，其消费税应纳税额的计算公式为：

应纳税额＝销售额×比例税率

从量计征的消费品，其消费税应纳税额的计算公式为：

应纳税额＝销售数量×定额税率

复合计征的消费品，其消费税应纳税额的计算公式为：

应纳税额＝销售数量×定额税率＋销售额×比例税率

【提示】

● 从价定率计税方法的，计税依据是销售额，适用范围是除列举项目之外的应税消费品。

● 从量定额计税方法的，计税依据是销售数量，适用范围是啤酒、黄酒和成品油。

● 复合计税方法的，计税依据是销售额和销售数量，适用范围是粮食白酒、薯类白酒和卷烟。

②计税依据及应纳税额的计算

a. 从价计征

我国现行税制设计对消费税和增值税实行交叉征收，由此决定了实行从价计征的消费品，其消费税的计税依据与增值税的计税依据一致，两者都是以含消费税而不含增值税的销售额作为计税依据。

从价计征最关键的是计算销售额，销售额为纳税人销售应税消费品向购买方收取的全部价款和价外费用。全部价款中包括消费税，但不包括增值税，其价外费用的内容与增值税规定的相同。

应纳税额＝应税消费品的销售额×比例税率

例 3.1 某化妆品生产企业为增值税一般纳税人。2019 年 6 月向某大型商场销售高档化妆品一批，开具增值税专用发票，取得不含增值税销售额 30 万元，增值税额 3.9 万元；3 月 20 日向某单位销售化妆品一批，开具普通发票，取得含增值税销售额 4.52 万元。计算该化妆品生产企业上述业务应缴纳的消费税税额。

[分析]

A. 化妆品适用消费税税率 15%。

B. 化妆品的应税销售额＝30＋4.52÷(1＋13%)＝34(万元)。

C. 应缴纳的消费税税额＝34×15%＝5.1(万元)。

【补充知识】

表 3－2　　消费税与增值税的异同比较

不　同	相　同
(1)征收范围不同。消费税的征收范围现在是 15 种应税消费品，而增值税是所有的有形动产、劳务、服务、无形资产和不动产。	对于应税消费品既要缴纳增值税也要缴纳消费税，在某一指定的环节两种税同时征收时，两种税的计税依据(销售额)在从价定率征收的情况下一般是相同的。
(2)征税环节不同。消费税的征税环节是一次性的(单一的)；增值税在货物的每一个流转环节都要缴纳。	
(3)计税方法不同。消费税是从价计征、从量计征和复合计征，是根据应税消费品选择计税的方法；增值税是根据纳税人选择计税的方法。	

【注意】从价计征消费品销售额确定的特殊规定。第一,纳税人通过自设非独立核算门市部销售的自产应税消费品,应当以门市部对外销售价格为计税依据计征消费税。第二,纳税人用于换取生产资料和消费资料、投资入股和抵偿债务等方面的应税消费品,应当以纳税人同类应税消费品的最高销售价格为计税依据计征消费税。

例 3.2 (1)某摩托车厂为增值税一般纳税人,某月将生产的某型号摩托车 30 辆,以每辆出厂价 12 000 元(不含增值税)给自设非独立核算的门市部;门市部又以每辆 15 820 元(含增值税)出售给消费者。(2)某汽车制造厂以自产小汽车 10 辆换取某钢厂生产的钢材 200 吨,每吨钢材 3 000 元。该厂生产的同一型号小汽车销售价格分别为 9.5 万元/辆、9 万元/辆和 8.5 万元/辆,以上价格均不含增值税。假设上述摩托车和小汽车的消费税适用税率均为 3%。计算摩托车厂和汽车厂的应纳消费税税额。

[分析]

摩托车厂应以门市部对外销售价为计税依据,则:

应纳税额=15 820÷(1+13%)×3%×30=12 600(元)

汽车厂应以同类货物最高销售价格为计税依据,则:

应纳税额=95 000×3%×10=28 500(元)

b. 从量计征

纳税人自产销售应税消费品从量计税的,其计税依据为应税消费品的实际销售量。

应纳税额=应税消费品的销售数量×定额税率

例 3.3 某啤酒厂 2019 年 7 月份销售乙类啤酒 400 吨,每吨出厂价格 2 800 元。计算 8 月份该啤酒厂应纳消费税税额。

[分析]

A. 销售乙类啤酒,适用定额税率每吨 220 元。

B. 应纳税额=销售数量×定额税率=400×220=88 000(元)。

【练一练】某炼油厂某月生产汽油 6 000 吨,销售无铅汽油 1 000 吨,已知无铅汽油消费税的定额税率为 1.52 元/升。计算该炼油厂当月应纳消费税税额。

c. 复合计征

现行消费税的征收范围中只有卷烟、白酒、薯类白酒采用复合计算方法,基本计算公式为:

应纳税额=应税销售数量×定额税率+应税销售额×比例税率

例 3.4 某白酒生产企业为增值税一般纳税人,2019 年 6 月份销售粮食白酒 50 吨,取得不含增值税的销售额 150 万元。计算白酒企业 4 月份应缴纳的消费税税额。

[分析]

A. 白酒适用比例税率 20%,定额税率每 500 克 0.5 元。

B. 应纳税额=50×2 000×0.5+1 500 000×20% =35(万元)。

【练一练】

(1)某酒厂某月份销售白酒 60 吨,取得不含税销售额 1 200 000 元,另开收据收取包装物押金 15 000 元,约定包装物 2 个月退回。计算该酒厂应纳消费税税额。

(2)某卷烟生产企业为增值税一般纳税人,某月销售卷烟 1 000 标准箱,每标准箱不含税售价17 500元。请分别计算上述业务应纳的增值税和消费税。

(2)自产自用应税消费品应纳税额的计算

所谓自产自用,就是纳税人生产应税消费品后,不是用于直接对外销售,而是用于自己连续生产应税消费品或用于其他方面。这种自产自用应税消费品形式,在实际经济活动中是常见的,但也是在是否纳税或如何纳税上最容易出现问题的。例如,有的企业把自己生产的应税消费品以福利或奖励等形式发给本厂职工,以为不是对外销售,不必计入销售额,无须纳税,这样就出现了漏缴税款的现象。因此,很有必要认真理解税法对自产自用应税消费品的有关规定。

①用于连续生产的应税消费品

纳税人自产自用的应税消费品,用于连续生产应税消费品的,不纳税。

所谓"纳税人自产自用的应税消费品,用于连续生产应税消费品的",是指作为生产最终应税消费品的直接材料并构成最终产品实体的应税消费品。

【举例解释】卷烟厂生产出烟丝,烟丝已是应税消费品。卷烟厂再用生产出来的烟丝连续生产卷烟,这样用于连续生产卷烟的烟丝就不缴纳消费税,只对生产的卷烟征收消费税。当然,生产出来的烟丝如果是直接销售的,则还是要缴纳消费税的。

税法规定对自产自用的应税消费品,用于连续生产应税消费品的不征税,体现了税不重征且计税简便的原则。

②用于其他方面的应税消费品

纳税人自产自用的应税消费品,除用于连续生产应税消费品外,凡用于其他方面的,于移送使用时纳税。

用于其他方面,是指纳税人用于生产非应税消费品、在建工程、管理部门、非生产机构、提供劳务,以及用于馈赠、赞助、集资、广告、样品、职工福利、奖励等方面。

【举例解释】摩托车厂把自己生产的摩托车赠送或赞助给摩托车拉力赛赛手使用,兼作商品广告;酒厂把生产的滋补药酒以福利的形式发给职工等。以上企业自产的应税消费品虽然没有用于销售或连续生产应税消费品,但只要是用于税法所规定的范围的都要视同销售,依法缴纳消费税。

纳税人自产自用应税消费品无销售额的,其消费税计税销售额确定方法与增值税视同销售行为确定原则相同,即纳税人有同类货物销售价格的,以同类货物的平均销售价格为计税依据;无同类货物销售价格的,以组成计税价格为计税依据。

实行从价定率办法计算纳税的组成计税价格计算公式为:

$$组成计税价格=(成本+利润)\div(1-比例税率)$$

$$应纳税额=组成计税价格\times比例税率$$

实行复合计税办法计算纳税的组成计税价格计算公式为:

$$组成计税价格=(成本+利润+自产自用数量\times定额税率)\div(1-比例税率)$$

$$应纳税额=组成计税价格\times比例税率+自产自用数量\times定额税率$$

【提示】上述公式中所说的"成本",是指应税消费品的产品生产成本。

上述公式中所说的"利润",是指根据应税消费品的全国平均成本利润率计算的利润。应税消费品全国平均成本利润率由国家税务总局确定。应税消费品全国平均成本利润率如表

3—3 所示。

表 3—3　　应税消费品全国平均成本利润率

货物名称	利润率(%)	货物名称	利润率(%)
1. 甲类卷烟	10	13. 摩托车	6
2. 乙类卷烟	5	14. 高尔夫球及球具	10
3. 雪茄烟	5	15. 高档手表	20
4. 烟丝	5	16. 游艇	10
5. 粮食白酒	10	17. 木制一次性筷子	5
6. 薯类白酒	5	18. 实木地板	5
7. 其他酒	5	19. 乘用车	8
9. 高档化妆品	5	20. 中轻型商用客车	5
10. 鞭炮、焰火	5	21. 电池	4
11. 贵重首饰及珠宝玉石	6	22. 涂料	7

例 3.5　某化妆品公司将一批自产的高档化妆品用作职工福利，化妆品的成本为 9 775 元，该化妆品无同类产品市场销售价格。计算该批化妆品应缴纳的消费税税额。

[分析]

(1)组成计税价格=成本×(1+成本利润率)÷(1—消费税税率)=9 775×(1+5%)÷(1—15%)=12 075(元)

(2)应纳税额=12 075×15%=1 811.25(元)

(3)用外购应税消费品连续生产应税消费品应纳税额计算

一般情况下，消费税实行"一物一税，税不重征"原则，因此，以应税消费品生产应税消费品的，对用于生产的应税消费品，不征消费税；若用于生产的应税消费品为已税消费品，应当从生产的应税消费品应纳消费税额中扣除其已纳消费税额。

3.2.2　委托加工环节消费税应纳税额的计算

企业、单位或个人由于设备、技术、人力等方面的局限，或其他方面的原因，常常要委托其他单位代为加工应税消费品，然后将加工好的应税消费品收回，直接销售或自己使用。这是生产应税消费品的另一种形式，也需要纳入征收消费税的范围。例如，某企业将购买的小客车底盘和零部件提供给某汽车改装厂，加工、组装成小客车供自己使用，则加工、组装成的小客车就需要缴纳消费税。按照规定，委托加工的应税消费品由受托方在向委托方交货时代收代缴税款。

(1)委托加工应税消费品的确定

委托加工应税消费品是指由委托方提供原料或主要材料，受托方只收取加工费和代垫部分辅助材料加工的应税消费品。

$$\text{委托方}\underset{\text{应税消费品}}{\overset{\text{原料、主料}}{\rightleftharpoons}}\text{受托方}$$

如果出现下列情形，无论纳税人在财务上如何处理，都不得作为委托加工应税消费品，而应按销售自制应税消费品缴纳消费税：

(1)受托方提供原材料生产的应税消费品；

(2)受托方先将原材料卖给委托方，然后再接受加工的应税消费品；

(3)受托方以委托方的名义购进原材料生产的应税消费品。

【小练习·单选题】委托加工应税消费品是指(　　)。

A. 由受托方以委托方的名义购进原材料生产的产品

B. 由受托方提供原材料生产的产品

C. 由受托方将原材料卖给委托方，然后再接受加工的产品

D. 由委托方提供原材料和主要材料，受托方只收加工费和代垫部分辅助材料加工的产品

(2)计税依据及应纳税额的计算

①从价计征

根据消费税法规定，委托加工应税消费品，应按受托方的同类消费品的销售价格计征消费税；没有同类消费品销售价格的，以组成计税价格为计税依据计征消费税。其组成计税价格公式为：

组成计税价格＝(材料成本＋加工费)÷(1－比例税率)

应纳税额＝组成计税价格×比例税率

【提示】上式中的"材料成本"是指委托方所提供的加工材料的实际成本；"加工费"是指受托方加工应税消费品向委托方收取的全部费用(包括代垫辅助材料的实际成本，但不包括增值税)。

为了防止利用假冒委托加工应税消费品或少报材料成本等方式逃避纳税，税法明确规定委托加工应税消费品的纳税人必须在委托加工合同上如实注明(或以其他方式提供)材料成本；凡未提供材料成本的，受托方所在地主管税务机关有权核定其材料成本。

例3.6 某鞭炮企业2019年5月受托为某单位加工一批鞭炮，委托单位提供的原材料金额为30万元，收取委托单位不含增值税的加工费4万元，鞭炮企业当地无加工鞭炮的同类产品市场价格。计算鞭炮企业应代收代缴的消费税税额。

[分析]

①鞭炮的适用税率为15%。

②组成计税价格＝(30＋4)÷(1－15%)＝40(万元)。

③应代收代缴的消费税税额＝40×15% ＝6(万元)。

【练一练】某高尔夫球俱乐部委托甲企业加工一批高尔夫球球杆，受托加工合同上注明俱乐部提供原材料的实际成本为7 000元，支付甲企业加工费2 000元，其中包括代垫的辅助材料500元。该批消费品的消费税税率为10%。计算甲企业应代收代缴的消费税税额。

②复合计征

复合计征的委托加工应税消费品应纳税额的计算公式有以下两种：

a. 受托方有同类消费品销售价格的：

应纳税额＝同类消费品销售价格×委托加工的数量×比例税率＋委托加工的数量×定额税率

b. 受托方没有同类消费品销售价格的：

组成计税价格＝(材料成本＋加工费＋委托加工的数量×定额税率)÷(1－比例税率)

应纳税额＝组成计税价格×比例税率＋委托加工的数量×定额税率

例 3.7 甲厂为庆祝建厂 10 周年，特委托某酒厂加工特制白酒 2 000 斤。甲厂提供原料成本 20 000 元，酒厂收取加工费 2 000 元，代垫辅料 800 元，酒厂无同类产品销售价格。计算酒厂应代收代缴的消费税税额。

[分析]

组成计税价格＝(20 000＋2 000＋800＋2 000×0.5)÷(1－20%)＝29 750(元)

代收代缴的消费税税额＝29 750×20%＋2 000×0.5＝6 950(元)

(3)委托加工应税消费品消费税的缴纳

委托加工应税消费品，受托方(个体经营者除外)负有代收代缴义务，由受托方向委托方交货时代收代缴消费税。纳税人委托个体经营者加工应税消费品的，于委托方收回后在委托方所在地缴纳消费税。

委托加工应税消费品，受托方在交货时已代收代缴消费税，委托方将收回的应税消费品，以不高于受托方的计税价格出售的，为直接销售，不再缴纳消费税；委托方以高于受托方的计税价格出售的，不再属于直接出售，应按规定申报缴纳消费税，但在计税时准予扣除受托方已代收代缴的消费税。

3.2.3 进口环节消费税应纳税额的计算

根据消费税法规定，进口的应税消费品于报关进口时缴纳消费税；进口的应税消费品的消费税由海关代征；进口的应税消费品，由进口人或者其代理人向报关地海关申报纳税；纳税人进口应税消费品按照关税征收管理的相关规定，应当自海关填发海关进口消费税专用缴款书之日起 15 日内缴纳税款。

消费税应纳税额按下列方法计算：

(1)从价计征的应税消费品，应以组成计税价格为计税依据。其应纳税额的计算公式为：

组成计税价格＝(关税完税价格＋关税)÷(1－比例税率)

应纳税额＝组成计税价格×比例税率

例 3.8 某商贸公司 2019 年 6 月从国外进口一批应税消费品，已知该批应税消费品的关税完税价格为 90 万元，按规定应缴纳关税 18 万元。假定进口的应税消费品的消费税税率为 10%。请计算该批消费品进口环节应缴纳的消费税税额。

①组成计税价格＝(90＋18)÷(1－10%)＝120(万元)

②应缴纳的消费税税额＝120×10%＝12(万元)

【练一练】某公司从境外进口一批化妆品，经海关核定的关税完税价格为 54 000 元，进口关税税率为 25%，消费税税率为 15%。计算进口化妆品应纳消费税税额。

(2)从量计征的应税消费品，应以进口数量为计税依据。其应纳税额的计算公式为：

应纳税额＝进口数量×定额税率

(3)复合计征的应税消费品，应以组成计税价格为计税依据。其应纳税额的计算公式为：

组成计税价格＝(关税完税价格＋关税＋进口数量×定额税率)÷(1－比例税率)

应纳税额＝组成计税价格×比例税率＋进口数量×定额税率

例 3.9 某国际公司从国外进口白酒 1.5 吨，关税完税价格为 36 000 元，关税税率为

10%。计算该国际公司进口环节应纳消费税税额。

[分析]

关税=36 000×10%=3 600(元)

组成计税价格=(36 000+3 600+1.5×2 000×0.5)÷(1−20%)=51 375(元)

应纳税额=51 375×20%+1.5×2 000×0.5=11 775(元)

3.2.4 已纳消费税扣除的计算

为了避免重复征税,现行消费税法规定,将外购应税消费品和委托加工收回的应税消费品继续生产应税消费品销售的,可以将外购应税消费品和委托加工收回的应税消费品已缴纳的消费税给予扣除。

(1)外购应税消费品已纳消费税税额的扣除

为避免对消费税重复征收,税法规定对某些以外购已缴纳消费税的消费品为原料连续生产的应税消费品计征消费税时,可以扣除其原材料已缴纳的消费税税额。具体项目如下:

①用外购已税烟丝为原料生产的卷烟。

②用外购已税化妆品为原料生产的化妆品。

③用外购已税珠宝玉石为原料生产的贵重首饰及珠宝玉石。

④用外购已税鞭炮、焰火为原料生产的鞭炮、焰火。

⑤用外购已税杆头、杆身和握把为原料生产的高尔夫球杆。

⑥用外购已税木制一次性筷子为原料生产的木制一次性筷子。

⑦用外购已税实木地板为原料生产的实木地板。

⑧对外购已税汽油、柴油、石脑油、燃料油、润滑油用于连续生产应税成品油。

【小练习·单选题】 纳税人用外购应税消费品连续生产应税消费品,在计算纳税时,其外购应税消费品的已纳消费税税款应按下列(　　)办法处理。

A. 该已纳税款当期可以全部扣除

B. 该已纳税款当期可扣除50%

C. 可对外购应税消费品当期领用部分的已纳税款予以扣除

D. 该已纳税款当期不得扣除

当期准予扣除的外购应税消费品已纳消费税税额的计算公式为:

当期准予扣除的外购应税消费品已纳税款=当期准予扣除的外购应税消费品买价×外购应税消费品适用税率

当期准予扣除的外购应税消费品买价=期初库存的外购应税消费品的买价+当期购进的应税消费品的买价−期末库存的外购应税消费品的买价

应用上述公式应注意以下几点:第一,"外购应税消费品的买价"是指购货发票上注明的销售额(不含增值税);第二,纳税人用外购的已税珠宝玉石生产的、改在零售环节征收消费税的金银首饰(镶嵌首饰),在计税时一律不得扣除外购珠宝玉石的已纳税额;第三,允许扣除已纳税额的应税消费品只限于从工业企业购进的应税消费品和进口的应税消费品,对从境内商业企业购进的应税消费品已纳税额一律不得扣除。

例3.10 某卷烟生产企业某月初库存外购应税烟丝金额20万元,当月又外购应税烟丝金额50万元(不含增值税),月末库存烟丝金额10万元,其余被当月生产卷烟领用。请计算卷烟厂当月准许扣除的外购烟丝已缴纳的消费税税额。

[分析]

(1)烟丝适用的消费税税率为30%。

(2)当期准许扣除的外购烟丝买价=20+50−10=60(万元)。

(3)当月准许扣除的外购烟丝已缴纳的消费税税额=60×30%=18(万元)。

从量计税应税消费品抵扣税款的计算公式为:

当期准予扣除的外购应税消费品已纳税额=当期准予扣除的外购应税消费品数量×外购应税消费品单位税额

其中:当期准予扣除的外购应税消费品数量=期初库存的应税消费品数量+当期购进的应税消费品数量−期末库存的应税消费品数量

(2)委托加工收回的应税消费品已纳消费税税额的扣除

为避免对消费税重复征收,对于委托加工的应税消费品,受托方在交货时已代收代缴消费税,委托方收回后直接销售的,不再征收消费税;用于连续生产应税消费品的,其已纳消费税税额准予按当期生产领用的数量从连续生产的应税消费品应纳消费税税额中抵扣。具体项目如下。

①以委托加工收回的已税烟丝为原料生产的卷烟。

②以委托加工收回的已税化妆品为原料生产的化妆品。

③以委托加工收回的已税珠宝玉石为原料生产的贵重首饰及珠宝玉石。

④以委托加工收回的已税鞭炮、焰火为原料生产的鞭炮、焰火。

⑤以委托加工收回的已税摩托车为原料生产的摩托车。

⑥以委托加工收回的已税杆头、杆身和握把为原料生产的高尔夫球杆。

⑦以委托加工收回的已税木制一次性筷子为原料生产的木制一次性筷子。

⑧以委托加工收回的已税实木地板为原料生产的实木地板。

⑨以委托加工收回的已税汽油、柴油、石脑油、燃料油、润滑油用于连续生产应税成品油。

当期准予扣除的委托加工收回的应税消费品已纳消费税税额的计算公式为:

当期准予扣除的委托加工应税消费品已纳税额=期初库存的委托加工应税消费品已纳税额+当期收回的委托加工应税消费品已纳税额−期末库存的委托加工应税消费品已纳税额

上列应税消费品中,在零售环节纳税的金银首饰,不得扣除委托加工收回的珠宝玉石已纳的消费税。

3.2.5 兼营不同税率应税消费品消费税的税务处理

消费税法规定,纳税人兼营不同税率的应税消费品,应当分别核算不同税率应税消费品的销售额、销售数量。未分别核算销售额、销售数量,或者将不同税率的应税消费品组成成套消费品销售的,从高适用税率。

所谓"纳税人兼营不同税率的应税消费品",是指纳税人生产和销售两种税率以上的应税消费品。所谓"从高适用税率",是指对兼营高低不同税率的应税消费品,当不能分别核算销售额、销售数量,或将不同税率的应税消费品组成成套消费品销售的,应以应税消费品适用的最高税率与混合在一起的销售额、销售数量相乘,计算应纳消费税税额。

3.3 消费税的会计核算

按照规定,凡是缴纳消费税的企业,应在“应交税费”科目下增设“应交消费税”明细科目进行会计核算。“应交消费税”明细科目的借方发生额,反映实际交纳的消费税和待扣的消费税;贷方发生额,反映按规定应交纳的消费税;期末贷方余额,反映尚未交纳的消费税;期末借方余额,反映多交或待扣的消费税。

另外,由于消费税是价内税,所以消费税通过“税金及附加”和“应交税费——应交消费税”账户进行核算。

“税金及附加”科目核算企业经营活动(包括主营业务和其他业务)发生的价内税,包括营业税、消费税、城市维护建设税、资源税和教育费附加等相关税费,借方核算相关税金的计算,贷方核算企业收到的返还的消费税、营业税等,期末应将其余额转入“本年利润”科目,结转后应无余额。

3.3.1 生产环节消费税的会计核算

(1)销售应税消费品的会计核算

借:税金及附加

贷:应交税费——应交消费税

实际缴纳消费税时:

借:应交税费——应交消费税

贷:银行存款

发生销售退回及退税时做相反的会计处理。

【提示】消费税是在对货物普遍征收增值税的基础上征收的一种税。因此,纳税人生产销售的需要缴纳消费税的消费品,同样需要缴纳增值税。

例3.11 某化妆品公司2019年6月销售一批高档化妆品,增值税专用发票上注明不含税收入60 000元,该批化妆品成本为40 000元,款项已收到并存入银行。会计处理如下:

(1)销售时:

应纳增值税=60 000×13%=7 800(元)

借:银行存款	67 800	
贷:主营业务收入		60 000
应交税费——应交增值税(销项税额)		7 800

(2)计算消费税时:

应纳消费税=60 000×15%=9 000(元)

借:税金及附加	9 000	
贷:应交税费——应交消费税		9 000

(3)缴纳税款时:

借:应交税费——应交消费税	9 000	
贷:银行存款		9 000

(2)自产应税消费品用于对外投资的会计核算

企业将其自产的应税消费品用于对外投资,按税法规定作为视同销售,按其投资的账面价值加上应支付的相关税费,借记"长期股权投资"科目;按其计税价格,贷记"主营业务收入"科目;按应缴纳的增值税税额,贷记"应交税费——应交增值税(销项税额)"科目;按应缴纳的消费税税额,借记"税金及附加"科目,贷记"应交税费——应交消费税"科目。同时结转成本,借记"主营业务成本"账户,贷记"库存商品"账户。

例 3.12 某公司将自产的应税消费品用于对外投资,该批商品的成本为 170 000 元,计税价格为 200 000 元,增值税税率为 13%,消费税税率为 10%。

[分析]

增值税销项税额=200 000×13%=26 000(元)

消费税应纳税额=200 000×10%=20 000(元)

(1)对外投资时:

借:长期股权投资	226 000	
贷:主营业务收入		200 000
应交税费——应交增值税(销项税额)		26 000

(2)结转成本:

借:主营业务成本	170 000	
贷:库存商品		170 000

(3)计提消费税:

借:税金及附加	20 000	
贷:应交税费——应交消费税		20 000

(3)自产应税消费品用于在建工程、连续生产非应税消费品的会计核算

自产产品用于连续生产非应税消费品、在建工程、管理部门、非生产机构提供劳务,由于产品未发生所有权的转移,不符合收入确认条件,会计上不确认为收入,但税法规定应计征消费税。

纳税人应于货物移交使用时,借记"生产成本""在建工程""固定资产"等科目;按货物的账面成本,贷记"库存商品"科目;按规定计算的应纳增值税、消费税税额,贷记"应交税费——应交增值税(销项税额)"和"应交税费——应交消费税"科目。

例 3.13 某企业在建工程领用自产柴油成本为 50 000 元,市场售价为 60 000 元,应纳增值税为 7 800 元,应纳消费税为 6 000 元。消费税税率为 10%。

[分析]

增值税销项税额=60 000×13%=7 800 (元)

消费税应纳税额=60 000×10%=6 000(元)

借:在建工程	63 800	
贷:库存商品		50 000
应交税费——应交增值税(销项税额)		7 800
——应交消费税		6 000

(4)自产应税消费品用于捐赠、赞助、广告、样品等业务的会计核算

自产货物用于捐赠、赞助、广告、样品等业务,以及不具有商业实质的非货币性交换。此类业务因不能产生可以准确计量的经济利益流入,在会计上不确认收入,但税法规定应计征消

费税。

纳税人应于移送货物时，借记“营业外支出”“销售费用”等科目；按捐赠货物的账面成本，贷记“库存商品”科目；按规定计算的应纳增值税、消费税税额，贷记“应交税费——应交增值税（销项税额）”和“应交税费——应交消费税”科目。

例 3.14 2月11日，烟华集团公司将一辆小轿车捐赠给希望小学，该种型号的汽车不含税售价为90 000元，单位成本为70 000元，消费税税率为5%。

[分析]

增值税销项税额=90 000×13%=11 700(元)

消费税应纳税额=90 000×5%=4 500(元)

根据货物出库单及计算增值税与消费税等的自制原始凭证，编制的会计分录为：

借：营业外支出　　86 200

　贷：库存商品　　70 000

　　应交税费——应交增值税（销项税额）　　11 700

　　　　——应交消费税　　4 500

(5)自产应税消费品用于职工福利、劳动保护、股利分红的会计核算

纳税人将自产应税消费品用于职工福利、劳动保护等方面的，应于货物移交使用时，借记“应付职工薪酬”“制造费用”“应付股利”等科目；按货物的售价或组成计税价格，贷记“主营业务收入”科目；按应缴纳的增值税税额，贷记“应交税费——应交增值税（销项税额）”科目；按应缴纳的消费税税额，借记“税金及附加”科目，贷记“应交税费——应交消费税”科目。

例 3.15 2月9日，烟华集团公司将化妆品（不含税售价为5 000元，单位成本为3 000元）作为福利发给本厂职工，消费税税率为15%。

[分析]

增值税销项税额=5 000×13%=650(元)

消费税应纳税额=5 000×15%=750(元)

(1)发放商品时，根据发放清单等凭证：

借：应付职工薪酬　　5 650

　贷：主营业务收入　　5 000

　　应交税费——应交增值税（销项税额）　　650

(2)计提消费税：

借：税金及附加　　750

　贷：应交税费——应交消费税　　750

(6)应交消费税的包装物有关业务的会计核算

①随同产品出售不单独计价的包装物

因其收入已包含在产品销售收入中，因此包装物应缴纳的消费税与销售产品应缴纳的消费税一并进行会计处理，无须单独核算。

②随同产品出售单独计价的包装物

随同产品出售单独计价的包装物，应于销售产品时，按计提的包装物应纳消费税税额，借记“税金及附加”科目，贷记“应交税费——应交消费税”科目。

③出租、出借包装物收取的押金

出租、出借包装物收取押金时,借记“银行存款”科目,贷记“其他应付款”科目;收回包装物返还押金时,做相反的会计分录;逾期未收回包装物没收押金时,按规定计算缴纳增值税和消费税,借记“其他应付款”科目,贷记“其他业务收入”(出租包装物)或“销售费用”(出借包装物)、“应交税费——应交增值税(销项税额)”等科目;没收押金计提的消费税应随同包装物成本记入“税金及附加”(出租包装物)或“销售费用”(出借包装物)科目。

例 3.16 公司销售化妆品取得不含税收入 60 000 元,随同产品销售出借包装物 30 只,每只成本价 30 元,每只收取押金 45.2 元。包装物摊销采用一次摊销法核算,款项均已通过银行收讫。当月因包装物损坏而无法收回。

(1)随同化妆品销售出借包装物时:

借:销售费用　　900

　　贷:周转材料——包装物　　900

计算销售货物的增值税:销项税额=60 000×13%=7 800(元)

(2)根据销货发票、收取押金收据等凭证:

借:银行存款　　69 156

　　贷:主营业务收入　　60 000

　　　　其他应付款　　1 356

　　　　应交税费——应交增值税(销项税额)　　7 800

计算销售化妆品应纳的消费税:

应纳税额=60 000×15%=9 000(元)

(3)根据消费税计算单:

借:税金及附加　　9 000

　　贷:应交税费——应交消费税　　9 000

无法收回包装物没收押金,计提增值税和消费税:

增值税销项税额=1 356/(1+13%)×13%=156(元)

消费税应纳税额=1 356/(1+13%)×15%=180(元)

(4)根据税额计算单:

借:其他应付款　　1 356

　　贷:销售费用　　1 020

　　　　应交税费——应交增值税(销项税额)　　156

　　　　　　　　——应交消费税　　180

3.3.2 委托加工环节消费税的会计核算

(1)委托方的会计核算

委托加工应税消费品应纳消费税应区分不同情况进行处理。

①委托加工的应税消费品收回后直接用于销售的,不再缴纳消费税,委托方应将受托方代收代缴的消费税随同应支付的加工费一并计入委托加工应税消费品的成本。其会计处理如下:

借:委托加工物资

　　贷:应付账款(银行存款等)

②委托加工的应税消费品收回后用于连续生产应税消费品的，受托方代收代缴的消费税准予抵扣，委托方按受托方代收代缴的消费税，记入"应交税费——应交消费税"科目。其会计处理如下：

借：应交税费——应交消费税

　　贷：应付账款（银行存款等）

例3.17 A企业委托B企业加工一批甲材料（属于应税消费品），成本为100 000元，支付加工费为26 000元（不含增值税），消费税税率为10%，产品加工完毕验收入库，加工费用等尚未支付。双方适用的增值税税率均为13%。A企业的有关会计处理如下：

（1）发出委托加工材料。

借：委托加工物资	100 000	
贷：原材料——甲材料		100 000

（2）支付加工费用。

消费税的组成计税价格＝（100 000＋26 000）÷（1－10%）＝140 000（元）

（受托方）代收代缴的消费税＝140 000×10%＝14 000（元）

应纳增值税＝26 000×13%＝3 380（元）

根据计算结果，A企业编制会计分录如下：

①若A企业收回加工后的材料用于继续生产应税消费品。

借：委托加工物资	26 000	
应交税费——应交增值税（进项税额）	3 380	
——应交消费税	14 000	
贷：应付账款——B企业		43 380

②若A企业收回加工后的材料直接用于销售。

借：委托加工物资	（26 000＋14 000）40 000	
应交税费——应交增值税（进项税额）	3 380	
贷：应付账款——B企业		43 380

（2）受托方的会计核算

需要缴纳消费税的委托加工应税消费品，于委托方提货时，由受托方代收代缴消费税。受托方按应收取的加工费和代收代缴消费税，贷记"应交税费——代收代缴消费税"科目。

在委托方提货时，由受托方代收代缴的消费税，其会计处理如下：

借：应收账款（应收票据、银行存款等）

　　贷：应交税费——应交消费税

例3.18 接例3.17，受托方收取加工费，并代收代缴消费税。

（1）收取加工费时，根据专用发票及进账单：

借：银行存款	29 380	
贷：其他业务收入（或主营业务收入）		26 000
应交税费——应交增值税（销项税额）		3 380

（2）收取代收代缴的消费税时，根据进账单：

借：银行存款	14 000	
贷：应交税费——代收代缴消费税		14 000

3.3.3 进口环节消费税的会计核算

纳税人进口应税消费品,除按规定在进口环节缴纳关税、增值税之外,还应缴纳消费税,其所缴纳的消费税应计入该项应税消费品的成本。按采购成本和应缴纳的消费税,借记"固定资产""材料采购""原材料"等科目;按支付的准予抵扣的增值税,借记"应交税费——应交增值税(进项税额)"科目;按采购成本与缴纳的增值税、消费税之和,贷记"银行存款""应付账款"等科目。

例 3.19 甲企业从国外进口一批需要缴纳消费税的商品,价值为 2 000 000 元,进口环节需要缴纳的消费税为 400 000 元(不考虑增值税),采购的商品已经验收入库,货款尚未支付,税款已经用银行存款支付。

[分析]

企业进口应税物资在进口环节应交的消费税 400 000 元,应计入该项物资的成本。甲企业的有关账务处理如下:

借:库存商品	2 400 000	
贷:应付账款		2 000 000
银行存款		400 000

3.4 消费税纳税申报管理

3.4.1 消费税的纳税义务发生时间和纳税期限

(1)纳税义务发生时间

①纳税人销售的应税消费品,其纳税义务发生时间如下:

a. 纳税人采取赊销和分期收款结算方式的,为销售合同规定的收款日期当天;书面合同没有约定收款日期或无书面合同的,为发出应税消费品的当天。

b. 纳税人采取预收货款结算方式的,为发出应税消费品的当天。

c. 纳税人采取托收承付或委托银行收款方式结算的,为发出应税消费品并办妥托收手续的当天。

d. 纳税人采取其他结算方式的,为收讫销售款或者取得索取销售款凭据的当天。

②纳税人自产自用的应税消费品,为移送使用的当天。

③纳税人委托加工的应税消费品,为纳税人提货的当天。

④纳税人进口的应税消费品,为报关进口的当天。

(2)纳税期限

消费税的纳税期限分别为 1 日、3 日、5 日、10 日、15 日、1 个月或 1 个季度。具体纳税期限由主管税务机关根据纳税人应纳税额的大小分别核定,不能按固定期限纳税的,可以按次纳税。

纳税人以 1 个月或 1 个季度为一期纳税的,自期满之日起 15 日内申报纳税;以 1 日、3 日、5 日、10 日或 15 日为一期纳税的,自期满之日起 5 日内预缴税款,于次月 1 日起 15 日内申报纳税并结清上月应纳税款。

纳税人进口应税消费品，应当自海关填发税款缴款书之日起 15 日内缴纳税款。

3.4.2　消费税的纳税地点

纳税人生产销售的应税消费品，以及自产自用的应税消费品，除国家另有规定外，应当向纳税人机构所在地或居住地的主管税务机关申报纳税。

委托加工的应税消费品，除受托方为个人外，由受托方向机构所在地或居住地的主管税务机关解缴税款；委托个人加工的应税消费品，由委托方向其机构所在地或居住地的主管税务机关申报纳税。

进口的应税消费品，由进口人或其代理人向报关地的海关申报纳税。

纳税人到外县（市）销售或委托外县（市）代销自产应税消费品的，于应税消费品销售后，回纳税人机构所在地或居住地的主管税务机关申报纳税。

纳税人的总机构与分支机构不在同一县（市）的，应分别向各自机构所在地的主管税务机关申报纳税；经财政部、国家税务总局或其授权的财政、税务机关批准，也可以由总机构汇总向总机构所在地的主管税务机关申报纳税。

3.4.3　消费税纳税申报表的编制

消费税纳税人应按有关规定及时办理纳税申报，并如实填写《消费税纳税申报表》（见表 3—4）。

表 3—4　　消费税纳税申报表

填表日期：　　年　月　日

纳税人识别号：　　　　　　　　　　　　　　　　　　金额单位：元（列至角分）

<table>
<tr><td rowspan="2">应税消费品名称</td><td rowspan="2">适用税目</td><td rowspan="2">应税销售额（数量）</td><td rowspan="2">适用税率（单位税额）</td><td colspan="4">当期准予扣除外购应税消费品买价（数量）</td><td rowspan="2">外购应税消费品适用税率（单位税率）</td></tr>
<tr><td>合计</td><td>期初库存外购应税消费品买价（数量）</td><td>当期购进外购应税消费品买价（数量）</td><td>期末库存外购应税消费品买价（数量）</td></tr>
<tr><td>1</td><td>2</td><td>3</td><td>4</td><td>5=6+7−8</td><td>6</td><td>7</td><td>8</td><td>9</td></tr>
<tr><td>合计</td><td></td><td></td><td></td><td></td><td></td><td></td><td></td><td></td></tr>
<tr><td></td><td></td><td></td><td></td><td></td><td></td><td></td><td></td><td></td></tr>
<tr><td></td><td></td><td></td><td></td><td></td><td></td><td></td><td></td><td></td></tr>
</table>

<table>
<tr><td colspan="2">应纳消费税</td><td rowspan="2">当期准予扣除外购应税消费品已纳税款</td><td colspan="4">当期准予扣除委托加工应税消费品已纳税款</td></tr>
<tr><td>本　期</td><td>累计</td><td>合计</td><td>期初库存委托加工应税消费品已纳税款</td><td>当期收回委托加工应税消费品已纳税款</td><td>期末库存委托加工应税消费品已纳税款</td></tr>
<tr><td>15=3×4−10 或
3×4−11 或
3×4−10−11</td><td>16</td><td>10=5×9</td><td>11=12+13−14</td><td>12</td><td>13</td><td>14</td></tr>
</table>

<table>
<tr><td colspan="2">已纳消费税</td><td colspan="4">本期应补（退）税金额</td></tr>
<tr><td>本期</td><td>累计</td><td>合　计</td><td>上期结算税额</td><td>补交本年度欠税</td><td>补交以前年度欠税</td></tr>
<tr><td>17</td><td>18</td><td>19=15−17+20+21+22</td><td>20</td><td>21</td><td>22</td></tr>
<tr><td></td><td></td><td></td><td></td><td></td><td></td></tr>
<tr><td colspan="2" rowspan="2">截至上年底累计欠税额</td><td colspan="4">本年度新增欠税额</td></tr>
<tr><td colspan="3">本　期</td><td>累　计</td></tr>
</table>

续表

<table>
<tr><td colspan="2">23</td><td colspan="3">24</td><td colspan="2">25</td></tr>
<tr><td colspan="2"></td><td colspan="3"></td><td colspan="2"></td></tr>
<tr><td colspan="2">如纳税人填报，由纳税人填写以下各栏</td><td colspan="4">如委托代理人填报，由代理人填写以下各栏</td><td>备注</td></tr>
<tr><td rowspan="3">会计主管
（签章）</td><td rowspan="3">纳税人
（公章）</td><td>代理人名称</td><td></td><td colspan="2" rowspan="2">代理人（公章）</td><td></td></tr>
<tr><td>代理人地址</td><td></td><td></td></tr>
<tr><td>经办人</td><td></td><td>电话</td><td></td><td></td></tr>
<tr><td colspan="7">以下由税务机关填写</td></tr>
<tr><td>收到申报表日期</td><td colspan="2"></td><td>接收人</td><td colspan="3"></td></tr>
</table>

填表说明：

（1）表中第 2 栏“适用税目”必须按照《中华人民共和国消费税暂行条例》规定的税目填写。

（2）本表一式三联，第一联纳税人留存，第二联由主管税务机关留存，第三联税务机关作税收会计原始凭证。

本章小结

根据我国现行税制体系设计，消费税与增值税实行交叉征收，两税实现优势互补。消费税与增值税同为流转税，但消费税是价内税，且实行单环节征收，税额计算方法有从量计征、从价计征和复合计征三种。消费税的这些特点决定了消费税税额计算、会计处理方法与增值税不同。

在中华人民共和国境内生产、委托加工和进口规定的应税消费品的单位和个人，为消费税的纳税义务人。消费税的纳税范围是根据我国现行《消费税暂行条例及其实施细则》的规定，具体确定为 15 大类消费品。消费税的税率有比例税率和定额税率两种；计征方法分为从价计征、从量计征和从价从量相结合的复合计征方法。

自产自用的应税消费品销售额的确定按下列顺序：有同类商品销售价格的，按照同类商品的价格纳税；无同类商品销售价格的，按照组成计税价格确认。

本章重点

消费税征收范围的确定、应税消费品适用税率的应用、应纳税额的计算。

本章难点

计税依据的确定、外购和委托加工收回应税消费品已纳消费税的抵扣、视同销售应税消费品和委托加工应税消费品应纳税额的计算、委托加工应税消费品的确认。

基本概念

消费税　委托加工

复习思考题

1. 消费税有哪些税目？各自适用的税率形式有哪些？
2. 在从价计征消费税时，销售额如何确定？
3. 在从量计征消费税时，销售额如何确定？
4. 自产自用应税消费品的组成计税价格如何确认？
5. 消费税的纳税环节有哪些？纳税义务时间如何确定？

第 4 章　关税会计

学习目标

了解关税的概念及特点；
熟悉关税纳税人、征税对象和税率的规定；
了解关税税收优惠政策；
熟悉关税缴纳与退补的规定；
掌握进出口关税完税价格的确认与计算方法；
掌握进出口关税税额的计算方法；
掌握关税的会计核算；
了解行李和邮递物品进口税。

思政案例

关税是一个国家的重要税种，而且被认为是最古老的贸易政策工具，是随着商品流通和国际贸易的发展而产生和发展起来的，是国家财政收入的重要组成部分，也是衡量一个国家市场开放度的主要标志，在许多方面起着至关重要的作用。

国家征收关税不仅仅是为了满足政府财政上的需要，更重要的是利用关税来贯彻执行统一的对外经济政策，实现国家的政治、经济目的。在我国当今经济发展阶段，关税在争取实现平等互利的对外贸易、保护并促进国内工农业生产发展、为社会主义市场经济服务等方面起到了不同程度的作用。

4.1　关税概述

4.1.1　关税的概念

关税是由海关依法对进出关境的货物、物品征收的一种流转税。关境是国家《海关法》全面实施的领域。

【注意】“关境”不完全等于“国境”。国境是一个国家以边界为界限全面行使主权的境域，包括一个国家全部的领土、领海和领空。在一般情况下，一个国家的关境与国境是一致的，但当一个国家在国境内设立自由贸易区、自由贸易港、保税区或保税仓库时，这些区域就进出口关税而言处在关境之外，此时关境小于国境，如我国的香港、澳门特别行政区为单独关境区。

当几个国家组成关税同盟时,各成员国之间互相取消关税,对外实行共同关税税则,就成员国而言其关境大于国境,如欧盟。

4.1.2 关税纳税人与征税对象

(1)关税纳税人

进口货物的收货人、出口货物的发货人、进出境物品的所有人,是关税的纳税义务人。进出口货物的收、发货人是依法取得对外贸易经营权,并进口或者出口货物的法人或者其他社会团体。进出境物品的所有人包括该物品的所有人和推定为所有人的人。一般情况下,对于携带进境的物品,推定其携带人为所有人;对分离运输的行李,推定相应的进出境旅客为所有人;对以邮递方式进境的物品,推定其收件人为所有人;以邮递或其他运输方式出境的物品,推定其寄件人或托运人为所有人。

(2)征税对象

我国关税的征税对象是指准许进出我国关境的货物和物品。

“货物”是指贸易性商品;“物品”是指入境旅客随身携带的行李和物品、个人邮递物品、各种运输工具上服务人员携带进口的自用物品、馈赠物品以及以其他方式进入关境的个人物品。

4.1.3 关税税率

关税税率是整个关税制度的核心要素。目前我国的关税税率主要有以下几种。

(1)进口关税税率

进口关税设置最惠国税率、协定税率、特惠税率、普通税率、暂定税率、关税配额税率等。对进口货物在一定期限内可以实行暂定税率。

①最惠国税率。它适用原产于与我国共同适用最惠国待遇条款的世界贸易组织成员方的进口货物,或原产于与我国签订相互给予最惠国待遇条款的双边贸易协定的国家或地区进口的货物,以及原产于我国境内的进口货物。根据《中华人民共和国加入世界贸易组织关税减让表修正案》附表所列信息,自 2022 年 7 月 1 日起,我国对信息技术产品最惠国税率实施第七步降税。

②协定税率。它适用原产于我国参加的含有关税优惠条款的区域性贸易协定的有关缔约方的进口货物。根据我国与有关国家或地区签署的贸易协定或关税优惠安排,除此前已经由国务院批准实施的协定税率外,自 2022 年 1 月 1 日起,我国与新西兰、秘鲁、哥斯达黎加、瑞士、冰岛等国的双边贸易协定以及亚太贸易协定的协定税率进一步降低。自 2022 年 7 月 1 日起,按照我国与瑞士的自贸协定和亚太贸易协定规定,进一步降低了有关协定税率。

③特惠税率。它适用原产于与我国签订特殊优惠关税协定的国家或地区的进口货物。截至 2022 年 1 月 1 日,对我国建交并完成换文手续的安哥拉共和国等 44 个最不发达国家实施特惠税率。

④普通税率。它适用原产于上述国家或地区以外的国家或地区的进口货物。

⑤暂定税率。它是对某些税号中的部分货物在适用最惠国税率的前提下,通过法律程序暂时实施的进口税率,具有非全税目的特点,低于最惠国税率。自 2022 年 1 月 1 日起,我国对 954 项商品(不含关税配额商品)实施进口暂定税率;自 2022 年 7 月 1 日起,实施进口暂定税率商品为 947 项,取消 7 项信息技术产品进口暂定税率。

⑥关税配额税率,它是对一部分实行关税配额的货物,按低于配额外税率的进口税率征收

关税时使用的税率。按照国家规定,实行关税配额管理的进口货物,关税配额内的,适用关税配额税率;关税配额外的,其税率的适用按照前述的规定执行。目前,继续对小麦、玉米等8种农产品和尿素等3种化肥产品实行关税配额管理,其中,对尿素、复合肥和磷酸氢铵3种化肥的配额税率实施1%的暂定税率。继续对配额外进口的一定数量棉花实施净准税,税率不变。

(2)出口关税税率

出口关税税率是对出口货物征收关税而规定的税率,目前我国仅对少数资源性产品及易于竞相杀价,需要规范出口秩序的半制成品征收出口关税。目前主要是对鳗鱼苗、部分有色金属矿砂及其精矿、生锑、磷、氟钽酸钾、苯、山羊板皮、部分铁合金、钢铁废碎料、铜和铝原料及其制品、镍锭、锌锭、锑锭等商品征收出口关税。

出口关税税率包括出口税率和年度暂定税率两类。出口税率实行差别比例税率(分别为20%、25%、30%、40%和50%);年度暂定税率包括差别比例税率(分别为0、3%、5%、10%、15%和25%)和从量定额税率。

(3)特别关税

特别关税包括报复性关税、反倾销税与反补贴税、保障性关税。征收特别关税的货物适用的国别、税率、期限和征收办法,由国务院关税税则委员会决定,海关总署负责实施。

①报复性关税。它是指为报复他国对本国出口货物的关税歧视,而对相关国家的进口货物征收的一种进口附加税。任何国家或地区对其进口的、原产于我国的货物征收歧视性关税或给予其他歧视性待遇的,我国对原产于该国家或地区的进口货物征收报复性关税。

②反倾销税与反补贴税。它是指进口国海关对外国的倾销商品在征收关税的同时附加征收的一种特别关税,其目的在于抵销他国补贴。

③保障性关税。当某类商品进口量剧增,给我国相关产业带来巨大威胁或损害时,可按有关法规规定,采取保障措施,征收保障性关税。任何国家或地区对我国出口成品采取歧视性保障措施的,我国可以根据实际情况对该国或地区采取相应的税收措施。

4.1.4 关税的减免优惠政策

关税减免主要有法定减免税、特定减免税和临时减免税等类型。

(1)法定减免税

法定减免税是税法中明确列出的减税或免税。法定减免税货物进出口时,纳税人无须提出申请,海关可按规定直接予以减免。海关对法定减免税货物一般不进行后续管理。享有法定减免税待遇的货物主要有:

①关税税额在人民币50元以下的一票货物。

②无商业价值的广告品和货样。

③外国政府、国际组织无偿赠送的物资。

④进出境运输工具装载的途中必需的燃料、物料和饮食用品。

⑤在海关放行前损失的货物。

⑥在海关放行前遭受损坏的货物,可根据海关认定的受损程度减征关税。

⑦我国缔结或参与的国际条约规定的减征、免征关税的货物和物品,按规定予以减免关税。

⑧法律规定减征、免征的其他货物、物品。

(2)特定减免税

特定减免税也称政策性减免税。在法定减免税之外,国家按照国际通行规则和我国实际情况,制定发布的有关进出口货物减免关税的政策,称为特定或政策性减免税。特定减免税货物一般有地区、企业和用途的限制,海关需要进行后续管理,也需要进行减免税统计。

特定减免税货物包括科教用品、残疾人专用品、慈善捐赠物资、重大技术装备等。

(3)暂时免税

暂时进境或者暂时出境的部分货物(如在展览会、交易会、会议及类似活动中展示或者使用的货物,文化、体育交流活动中使用的表演、比赛用品等),在进境或者出境时纳税义务人向海关缴纳相当于应纳税款的保证金或者提供其他担保的,可以暂不缴纳关税,并应当自进境或者出境之日起 6 个月内复运出境或者复运进境;需要延长复运出境或者复运进境期限的,纳税义务人应当根据海关总署的规定向海关办理延期手续。

(4)临时减免税

临时减免税是指在以上两项减免税以外,由国务院运用“一案一批”原则,针对某个纳税人、某类商品、某个项目或某批货物的特殊情况,特别照顾,临时给予的减免税。

4.1.5 关税的缴纳与退补

(1)关税缴纳

①缴纳地点。根据纳税人的申请及进出口货物的具体情况,关税可以在关境地缴纳,也可在主管地缴纳。关境地缴纳是指进出口货物在哪里通关,纳税人就在哪里缴纳关税,这是最常见的做法。主管地缴纳是指纳税人住址所在地的海关监管其通关并征收关税,它只适用于集装箱运载的货物。

②缴纳凭证。海关在接受进出口货物通关手续申报后逐票计算应征关税并向纳税人或其代理人填发《海关进(出)口关税专用缴款书》,纳税人或其代理人持《海关进(出)口关税专用缴款书》在规定期限内向银行办理税款交付手续。

进出口货物收货人或其代理人缴纳税款后,应将盖有“收讫”章的《海关进(出)口关税专用缴款书》第一联送签发海关验核,海关凭此予以办理有关手续。

③缴纳期限。进口货物自运输工具申报进境之日起 14 日内,出口货物在货物运抵海关监管区后装货的 24 小时以前,应由进出口货物的纳税人向货物进(出)境地的海关申报,海关根据税则归类和完税价格计算应缴纳的关税与进口环节代征税,并填发税款缴款书。纳税人应当自海关填发税款缴款书之日起 15 日内向指定的银行缴纳税款。如果关税缴纳期限的最后 1 日是周末或法定节假日,则关税缴纳期限顺延至周末或法定节假日过后的第 1 个工作日。

关税纳税人因不可抗力或者在国家税收政策调整的情形下不能按期缴纳税款的,经海关总署批准,可以延期缴纳税款,但最长不得超过 6 个月。

(2)关税退还

关税退还是指关税纳税人按海关核定的税额缴纳关税后,由于某种原因的出现,海关将多征的税款退还给原纳税人的一种行政行为。根据进出口关税条例规定,有下列情形之一的,纳税人自缴纳税款之日起 1 年内,书面声明理由,连同原缴税凭证及相关资料向海关申请退税并加计银行同期存款利息,海关应予以退税:

①因海关误征,多纳税款的。

②海关核准免验进口的货物,在完税后,发现有短卸情形,经海关审查认可的。

③已征出口关税的货物,因故未将其出口,申报退关,经海关查验属实的。

对已征出口关税的出口货物和已征进口关税的进口货物，因货物品种或规格（非其他原因）原状复运进境或出境的，经海关查验属实的，也应退还已征的关税。海关应当自受理退税申请之日起 30 日内做出书面答复并通知退税申请人。

（3）关税补征和追征

关税补征和追征是海关在关税纳税人按海关核定的税额缴纳关税后，发现实际征收的税额少于应当征收的税额（称短征关税）时，责令纳税人补缴所差税款的一种行政行为。由于纳税人违反海关规定造成短征关税的称为追征；非因纳税人违反海关规定造成短征关税的称为补征。

进出口货物放行后，海关发现少征或漏征税款的，应当自缴纳税款或货物放行之日起 1 年内向纳税人补征税款。但因纳税人违反规定造成少征或漏征税款的，海关可以自缴纳税款或货物放行之日起 3 年内追征税款，并从缴纳税款或货物放行之日起按日加收少征或漏征税款万分之五的滞纳金。

4.2　关税完税价格

关税完税价格是海关计征关税所依据的价格。我国《海关法》规定，进出口货物的完税价格由海关以该货物的成交价格为基础审查确定。成交价格不能确定时，完税价格由海关依法估定。审定进出口货物完税价格的法律依据是 2014 年 2 月 1 日起施行的《中华人民共和国海关审定进出口货物完税价格办法》（以下简称《完税价格办法》）。

4.2.1　进口货物关税完税价格的确定

（1）一般进口货物关税完税价格的确定

①以成交价格为基础确定的关税完税价格。进口货物的关税完税价格包括货物的货价，以及货物运抵我国境内输入地点起卸前的运输费、保险费等相关费用。货物的货价以货物的成交价格为基础。进口货物的成交价格是指买方为购买该货物，并按《完税价格办法》有关规定调整后的实付或应付价格。“实付或应付价格”是指买方为购买进口货物直接或间接支付的总金额。审定关税完税价格应注意以下规定：

a. 下列费用或价值未包括在进口货物的实付或应付价格中的，应当计入关税完税价格：

第一，由买方负担的购货佣金以外的佣金和经纪费。“购货佣金”是指买方为购买进口货物向自己的采购代理人支付的劳务费；“经纪费”是指买方为购买进口货物向代表买卖双方利益的经纪人支付的劳务费。

第二，由买方负担的与该货物视为一体的容器费用。

第三，由买方负担的包装材料费用和包装劳务费用。

第四，与该货物的生产和向中华人民共和国境内销售有关的，由买方以免费或以低于成本的方式提供并可以按适当的比例分摊的料件、工具、模具、消耗材料及类似货物的价款，以及在境外开发、设计等相关服务的费用。

第五，买方需向卖方或者有关方直接或者间接支付的特许权使用费，但是特许权使用费与该货物无关，或者特许权使用费的支付不构成该货物向中华人民共和国境内销售的条件的除外。

第六，卖方直接或者间接从买方对该货物进口后销售、处置或者使用所得中获得的收益。

b. 下列费用如能与该货物实付或应付价格区分的,不得计入该货物的关税完税价格:厂房、机械及设备等货物进口后进行建设、安装、装配、维修和技术服务的费用;进口货物运抵境内输入地点起卸后的运输及其相关费用、保险费;进口关税及其他国内税收。

②海关估定的关税完税价格。进口货物的成交价格不符合有关规定条件或成交价格不能确定的,海关应当依次以相同或类似货物的成交价格方法、倒扣价格方法、计算价格方法及其他合理方法确定的价格为基础,估定完税价格。

(2)特殊进口货物关税完税价格的确定

①加工贸易进口料件及其制成品。加工贸易进口料件及其制成品需征税或内销补税的,海关按一般进口货物的完税价格规定,审定完税价格。其中:

a. 进口时需征税的进料加工进口料件,以该料件申报进口时的价格估定。

b. 内销的进料加工进口料件或其制成品,以料件原进口时的价格估定。

c. 内销的来料加工进口料件或其制成品,以料件申报内销时的价格估定。

d. 出口加工区内的加工企业内销的制成品,以制成品申报内销时的价格估定。

e. 保税区内的加工企业内销的进口料件或其制成品,分别以料件或制成品申报内销时的价格估定。

f. 加工贸易过程中产生的边角料,以申报内销时的价格估定。

②保税区、出口加工区货物。从保税区或出口加工区销往区外、从保税仓库出库内销的进口货物,以海关审定的价格估定完税价格。

③运往境外修理的货物。运往境外修理的机械器具、运输工具或其他货物,出境时已向海关报明,并在海关规定期限内复运进境的,应当以海关审定的境外修理费和料件费为完税价格。

④运往境外加工的货物。运往境外加工的货物,出境时已向海关报明,并在海关规定期限内复运进境的,应当以海关审定的境外加工费和料件费,以及该货物复运进境的运输及其相关费用、保险费估定完税价格。

⑤暂时进境货物。对于经海关批准的暂时进境的货物,应当按一般进口货物估价办法的规定估定完税价格。

⑥租赁方式进口货物。租赁方式进口货物中,以租金方式对外支付的租赁货物,在租赁期间以海关审定的租金作为完税价格;留购的租赁货物,以海关审定的留购价格作为完税价格;承租人申请一次性缴纳税款的,经海关同意,按一般进口货物估价办法的规定估定完税价格。

⑦留购的进口货样。对于境内留购的进口货样、展览品和广告陈列品,以海关审定的留购价格为完税价格。

⑧予以补税的减免税货物。减税或免税进口的货物需予补税时,应当以海关审定的该货物原进口时的价格,扣除折旧部分价值作为完税价格。

⑨以其他方式进口货物。以易货贸易、寄售、捐赠等其他方式进口货物的,应当按一般进口货物估价办法的规定估定完税价格。

4.2.2 出口货物关税完税价格的确定

(1)以成交价格为基础确定的关税完税价格

出口货物的关税完税价格由海关以该货物的成交价格以及该货物运至我国境内输出地点装载前的运输及其相关费用、保险费为基础审查确定。出口货物的成交价格,是指该货物出口时卖方为出口该货物应当向买方直接收取和间接收取的价款总额。出口关税不计入关税完税价格。

(2)海关估定的关税完税价格

出口货物的成交价格不能确定的,海关经了解有关情况,并与纳税义务人进行价格磋商后,依次以下列价格估定该货物的关税完税价格。

①与该货物同时或大约同时向同一国家或地区出口的相同货物的成交价格。

②与该货物同时或大约同时向同一国家或地区出口的类似货物的成交价格。

③根据境内生产相同或类似货物的成本、利润和一般费用,以及境内发生的运输及其相关费用、保险费计算所得的价格。

④以其他合理方法估定的价格。

4.2.3 进口货物关税完税价格中的运费及相关费用、保险费的计算

(1)以一般陆运、海运和空运方式进口的货物

在进口货物的运费及相关费用、保险费的计算中,陆运进口货物,计算至该货物运抵境内的第一口岸;如果运费及相关费用、保险费支付至目的地口岸,则计算至目的地口岸。海运进口货物,计算至该货物运抵境内的卸货口岸;如果该货物的卸货口岸是内河(江)口岸,则计算至内河(江)口岸。空运进口货物,计算至该货物运抵境内的第一口岸;如果该货物的目的地为境内的第一口岸外的其他口岸,则计算至目的地口岸。

陆运、海运和空运进口货物的运费与保险费,应当按照实际支付的费用计算。如果进口货物的运费无法确定或未实际发生,海关应当按照该货物进口同期运输行业公布的运费率(额)计算运费;按照"货价加运费"两者总额的3‰计算保险费。

(2)以其他方式进口的货物

邮运进口的货物,应当以邮费作为运费及相关费用、保险费;以境外边境口岸价格条件成交的铁路或公路运输进口货物,海关应当按照货价的1%计算运费及相关费用、保险费;作为进口货物的自驾进口的运输工具,海关在审定关税完税价格时可以不另行计入运费。

(3)出口的货物

出口货物的销售价格如果包括离境口岸至境外口岸之间的运费、保险费的,该运费、保险费应当扣除。

4.3 关税的计算

4.3.1 关税计算方法简述

关税应纳税额的计算方法根据计税标准不同,可以分为从价税、从量税、复合税和滑准税。

(1)从价税是指以进出口货物的关税完税价格为计税标准计征的关税。计算公式为:

关税税额=关税完税价格×比例税率

(2)从量税是指以进出口货物的数量、重量和容量等计量单位为计税标准计征的关税。计算公式为:

关税税额=应税进出口货物的数量×定额税率

(3)复合税是指对同一进出口货物同时采用从价和从量标准计征的关税。计算公式为:

关税税额＝应税进出口货物数量×定额税率＋关税完税价格×比例税率

(4)滑准税是指关税税率随进口商品价格的变动而反方向变动的一种税率形式。计算公式为：

关税税额＝关税完税价格×滑准税税率

4.3.2 关税应纳税额的计算

(1)进口货物关税应纳税额的计算

①FOB价格。以国外口岸离岸价(FOB)成交的，应另加从发货口岸到我国口岸以前的运杂费和保险费作为关税完税价格。计算公式为：

关税完税价格＝FOB＋运杂费＋保险费＝(FOB＋运杂费)÷(1－保险费率)

例4.1 某公司进口工程设备2台，以FOB价格成交，每台货价折合人民币300万元，其中包括向境外采购代理人支付的买方佣金每台12万元，进口后安装调试费每台15万元，两者均单独计价并已经海关审查属实。已知该货物运抵中国关境内输入地点起卸前的包装费、运费、保险费和其他劳务费用每台45万元。该工程设备的关税税率为10%。计算该公司进口工程设备应纳进口关税税额。

[分析]

单位关税完税价格＝300－12－15＋45＝318(万元)

应纳税额＝2×318×10%＝63.6(万元)

②CFR价格。以成本加运费(CFR)成交的，应另加保险费作为关税完税价格。计算公式为：

关税完税价格＝CFR÷(1－保险费率)

例4.2 某企业从境外购进设备1台，以运抵上海港的货价加运费价格164 505美元(汇率1 ∶ 6.8)成交，保险费率为3‰。该设备由上海运至厂部，国内运费为4 100元(其中，运费发票金额3 900元)，该企业发生设备安装调试费用3 500元(由该企业内部安装)。该设备的关税税率为10%。计算该企业进口设备应纳进口关税税额。

[分析]

关税完税价格＝164 505÷(1－3‰)×6.8＝11 532 309(元)

应纳税额＝11 532 309×10%＝1 153 230.9(元)

③CIF价格。以我国口岸到岸价格(CIF)成交的，则该成交价格就是关税完税价格。计算公式为：

关税完税价格＝CIF

例4.3 某进出口公司从日本进口甲商品，我国口岸到岸价(CIF)折合人民币4 000万元，经海关审定，其成交价正常。甲商品关税税率为15%。计算该公司进口甲商品应纳进口关税税额。

[分析]

关税完税价格＝CIF＝4 000(万元)

应纳税额＝4 000×15%＝600(万元)

(2)出口货物关税应纳税额的计算

①FOB价格。以我国口岸离岸价格成交，其关税完税价格的计算公式为：

关税完税价格＝FOB÷(1＋关税税率)

例4.4 上海市外贸进出口公司出口商品一批，该批商品我国口岸离岸价格为805 000元，出口关税税率为15%。计算该公司出口商品应纳关税税额。

[分析]

关税完税价格＝805 000÷(1＋15%)＝700 000(元)

应纳税额＝700 000×15%＝105 000(元)

②CFR价格。以国外口岸成本加运费成交，其关税完税价格的计算公式为：

关税完税价格＝(CFR－运费)÷(1＋关税税率)

例4.5 南方进出口公司向日本出口乙商品一批，双方协商以CFR价格成交，折合人民币为566万元，其中运费为16万元，出口关税税率为10%。计算该公司出口乙商品应纳关税税额。

[分析]

关税完税价格＝(566－16)÷(1＋10%)＝500(万元)

应纳税额＝500×10%＝50(万元)

(3)CIF价格。以国外口岸到岸价格成交，其关税完税价格的计算公式为：

关税完税价格＝(CIF－保险费－运费)÷(1＋关税税率)

例4.6 公司向境外出口A产品一批，成交价格(CIF)折合人民币816万元，其中，支付承运方甲远洋运输公司运费56万元，支付承保方乙保险公司保险费12万元。该货物出口关税税率为10%。计算该公司出口A商品应纳关税税额。

[分析]

关税完税价格＝(816－56－12)÷(1＋10%)＝680(万元)

应纳税额＝680×10%＝68(万元)

4.4 关税的会计核算

核算企业缴纳的关税，应设置“应交税费——应交关税”明细科目，根据进口业务和出口业务，可在“应交关税”明细科目下设置“进口关税”和“出口关税”两个专栏，其贷方登记应缴纳的关税，借方登记已缴纳的关税；期末贷方余额表示应缴未缴的关税，期末借方余额表示多缴的关税。

4.4.1 自营进出口关税的会计核算

(1)自营进口关税的会计核算

进口货物应缴纳的进口关税是为取得进口货物的一种必要支出，按照实际成本计价原则，这种支出应构成进口货物成本的一部分。因此，进口关税应该与货物的买价一起，计入货物的采购成本，借记“材料采购”“固定资产”和“在建工程”等科目，贷记“应交税费——应交关税”科目。

例4.7 A设备厂从境外B公司自营进口丙材料400吨，以境外口岸离岸价格成交，单价折合人民币20 000元(成交价格中包括B公司付给的正常回扣共120 000元人民币,单独计价),未包括A企业向B公司支付的佣金每吨1 000元人民币。已知该货物运抵中国关境内输入地点起卸前的包装费、运费、保险费和其他劳务费用每吨2 500元人民币。丙材料的关税税率为10%,增值税税率为13%。计算进口环节应缴纳的各种税金并编制会计分录。

[分析]

计算应纳进口关税、增值税:

关税完税价格=400×20 000−120 000+400×1 000+400×2 500
=9 280 000(元)

应纳进口关税税额=9 280 000×10%=928 000(元)

进口应纳增值税税额=(9280 000+928 000)×13%=1 327 040(元)

丙材料的采购成本=9 280 000+928 000=10 208 000(元)

(1)根据付款凭证及税费计算单,编制的会计分录为:

借:材料采购	10 208 000	
应交税费——应交增值税(进项税额)	1 327 040	
贷:银行存款		10 607 040
应交税费——应交关税(进口关税)		928 000

(2)实际缴纳关税时,根据税收缴款书,编制的会计分录为:

借:应交税费——应交关税(进口关税)	928 000	
贷:银行存款		928 000

(2)自营出口关税的会计核算

出口货物应缴纳的出口关税是对销售环节征收的一种税金,应通过"税金及附加"科目核算。企业计算出应缴纳的出口关税时,应借记"税金及附加"科目,贷记"应交税费——应交关税"科目。实际缴纳出口关税时,借记"应交税费——应交关税"科目,贷记"银行存款"科目。

例4.8 某进出口公司自营出口A商品一批,该商品离岸价格为450 000元,出口关税税率为20%。计算该公司应纳出口关税税额并编制会计分录。

[分析]

应纳出口关税税额=450 000÷(1+20%)×20%=75 000(元)

根据关税计算单,编制的会计分录为:

借:税金及附加	75 000	
贷:应交税费——应交关税(出口关税)		75 000

实际缴纳关税时,根据银行支付凭证,编制的会计分录为:

借:应交税费——应交关税(出口关税)	75 000	
贷:银行存款		75 000

4.4.2 代理进出口关税的会计核算

(1)代理进口关税的会计核算

代理进口业务中,进口代理方对其代理的进口业务并不负担盈亏,只是收取一定的手续费。因此,代理进口业务发生的进口关税,由进口代理方向委托方收取,在计算出应缴纳的关税时,借记"应收账款"科目,贷记"应交税费——应交关税"科目;实际缴纳税款时,借记"应交税费——应交关税”科目，贷记“银行存款”科目；收到委托方交来的税款时，借记“银行存款”科目，贷记“应收账款”科目。

例4.9 甲外贸公司接受乙生产企业委托代理进口A商品一批，该批商品国外口岸离岸价格折合人民币400 000元，另支付运输费、保险费合计50 000元；应交进口关税70 000元，增值税67 600元，协议进口手续费8 500元。对甲公司进行账务处理。

[分析]

(1)收到委托方乙企业预付款项450 000元时，根据进账单，编制的会计分录为：

借：银行存款　450 000

　贷：应付账款——乙企业　450 000

(2)收到进口单证向外方付款及支付运输费、保险费时，根据付款凭证，编制的会计分录为：

借：应付账款——乙企业　450 000

　贷：银行存款　450 000

(3)计算应交进口关税和增值税时，根据税额计算单，编制的会计分录为：

借：应收账款——乙企业　137 600

　贷：应交税费——应交关税(进口关税)　70 000

　　——应交增值税　67 600

(4)实际缴纳关税和增值税时，根据银行付款凭证，编制的会计分录为：

借：应交税费——应交关税(进口关税)　70 000

　——应交增值税　67 600

　贷：银行存款　137 600

(5)结算代理进口应收手续费时，编制的会计分录为：

借：应收账款——乙企业　8 500

　贷：其他业务收入——代理手续费收入　8 500

(6)收到乙企业的各项应收款时，根据进账单，编制的会计分录为：

借：银行存款　146 100

　贷：应收账款——乙企业　146 100

(2)代理出口关税的会计核算

代理出口业务是指外贸企业代理其他单位经营出口业务。代理出口的盈亏由委托方承担，按现行制度规定，代理方缴纳的出口关税属于代收代缴性质，应如数向委托方收取。代理方计算出应缴纳的出口关税时，借记“应收账款”科目，贷记“应交税费——应交关税”科目；实际缴纳税款时，借记“应交税费——应交关税”科目，贷记“银行存款”科目；收到委托方支付的款项时，借记“银行存款”科目，贷记“应收账款”科目。

例4.10 甲外贸公司代理乙生产企业出口B商品一批，该商品的离岸价格为440 000元，出口关税税率为10%，协议代理手续费为7 200元。对甲公司进行账务处理。

[分析]

应纳出口关税＝440 000÷(1＋10%)×10%＝40 000(元)

(1)根据关税计算单，编制的会计分录为：

借：应收账款——乙企业　40 000

贷:应交税费——应交关税(出口关税) 40 000

(2)根据税款缴款书,编制的会计分录为:

借:应交税费——应交关税(出口关税) 40 000

贷:银行存款 40 000

(3)计算应收手续费时,编制的会计分录为:

借:应收账款——乙企业 7 200

贷:其他业务收入——代理手续费收入 7 200

(4)收到乙企业支付的税款及手续费时,根据进账单,编制的会计分录为:

借:银行存款 47 200

贷:应收账款——乙企业 47 200

4.5 行李和邮递物品进口税

行李和邮递物品进口税简称行邮税,是海关对入境旅客的行李物品和个人邮递物品征收的进口税。在行邮税税额中包含了在进口环节征收的增值税、消费税。因此,行邮税也是对个人非贸易性入境物品征收的进口关税和进口工商税的总称。

行邮税的课税对象包括入境旅客、运输工具和服务人员携带的应税行李物品、个人邮递物品、馈赠物品以及通过其他方式入境的个人物品。

我国现行的行邮税税率分为50%、20%和13%三个档次:属于50%税率的物品为烟酒;属于20%税率的物品,包括纺织品及其制成品,摄像机、摄录一体机、数码相机及其他电器用具,照相机、自行车、手表、钟表和化妆品;属于13%税率的物品,包括书报、刊物、教育专用电影片、幻灯片、原版录音带、录像带,金、银及其制品,食品、饮料和其他商品。

进口税采用从价计征,完税价格由海关参照该项物品的境外正常零售平均价格确定。完税价格乘以进口税税率即为应纳的进口税税额。海关按照填发税款缴纳书当日有效的税率和完税价格计算征收,纳税人应当在海关放行应税个人自用物品之前缴清税款。

本章小结

关税分为进口关税和出口关税两类。关税完税价格的确定是正确计算关税的前提。进口关税和出口关税的会计核算方法不同。

本章重点

进出口关税税率、关税完税价格的确定、关税应纳税额的计算、关税减免和征收管理。

本章难点

关税完税价格的确定、关税的特定减免税。

基本概念

关税　关税完税价格　FOB　CIF　CFR

复习思考题

1. 关税税额的计算方法有哪些?
2. 如何确定一般进口货物的关税完税价格?
3. 如何确定出口货物的关税完税价格?

第5章　企业所得税会计

学习目标

了解企业所得税的概念；

熟悉企业所得税的纳税人、征税对象、税率和税收优惠政策；

熟悉所得税会计核算的基本理论；

掌握应纳税所得额的确定及应纳所得税额的计算；

掌握企业所得税纳税申报表的填制；

掌握资产负债表债务法的应用。

思政案例

我国传统农业社会缺乏产生所得税的社会经济条件，所得税制度的确立较晚。清末时曾有人提议制定所得税法但未付诸实行。北洋政府颁布了我国第一部《所得税条例》，但未能施行。直到1936年，政府颁布了《所得税暂行条例》，所得税才首次正式开征。

中华人民共和国成立后，废除了旧的企业所得税制度。1950年，相关部门颁布了《工商业税暂行条例》，这是最早对企业所得税做出规定的法规，征收对象主要是私营企业和城乡个体工商户，不包括国有企业(当时称为国营企业)。1958年，随着资本主义工商业社会主义改造基本完成，私营企业不复存在，城乡个体工商业户也基本消失。因此，1958年，工商税制也进行了重大改革，企业所得税成为一个独立税种，称为“工商所得税”。当时规定，除了国营企业外，凡是国内从事工商业等经营活动，有利润所得的经济单位和个人都要缴纳工商所得税，但实际上主要是对集体企业征收。国营企业上缴利润，无须缴纳企业所得税。此后20多年里，国家对国营企业一直实行“统收统支”的制度，即国营企业实现的利润统一上缴，不征收所得税，而企业生产经营所需的资金由国家统一拨付，发生的亏损由财政弥补。

改革开放后，1983年和1984年国务院先后批转了财政部《关于国营企业利改税试行办法》和《国营企业第二步利改税试行办法》，在全国范围内对国营企业实行利改税，把国营企业上缴的利润改为按国家规定的税种及税率缴纳税金，税后利润完全由企业自主支配。1984年9月18日，国务院颁布了《国营企业所得税条例(草案)》，初步固定了国家与国营企业的分配关系；1985年4月11日，为了适应集体企业的发展和经济体制改革的要求，国务院颁布了《集体企业所得税暂行条例》，对全国城乡集体企业取得的生产经营所得和其他所得统一征收集体企业所得税；1988年6月25日，为了加强对私营企业的生产经营和收入分配的监督、管理，国务院颁布了《私营企业所得税暂行条例》，开始征收私营企业所得税。内资企业所得税形成了三足鼎立的局面。随着对外开放的推行,外商对华投资日益增多。为了维护国家权益,更好地利用外资,1980 年 9 月 10 日,全国人大通过第一部涉外税法——《中外合资经营企业所得税法》;1981 年 12 月 13 日,全国人大又颁布了《外国企业所得税法》,涉外企业所得税制粗具规模。这两部涉外的企业所得税法,为吸引外资创造了良好的税收环境。

内资企业所得税三税并立,形成了税率和税收优惠方面的差异。为解决内资企业所得税制存在的诸多矛盾,使之适应建立社会主义市场经济体制的要求,国务院于 1993 年 11 月 26 日发布了《企业所得税暂行条例》,于 1994 年 1 月 1 日起施行;其实施细则由财政部于 1994 年 2 月 4 日发布。国务院之前发布的《国营企业所得税条例(草案)》《国营企业调节税征收办法》《集体企业所得税暂行条例》和《私营企业所得税暂行条例》同时废止,并取消了“两金”和税前还贷政策。自 1994 年起,我国各种类型的内资企业开始适用统一的企业所得税暂行条例,这使我国的企业所得税制向前迈进了一大步。

涉外企业所得税制方面,随着经济的发展,原有的两个涉外企业所得税法越来越不适应对外开放的需要,按照税负从轻、优惠从宽、手续从简的原则,1991 年 4 月 9 日,第七届全国人大第 4 次会议通过了《外商投资企业和外国企业所得税法》,代替了原有两个涉外企业所得税法,自同年 7 月 1 日起施行。我国企业所得税制形成了适用于内资和外资企业的企业所得税方面两税并立的局面,倾斜性地给予外资企业更多的税收优惠,很好地利用了外资发展我国经济。随着社会主义市场经济体制的建立和我国加入 WTO,内资企业面临越来越大的竞争压力,继续实行内外有别的企业所得税制,必将使内资企业处于不平等的竞争地位。为了给各类企业创造公平竞争的税收环境,根据党的十六届三中全会关于“统一各类企业税收制度”的精神,我国启动了企业所得税“两税合并”的改革,2007 年 3 月 16 日第十届全国人大第 5 次会议通过了《企业所得税法》,其实施条例于 2007 年 11 月 28 日由国务院通过。企业所得税法的法律层次得到提升,制度体系更加完善,制度规定更加科学,也更加符合我国经济发展状况。

古语云:“时移则势异。”当经济发展到一定阶段,有必要根据实际情况对现行政策进行调整,企业所得税的改革也是如此。回首中国企业所得税制度走过的历程,可以看出,中国的企业所得税制度也是随着时代的变迁而不断演进的。

资料来源:http://www.ctax.org.cn/grhy/cszs/sszz/201202/t20120221_658518.shtml。

5.1 企业所得税概述

5.1.1 企业所得税的概念

企业所得税是指对我国境内的企业和其他取得收入的组织的生产经营所得和其他所得征收的所得税。我国现行的企业所得税基本法规是 2017 年 2 月 24 日第十二届全国人民代表大会第二十六次会议修正通过的《中华人民共和国企业所得税法》(以下简称《企业所得税法》)。企业所得税是国家财政的重要来源,与增值税一样是我国的主体税种之一。

5.1.2 企业所得税纳税人

企业所得税纳税人是指在中国境内的企业和其他取得收入的组织(以下统称企业),但不包括个人独资企业和合伙企业。

企业所得税的纳税人分为居民企业和非居民企业,这是根据企业纳税义务范围的宽窄进行的分类,不同的企业在向中国政府缴纳所得税时,纳税义务不同。把企业分为居民企业和非居民企业,是为了更好地保障我国税收管辖权的有效行使。税收管辖权是一国政府在征税方面的主权,是国家主权的重要组成部分。根据国际上的通行做法,我国选择了地域管辖权和居民管辖权的双重管辖权标准,最大限度地维护我国的税收利益。

(1)居民企业

居民企业是指依法在中国境内成立,或依照外国(地区)法律成立但实际管理机构在中国境内的企业。

【提示】(1)企业包括国有企业、集体企业、私营企业、联营企业、股份制企业、外商投资企业、外国企业以及有生产经营所得和其他所得的其他组织。

(2)实际管理机构是指对企业的生产经营、人员、账务、财产等实施实质性全面管理和控制的机构。

居民企业负无限纳税义务,应就其来源于中国境内、境外的所得缴纳企业所得税。

(2)非居民企业

非居民企业是指依照外国(地区)法律成立且实际管理机构不在中国境内,但在中国境内设立机构、场所的,或在中国境内未设立机构、场所,但有来源于中国境内所得的企业。

上述所称机构、场所,是指在中国境内从事生产经营活动的机构、场所,包括:

①管理机构、营业机构、办事机构。

②工厂、农场、开采自然资源的场所。

③提供劳务的场所。

④从事建筑、安装、装配、修理、勘探等工程作业的场所。

⑤其他从事生产经营活动的机构、场所。

非居民企业负有限纳税义务。非居民企业在中国境内设立机构、场所的,应就其所设机构、场所取得的来源于中国境内的所得,以及发生在中国境外但与其所设机构、场所有实际联系的所得缴纳企业所得税。非居民企业在中国境内未设立机构、场所的,或虽设立机构、场所,但取得的所得与其所设机构、场所没有实际联系的,应就其来源于中国境内的所得缴纳企业所得税。

【提示】实际联系,是指非居民企业在中国境内设立的机构、场所拥有的据以取得所得的股权、债权,以及拥有、管理、控制据以取得所得的财产。

【小练习·多选题】依据企业所得税法的规定,判定居民企业的标准有(　　)。

A. 登记注册地标准　　B. 所得来源地标准

C. 经营行为实际发生地标准　　D. 实际管理机构所在地标准

【注意】来源于中国境内、境外的所得按以下原则确定。

(1)销售货物所得,按交易活动发生地确定。

(2)提供劳务所得,按劳务发生地确定。

(3)不动产转让所得,按不动产所在地确定;动产转让所得,按转让动产的企业或机构、场所所在地确定;权益性投资资产转让所得,按被投资企业所在地确定。

(4)股息红利等权益性投资所得,按分配所得的企业所在地确定。

(5)利息所得、租金所得、特许权使用费所得,按负担、支付所得的企业或机构、场所所在地确定，或按负担、支付所得的个人的住所地确定。

(6)其他所得，由国务院、税务主管部门确定。

5.1.3　企业所得税税率

(1)基本税率

居民企业和在中国境内设立机构、场所且其所得与机构、场所有关联的非居民企业，适用税率为25%。

在中国境内未设立机构，或虽设立机构、场所但其所得与其所设机构、场所没有实际联系的非居民企业，适用税率为20%，可享受减按10%的税率征收企业所得税的优惠。

(2)优惠税率

①小微企业适用税率为20%。

②国家重点扶持的高新技术企业适用税率为15%。

企业所得税税率的种类和适用范围见表5－1所示。

表5－1　企业所得税税率

种　类	税　率	适用范围
基本税率	25%	(1)居民企业 (2)非居民企业在中国境内设立机构、场所的
两档优惠税率	减按20%	符合条件的小微企业
	减按15%	国家重点扶持的高新技术企业
低税率	10%	非居民企业在中国境内未设立机构或虽设立机构、场所但其所得与其所设机构、场所没有实际联系的

5.1.4　企业所得税税收优惠政策

我国现行企业所得税法按“产业优惠为主，区域优惠为辅”的原则制订相关优惠政策。企业所得税的优惠方式多种多样，当企业同时享有不同税收优惠待遇时，其优惠项目所得应单独计算，否则不得享受该优惠政策。税法规定的企业所得税的税收优惠方式包括免税、减税、加计扣除、加速折旧、减计收入和税额抵免等。

(1)免税

①国债利息收入。

②符合条件的居民企业之间的利息、红利等权益性投资收益。

③在中国境内设立机构、场所的非居民企业从居民企业取得与该机构、场所有实际联系的股息、红利等权益性投资收益。该收益不包括连续持有居民企业公开发行并上市流通的股票不足12个月取得的投资收益。

④符合条件的非营利性组织的收入。

【注意】免税收入与不征税收入是有区别的。

企业的下列收入为不征税收入：财政拨款；依法收取并纳入财政管理的行政事业性收费、政府性基金；国务院规定的其他不征税收入。

国务院规定的其他不征税收入是指企业取得的，由国务院财政、税务主管部门规定专项用途并经国务院批准的财政性资金。财政性资金,是指企业取得的来源于政府及其有关部门的财政补助、补贴、贷款贴息,以及其他各类财政专项资金,包括直接减免的增值税和即征即退、先征后退、先征后返的各种税收,但不包括企业按规定取得的出口退税款。

【小练习·多选题】根据企业所得税相关规定,下列收入中,免税收入有(　　)。

A. 国债利息

B. 存款利息

C. 财政补贴

D. 财政拨款

E. 居民企业直接投资于其他居民企业(非上市公司)取得的股息

(2)减税

企业以《资源综合利用企业所得税优惠目录》规定的资源为主要原料,生产国家非限制和禁止并符合国家和行业相关标准的产品取得的收入,减按90%计入收入总额。

(3)加计扣除

制造业企业开展研发活动中实际发生的研发费用,未形成无形资产计入当期损益的,在按规定据实扣除的基础上,自2021年1月1日起,再按照实际发生额的100%在税前加计扣除;形成无形资产的,自2021年1月1日起,按照无形资产成本的200%在税前摊销。自2022年1月1日起,科技型中小企业施行如制造业企业相同的加计扣除政策。企业开展研发活动中实际发生的研发费用,未形成无形资产计入当期损益的,在2023年12月31日前在按规定据实扣除的基础上,再按照实际发生额的75%在税前加计扣除;形成无形资产的,在上述期间按照无形资产成本的175%在税前摊销。

【小练习·单选题】某制造业企业为居民企业,2021年应纳税所得额100万元(未考虑研发费的加计扣除),其中已扣除的"三新"开发费40万元,该企业2021年应纳税额是(　　)万元。

A. 10　　B. 15　　C. 20　　D. 25

(2)企业安置残疾人员的,在据实扣除支付给残疾职工工资的基础上,按支付给残疾职工工资的100%加计扣除。

5.2　企业所得税的计算

居民企业应纳税额的计算公式为:

应纳税额=应纳税所得额×适用税率-减免税额-抵免税额

式中的减免税额和抵免税额是指依照企业所得税法和国务院的税收优惠规定减征、免征和抵免的应纳税额。居民企业应纳税额计算的关键是应纳税所得额的计算。

5.2.1　应纳税所得额的计算

企业所得税的计税依据是应纳税所得额。根据《企业所得税法》规定,应纳税所得额是指纳税人每一纳税年度的收入总额,减去不征税收入、免税收入、各项扣除以及允许弥补的以前年度亏损后的余额。由于我国的税务会计不单独设置账表,税收实务中,应纳税所得额通常以利润总额为基础,对由于税法与会计制度规定不一致而产生的差异,以税法规定为标准,对利润总额调整后求得。在实际工作中，应纳税所得额的计算一般有直接法和间接法两种方法。

直接法下应纳税所得额的计算公式为：

应纳税所得额＝收入总额－不征税收入－免税收入－各项扣除金额－弥补亏损

间接法下应纳税所得额的计算公式为：

应纳税所得额＝会计利润总额±纳税调整项目金额

【提示】在实际工作中，采用间接法计算企业所得税的情况偏多。

(1)收入总额的确认

收入总额是指纳税人以货币形式和非货币形式从各种来源取得的收入。从经济内容上看包括销售货物收入，提供劳务收入，转让财产收入，股息、红利等权益性投资收益，利息收入，租金收入，特许权使用费收入，接受捐赠收入和其他收入。

①销售货物收入的确认。销售货物收入是指企业销售商品、原材料、包装物、低值易耗品以及其他存货取得的收入。

②提供劳务收入的确认。提供劳务收入是指企业从事建筑安装、金融保险、交通运输、邮电通信等各种劳务活动取得的收入。

③转让财产收入的确认。转让财产收入是指企业转让固定资产、生物资产、无形资产、股权、债权等财产取得的收入。转让财产收入金额应按从财产受让方已收或应收的合同或协议约定价款确定。

④股息、红利等权益性投资收益的确认。股息、红利等权益性投资收益是指企业因权益性投资从被投资方取得的收益。

⑤利息收入的确认。利息收入是指企业将资金提供给他人使用但不构成权益性投资，或因他人占用本企业的资金取得的收入。

⑥租金收入的确认。租金收入是指企业提供固定资产、包装物或其他有形资产的使用权取得的收入。

⑦特许权使用费收入的确认。特许权使用费收入是指企业提供专利权、非专利技术、商标权、著作权以及其他特许权的使用权取得的收入。

⑧接受捐赠收入的确认。接受捐赠收入是指企业接受的来自其他企业、组织或个人无偿给予的货币性资产和非货币性资产。

⑨其他收入的确认。其他收入是指企业取得的除上述收入之外的其他收入，包括企业资产溢余收入、逾期未退还包装物押金、确实无法偿付的应付款项、债务重组收入、补贴收入、违约金收入和汇兑收益等。

(2)准予扣除项目确定的原则和基本内容

①准予扣除项目确定的原则

纳税人在生产经营活动中所发生的费用支出必须严格区分经营性支出和资本性支出。资本性支出不得在发生当期直接扣除，必须按税法规定分期折旧、摊销计入有关成本费用再扣除。

纳税人申报的扣除项目要真实、合法。真实是指能够提供国家允许使用的有效证明，证明其相关支出确实已经实际发生；合法是指符合国家的税收法规，其他法规规定与税收法规不一致时，应以税收法规为标准。

除税收法规另有规定外，税前扣除项目的确认一般应遵循以下原则。

a. 权责发生制原则。即纳税人应在费用发生时而不是实际支付时确认扣除。

b. 配比原则。即纳税人发生的费用应在费用应配比或应分配的当期申报扣除。

c. 相关性原则。即纳税人可扣除的费用从性质和根源上必须与取得的应税收入相关。

d. 确定性原则。即纳税人可扣除的费用不论何时支付,其金额必须是确定的。

e. 合理性原则。即纳税人可扣除费用的计算和分配方法应符合一般的经营常规与会计惯例。

②准予扣除项目的基本内容

在计算应纳税所得额时准予从收入总额中扣除的项目,是指纳税人每一纳税年度发生的与取得的应税收入相关的所有必要和正常的成本、费用、税金、损失和其他支出。

a. 成本是指企业销售商品、提供劳务、转让固定资产和无形资产的成本,包括视同销售成本。

此项目会计上通常在“主营业务成本”和“其他业务成本”科目中反映,当会计准则规定与税法规定存在差异时,应进行纳税调整。

b. 费用是指企业每一个纳税年度为生产经营商品和提供劳务等发生的销售费用、管理费用和财务费用。

此项目会计上通常在“销售费用”“管理费用”和“财务费用”科目中反映,当会计准则规定与税法规定存在差异时,应进行纳税调整。

c. 税金是指企业发生的记入“营业税金及附加”科目的各项税金,如消费税、城市维护建设税、关税、资源税、土地增值税、教育费附加等。

【注意】 房产税、车船税、城镇土地使用税、印花税等通过记入“管理费用”科目在当期扣除;车辆购置税、不得抵扣的增值税等在发生当期计入相关资产的成本,在以后各期分摊扣除。

d. 损失是指企业在生产经营活动中发生的固定资产和存货的盘亏、毁损、报废损失,转让财产损失,呆账损失,坏账损失,自然灾害等不可抗力因素造成的损失以及其他损失。

【提示】 企业发生的损失,减除责任人赔偿和保险赔款后的余额,依照国务院财政、税务主管部门的规定扣除。企业已经作为损失处理的资产,在以后纳税年度又全部收回或部分收回的,应计入当期收入。

e. 其他支出是指除成本、费用、税金、损失外,企业在生产经营活动中发生的与生产经营活动有关的、合理的支出。

(3)限额扣除项目

①工资、薪金支出

工资、薪金是指企业每一纳税年度支付给本企业职工或与其有雇佣关系的员工的所有现金或非现金形式的劳动报酬,包括基本工资、奖金、津贴、补贴、年终加薪、加班工资,以及与任职或受雇有关的其他支出。

税法规定企业发生合理的工资、薪金支出准予据实扣除。合理的工资、薪金是指企业按照股东大会、董事会、薪酬委员会或相关管理机构制定的工资、薪金及制度规定实际发给员工的工资、薪金。

②三项经费

企业职工福利费、职工教育经费、职工工会经费简称“三项经费”。税法规定职工福利费、职工工会经费分别在工资、薪金总额为14%和2%限额内可以扣除;超过部分不得扣除。职工教育经费在工资、薪金总额的8%限额内可以扣除，超过部分可结转以后年度扣除。

企业发生的职工福利费，应单独设账进行核算；未单独设账核算的，税务机关应责令企业在规定期限内进行改正；逾期不改正的，税务机关可对企业发生的职工福利费进行合理的核定。职工工会经费扣除必须有税法规定的工会组织开具的《工会经费拨缴款专用收据》，否则不得扣除。

③社会保险费

企业依照国务院有关主管部门或省级人民政府规定的范围和标准为职工缴纳的"五险一金"，即基本养老保险费、基本医疗保险费、失业保险费、工伤保险费、生育保险费和住房公积金，准予扣除。

企业为投资者或职工支付的补充养老保险费、补充医疗保险费，在国务院财政、税务主管部门规定的范围和标准内准予扣除。

企业依照国家有关规定为特殊工种职工支付的人身安全保险费和符合国务院财政、税务主管部门规定可以扣除的商业保险费，准予扣除。

企业按规定缴纳的财产保险费，准予扣除。

【想一想】企业为投资者或雇员个人向商业保险机构投保的人寿保险或财产保险可否在企业所得税前扣除？

④利息费用

a. 非金融企业向金融企业借款的利息支出、金融企业的各项存款利息支出和同业拆借利息支出、企业经批准发行债券的利息支出可据实扣除。

b. 非金融企业向非金融企业借款的利息支出，不超过按照金融企业同期同类贷款利率计算的部分可据实扣除，超过的部分不得扣除。

c. 企业从其关联方接受的债权性投资与权益性投资的比例超过规定标准而发生的利息支出，不得扣除。但对企业能够按企业所得税法规定提供相关资料，证明相关交易活动符合独立交易原则，或该企业的实际税负不高于境内关联方的，其实际支付给境内关联方的利息支出，准予扣除。

d. 企业向自然人借款的利息支出的扣除，按下列规定执行：

第一，企业向股东或其他与企业有关联关系的自然人借款的利息支出，应根据《企业所得税法》第四十六条和《财政部、国家税务总局关于企业关联方利息支出税前扣除标准有关税收政策问题的通知》规定的条件，计算企业所得税扣除限额。

第二，其他向除前述A项规定以外的内部职工或其他人员借款的利息支出，其借款情况同时符合以下条件的，其利息支出在不超过按照金融企业同期同类贷款利率计算的部分，准予扣除：企业与个人之间的借贷是真实、合法、有效的，并且不具有非法集资目的或其他违反法律、法规的行为；双方之间签订了借款合同。

【练一练】某企业2022年度"财务费用"账户资料显示两笔利息费用：①向工商银行借入的、年利率为6%、期限为8个月的生产用周转金贷款300万元的借款利息；②向本企业职工集资的、期限为6个月的生产用周转金100万元，支付借款利息8万元。计算该企业2019年度可在计算应纳税所得额时准予扣除的利息费用是多少？

⑤借款费用

借款费用是指企业因借款而发生的利息及其相关成本，包括借款利息、折价或溢价的摊销、辅助费用以及因外币借款而发生的汇兑差额。

企业在生产经营活动中发生的合理的、不需要资本化的借款费用，准予扣除。

企业为购置、建造固定资产及无形资产和经过12个月以上的建造才能达到预定可销售状态的存货发生借款的，在有关资产购置、建造期间发生的合理的借款费用，应作为资本性支出计入有关资产的成本，并依照税法的规定扣除；有关资产交付使用后发生的借款利息，可在发生当期扣除。

【练一练】某企业2022年4月1日向银行借款500万元用于建造厂房，借款期限1年，当年向银行支付了3个季度的借款利息共计22.5万元，该厂房于10月31日完工结算并投入使用。计算该企业当年税前可扣除的借款费用是多少？

⑥汇兑损失

企业在货币交易中以及纳税年度终了时将人民币以外的货币资产、负债按期末即期人民币汇率折算形成的汇兑损失，除已经计入有关资产成本以及与向所有者进行利润分配相关的部分外，准予扣除。

⑦业务招待费

企业发生的与生产经营活动有关的业务招待费支出，按发生额的60%扣除，但最高不得超过当年销售(营业)收入的5‰，准予扣除。

上述所谓的“销售(营业)收入”，由纳税人当年主营业务收入、其他业务收入和视同销售收入三部分构成，不包括营业外收入和投资收益。

【练一练】某公司账户显示当年实现收入的资料如下：销售商品收入4 000万元，包装物出租收入80万元，让渡专利使用权收入400万元，视同销售货物收入700万元，接受捐赠收入20万元，转让商标所有权收入200万元。管理费用中业务招待费65万元。计算该公司当年税前可扣除的业务招待费是多少？

⑧广告费和业务宣传费

企业发生的符合条件的广告费和业务宣传费支出，除国务院财政、税务主管部门另有规定外，不超过当年销售(营业)收入15%的部分，准予扣除；超过部分准予结转以后纳税年度扣除。自2021年1月1日起至2025年12月31日止，对化妆品制造或销售、医药制造和饮料制造(不含酒类制造)企业发生的广告费和业务宣传费支出，不超过当年销售收入30%的部分，准予扣除；超过部分，准予在以后纳税年度结转扣除。

【注意】企业申报扣除的广告费支出必须符合下列条件：广告由工商部门批准的专门机构制作；款项已实际支付并取得发票；广告已通过一定媒体传播。

【练一练】某公司账户显示当年实现收入的资料如下：销售商品收入4 000万元，包装物出租收入80万元，让渡专利使用权收入400万元，视同销售货物收入700万元，接受捐赠收入20万元，转让商标所有权收入200万元。销售费用中列支的广告费260万元、业务宣传费80万元。计算该公司当年税前可扣除的广告费和业务宣传费分别是多少？

⑨租赁费

企业租入固定资产支付的租赁费，按以下方法扣除：以经营租赁方式租入固定资产发生的租赁费支出，按租赁期分摊扣除；以融资租赁方式租入固定资产发生的租赁费支出，构成融资租入固定资产价值的部分，应通过提取折旧费用的方式分期扣除。

【练一练】某公司2022年9月1日以经营租赁方式租入固定资产，租期1年，支付租金3万元；10月1日以融资租赁方式租入设备一台，租期2年，当年支付租金8万元。该公司2019年税前可扣除的租赁费是多少？

⑩劳动保护费

劳动保护费是指确因工作需要为雇员配备或提供工作服、手套、安全保护用品和防暑降温用品等所发生的支出。企业发生的合理的劳动保护支出，准予扣除。

⑪公益性捐赠支出

公益性捐赠是指企业通过公益性社会团体、公益性群众团体或县级(含县级)以上人民政府及其部门，用于《中华人民共和国公益事业捐赠法》规定的公益事业的捐赠。

企业发生的公益性捐赠支出，不超过年度利润总额12%的部分，准予扣除；超过年度利润总额12%的部分，准予以后三年内在计算应纳税所得额时结转扣除。所谓"年度利润总额"，是指企业按照国家统一会计制度的规定计算的年度会计利润。

【想一想】直接捐赠一定是非公益性捐赠，你认为这种说法正确吗？

【练一练】某企业2022年按国家统一会计制度计算的利润总额为300万元。当年"营业外支出"账户列支的捐赠支出数据如下：直接捐助某失学儿童1万元，通过民政局对受灾地区捐赠40万元。该企业在计算应纳税所得额时允许扣除的捐赠支出金额为多少？

⑫总机构分摊的费用

非居民企业在中国境内设立的机构、场所，就其中国境外总机构发生的与该机构、场所生产经营有关的费用，能够提供总机构出具的费用汇集范围、定额、分配依据和方法等证明文件，并合理分摊的，准予扣除。

⑬税基式减免优惠项目

税基式减免优惠项目主要包括资源综合利用、免税收入、企业"三新"开发费用、企业安置残疾人员工资、创业投资企业税收优惠及固定资产加速折旧，具体内容见优惠政策(本章5.1.4小节)，此处不再赘述。

【练一练】某企业2022年为开发新产品共发生研究开发费用70万元，其中，研究费用30万元计入当期损益，开发费用40万元计入无形资产。如果该无形资产摊销年限为10年，当年已开始摊销。计算该企业税前可扣除的研究开发费用金额是多少？

(4)不得扣除的项目

税法规定，计算应纳税所得额时下列项目支出不得扣除：

①向投资者支付的股息、红利等权益性投资收益款项。

②企业所得税税款。

③税收滞纳金。

④罚金、罚款和被没收财物的损失。特指纳税人违反国家有关法律、法规规定，被有关部门处以的罚款，以及被司法机关处以的罚金和被没收的财物，即所谓的行政性罚款。

⑤赞助支出即企业发生的与生产经营活动无关的各种非广告性质的支出。

⑥未经核定的准备金支出。

⑦企业之间支付的管理费、企业内部营业机构之间支付的租金和特许权使用费，以及非银

行企业内部营业机构之间支付的利息。

⑧与取得收入无关的其他支出。

(5)亏损弥补

税法所指亏损也称应税亏损，是指企业依照企业所得税法及其暂行条例的规定，将每一纳税年度的收入总额减除不征税收入、免税收入和各项扣除后小于零的数额。

税法规定，企业某一纳税年度发生的亏损可以用下一纳税年度的税前所得弥补；下一纳税年度的税前所得不足弥补的，可以逐年延续弥补，但延续弥补期最长不得超过 5 年。自 2018 年 1 月 1 日起，当年具备高新技术企业或科技型中小企业以及特定集成电路生产企业资格(以下统称资格)的企业，其具备资格年度之前 5 个年度发生的尚未弥补完的亏损，准予结转以后年度弥补，最长结转年限由 5 年延长至 10 年。

正确理解上述规定应注意：

①5 年内无论是盈利还是亏损，都作为实际弥补期计算。

②连续发生年度亏损的，其亏损弥补期应按每个年度分别计算，先亏先补，不得将每个亏损年度的连续弥补期相加，更不得断开计算。

③企业在汇总计算缴纳企业所得税时，其境外营业机构的亏损不得抵减境内营业机构的盈利；境内被投资方企业的亏损，也不得抵减投资方企业的盈利。

④受疫情影响较大的困难行业企业以及电影行业企业 2020 年度发生的亏损，最长结转年限由 5 年延长至 8 年，该政策反对所属期为 2020 年度发生的亏损有效。

5.2.2 应纳所得税额的计算

(1)居民企业应纳所得税额的计算

居民企业应缴纳所得税额等于应纳税所得额乘以适用税率，基本计算公式为：

应纳税额＝应纳税所得额×适用税率－减免税额－抵免税额

企业所得税实行分期预缴和年终汇算清缴的办法。

①分期预缴。

纳税人按月或按季预缴企业所得税时，应当按月度或季度的实际利润额预缴；按月度或季度实际利润额预缴有困难的，可以按上一纳税年度应纳税所得额的月度或季度的平均额预缴，或按经税务机关认可的其他方法预缴。预缴方法一经确定，该纳税年度内不得随意变更。

a. 据实预缴公式如下：

本月(季)应纳税额＝实际利润累计额×税率－减免税额－累计已预缴的所得税税额

实际利润累计额是指纳税人按会计制度核算的利润总额。平时预缴时，先按会计利润计算，暂不做纳税调整，待年度终了再做纳税调整。

b. 按上一纳税年度应纳税所得额的平均数，预缴公式如下：

本月(季)应纳税额＝上一纳税年度应纳税所得额÷12(或 4)×税率

②年终汇算清缴。

企业所得税年终汇算清缴的基本公式如下：

实际应纳税额＝应纳税所得额×税率－减免所得税额－抵免所得税额＋境外所得应补税额

应补(退)税额＝实际应纳税额－累计实际已缴税额

上述计算公式表明年应纳税额的多少不仅与应纳税所得额及税率有关，而且与减免所得税额、抵免所得税额和境外所得应补税额有关。应纳税所得额及税率内容前已述及，此处不再赘述。

a. 减免所得税额的确定。减免所得税额是指纳税人按照税收优惠政策规定实际减免的企业所得税额。

b. 抵免所得税额的确定。我国现行企业所得税法规定的抵免所得税额，特指纳税人购置并实际使用《环境保护专用设备企业所得税优惠目录》《节能节水专用设备企业所得税优惠目录》和《安全生产专用设备企业所得税优惠目录》规定的环境保护、节能节水、安全生产等专用设备的，该专用设备投资额的10%可以从企业当年的应纳税额中抵免；当年不足抵免的，可以在以后5个纳税年度内结转抵免。

c. 境外所得应补税额的计算。居民纳税人应就其来源于境内、外的所得进行纳税，对来源于境外的所得已在境外缴纳的所得税税额，可以从其当期应纳税额中抵免。

境外所得应补税额的计算步骤与公式如下：

第一步，计算境外所得应纳税额。

境外所得应纳税额=(境外所得换算成含税收入的所得－弥补以前年度境外亏损－境外免税所得－境外所得弥补境内亏损)×税率

第二步，计算境外所得抵免税额。

税法规定，纳税人来源于境外的所得在境外实际缴纳的所得税税款低于依照税法计算的扣除限额的，可以从应纳税额中如数扣除；高于扣除限额的，其超过部分不得在本年度的应纳税额中扣除，也不得作为费用支出，但可用以后年度税额扣除的余额补扣，补扣期限最长不得超过5年。

境外所得抵免税额=本年可抵免的境外所得税额+本年可抵免的以前年度所得税额

本年可抵免的境外所得税额=中国境内、境外所得依照企业所得税法和条例的规定计算的应纳税总额×来源于某国的应纳税所得额÷中国境内、境外应纳税所得总额

境外所得应补税额=境外所得应纳税额－境外所得抵免税额

例5.1 企业某年度境内应纳税所得额为2 000万元，所得税税率为25%。其在A、B两国设有分支机构。A国分支机构当年应纳税所得额为500万元，适用税率为40%；B国分支机构当年应纳税所得额为400万元，适用税率为20%。计算该企业当年应向中国缴纳的企业所得税税额。

[分析]

企业境内、外所得应纳税额=(2 000+500+400)×25%=725(万元)

A国已纳税款=500×40%=200(万元)

A国扣除限额=725×500÷(2 000+500+400)=500×25%=125(万元)

A国允许扣除限额125万元小于A国实际已纳税额200万元，所以A国境外所得实际允许扣除额为125万元。

B国已纳税款=400×20%=80(万元)

B国扣除限额=725×400÷(2 000+400+500)=400×25%=100(万元)

B国允许扣除限额100万元大于B国实际已纳税额80万元，所以B国境外所得实际允许扣除额为80万元。

企业当年应缴纳的所得税税额=725－125－80=520(万元)

④应纳所得税额的计算举例。

例 5.2 A 企业某年度实现的利润总额为 100 万元，经税务机关核实，取得有关纳税调整的资料如下：

(1)全年销售收入 5 000 万元，企业在管理费用中列支的业务招待费为 25 万元。

(2)企业于该年度缴纳的税收滞纳金为 1 万元，公益性捐赠支出为 20 万元。

(3)本年度计入投资收益的国债利息收入为 2 万元。

(4)本年度已预交的企业所得税累计为 20 万元。

要求：计算该企业全年应纳税额及年终应补或应退的税额。

[分析]

(1)业务招待费实际发生额的 60%＝25×60%＝15(万元)

营业收入的 5‰＝5 000×5‰＝25(万元)

则业务招待费调整应纳税所得额＝25－15＝10(万元)

(2)税收滞纳金不得扣除，调增应纳税所得额 1 万元

公益性捐赠扣除限额＝100×12%＝12(万元)

调增应纳税所得额＝20－12＝8(万元)

(3)国债利息收入免税，调减应纳税所得额 2 万元

(4)应纳税所得额＝100＋10＋1＋8－2＝117(万元)

(5)应纳税额＝117×25%＝29.25(万元)

(6)本年度应补缴所得税＝29.25－20＝9.25(万元)

【练一练】2022 年某居民企业主营业务收入为 5 000 万元、营业外收入为 80 万元，与收入配比的成本为 4 100 万元，全年发生管理费用、销售费用和财务费用共计 700 万元，营业外支出 60 万元(其中符合规定的公益性捐赠支出 50 万元)，2021 年度经核定结转的亏损额为 30 万元。

要求：计算 2022 年度该企业应缴纳的企业所得税。

(2)核定征收应纳税额的计算

①核定征收企业所得税的范围。根据《税收征管法》的有关规定，居民纳税人具有下列情形之一的，核定征收企业所得税：依照法律、行政法规的规定可以不设账簿或应设账簿但未设账簿的；擅自销毁账簿或拒不提供纳税资料的；虽设置账簿，但账目混乱或成本资料、收入凭证、费用凭证残缺不全，难以查账的；发生纳税义务，未按规定期限办理纳税申报，经税务机关责令限期申报，逾期仍不申报的；申报的计税依据明显偏低，又无正当理由的。

②核定征收的办法。核定征收的办法包括核定应税所得率和核定应纳税所得额两种。

具有下列情形之一的，采用核定应税所得率办法：能正确核算(查实)收入总额，但不能正确核算(查实)成本费用总额的；能正确核算(查实)成本费用总额，但不能正确核算(查实)收入总额的；通过合理的方法，能计算和推定纳税人收入总额或成本费用总额的。纳税人不属于以上情形的，采用核定应纳税所得额办法。

(3)非居民企业应纳所得税额的计算

非居民企业在中国境内未设立机构、场所的，或虽设立机构、场所但取得的所得与其所设机构、场所没有实际联系的，应就其来源于中国境内的所得缴纳企业所得税。其应纳税额由扣缴义务人在每次向非居民企业支付或到期应支付所得时扣缴。计算公式如下：

应扣缴企业所得税额＝应纳税所得额×实际征收率(10%)

上式中的应纳税所得额按下列方法确定：股息、红利等权益性投资收益和利息、租金、特许

权使用费所得，以收入全额为应纳税所得额；转让财产所得，以收入全额减除财产净值后的余额为应纳税所得额；其他所得，参照前两项规定的方法计算应纳税所得额。

5.3　企业所得税的纳税申报

5.3.1　企业所得税征收管理

(1)企业所得税征收方式的确定

企业在每年第一季度应填列《企业所得税征收方式鉴定表》一式三份，报主管税务机关进行审核，实行核定应税所得率办法征收。征收方式确定后，在一个纳税年度内一般不得变更。

(2)纳税期限

企业所得税按纳税年度计算，即公历 1 月 1 日起至 12 月 31 日止。企业在一个纳税年度中间开业或终止经营活动，使该纳税年度的实际经营期不足 12 个月的，应以其实际经营期为一个纳税年度。企业依法清算时，应以清算期为一个纳税年度。

企业应当自月份或者季度终了之日起 15 日内向税务机关报送预缴企业所得税纳税申报表，预缴税款。自年度终了之日起 5 个月内，向税务机关报送年度企业所得税纳税申报表，并汇算清缴，结清应缴应退税款。

企业在年度中间终止经营活动的，应自实际经营终止之日起 60 日内，向税务机关办理当期企业所得税汇算清缴。企业应当在办理注销登记前就其清算所得向税务机关申报并依法缴纳企业所得税。

纳税人在纳税年度内无论盈利还是亏损，都应当按照规定的期限向当地主管税务机关报送所得税申报表和年度会计报表。

(3)纳税地点

除税收法律、行政法规另有规定外，居民企业以企业登记注册地为纳税地点，但登记注册地在境外的，以实际管理机构所在地为纳税地点。居民企业在中国境内设立不具有法人资格的营业机构的，应当汇总计算缴纳企业所得税。

非居民企业在中国境内设立机构、场所取得的来源于中国境内的所得，以及发生在中国境外但与其所设机构、场所有实际联系的所得，应以机构、场所所在地为纳税地点。非居民企业在中国境内设立两个或两个以上机构、场所的，经税务机关审核批准，可以选择由其主要机构、场所汇总缴纳企业所得税。

非居民企业在中国境内未设立机构、场所的，或虽设立机构、场所但取得的所得与其所设机构、场所没有实际联系的，其来源于中国境内的所得缴纳企业所得税应以扣缴义务人所在地为纳税地点。

除国务院另有规定外，企业之间不得合并缴纳企业所得税。

5.3.2　企业所得税纳税申报实务

查账征收企业所得税的居民企业和在中国境内设立机构的非居民企业在月(季)度预缴企业所得税时应填制《中华人民共和国企业所得税月(季)度预缴纳税申报表》(A 类)(见表 5－2 所示)；实行核定征收方式缴纳企业所得税的纳税人在月(季)度预缴企业所得税时应填制《中华人民共和国企业所得税月(季)度预缴纳税申报表》(B 类)(见表 5－3)。

表 5—2　　　　中华人民共和国企业所得税月(季)度预缴纳税申报表(A 类)

税款所属期间：　　年　月　日至　　年　月　日

纳税人识别号：

纳税人名称：　　　　　　　　　　　　　　　　　　　　金额单位：人民币元(列至角分)

行次	项　目	本期金额	累计金额
1	一、据实预缴		
2	营业收入		
3	营业成本		
4	实际利润额		
5	税率(25%)		
6	应纳所得税额(第 4 行×第 5 行)		
7	减免所得税额		
8	实际已缴所得税额		
9	应补(退)的所得税额(第 6 行—第 7 行—第 8 行)		
10	二、按照上一纳税年度应纳税所得额的平均额预缴		
11	上一纳税年度应纳税所得额		
12	本月(季)应纳税所得额(第 11 行÷12 或第 11 行÷4)		
13	税率(25%)		
14	本月(季)应纳所得税额(第 12 行×第 13 行)		
15	三、按照税务机关确定的其他方法预缴		
16	本月(季)确定预缴的所得税税额		
17	总分机构纳税人		
18	总机构　总机构应分摊的所得税税额(第 9 行或第 14 行或第 16 行×25%)		
19	中央财政集中分配的所得税税额(第 9 行或第 14 行或第 16 行×25%)		
20	分支机构分摊的所得税税额(第 9 行或第 14 行或第 16 行×25%)		
21	分支机构　分配比例		
22	分配的所得税税额(第 20 行×第 21 行)		

谨声明：此纳税申报表是根据《中华人民共和国企业所得税法》《中华人民共和国企业所得税法实施条例》和国家有关税收规定填报的，是真实的、可靠的、完整的。

法定代表人(签字)　　　　　　　　　　　　　　年　月　日

纳税人公章： 会计主管： 填表日期：　年　月　日	代理申报中介机构公章： 经办人： 经办人执业证件号码： 代理申报日期：　年　月　日	主管税务机关受理专用章： 受理人： 受理日期：　年　月　日

企业所得税年度纳税申报表主表遵循间接计算法的原理设计样式，具体包括利润总额的计算、应纳税所得额的计算和应纳税额的计算三个部分。在编制时，以利润表为起点，具体按

下列步骤进行(见表 5－3)：

第一步，营业收入－营业成本－营业税金及附加－期间费用－资产减值损失＋公允价值变动收益＋投资收益＋营业外收入－营业外支出＝利润总额。

第二步，利润总额±纳税调整额＋境外应税所得弥补境内亏损－弥补以前年度亏损＝应纳税所得额。

第三步，应纳税所得额×税率＝应纳所得税额。

第四步，应纳所得税额－减免所得税额－抵免所得税额＝应纳税额。

第五步，应纳税额＋境外所得应纳所得税额－境外所得抵免所得税额＝实际应纳所得税额。

第六步，实际应纳所得税额－本年累计实际已预缴的所得税额＝本年应补(退)的所得税额。

表 5－3　　　　中华人民共和国企业所得税月(季)度预缴纳税申报表(B 类)

税款所属期间　　年　月　日至　　年　月　日

纳税人识别号：□□□□□□□□□□□□□□□□□□□□

纳税人名称：　　　　　　　　　　　　　　　　　金额单位：人民币元(列至角分)

项　目			行次	累计金额
应纳税所得额的计算	按收入总额核定应纳税所得额	收入总额	1	
		税务机关核定的应税所得率(%)	2	
		应纳税所得额(第 1 行×第 2 行)	3	
	按成本费用核定应纳税所得额	成本费用总额	4	
		税务机关核定的应税所得率(%)	5	
		应纳税所得额[第 4 行÷(1－第 5 行)×第 5 行]	6	
	按经费支出换算应纳税所得额	经费支出总额	7	
		税务机关核定的应税所得率(%)	8	
		换算的收入额[第 7 行÷(1－第 8 行)]	9	
		应纳税所得额(第 8 行×第 9 行)	10	
应纳所得税额的计算		税率(25%)	11	
		应纳所得税额(第 3 行×第 11 行或第 6 行×第 11 行或第 10 行×第 11 行)	12	
		减免所得税额	13	
应补(退)所得税额的计算		已预缴所得税额	14	
		应补(退)所得税额(第 12 行－第 13 行－第 14 行)	15	

谨声明：此纳税申报表是根据《中华人民共和国企业所得税法》《中华人民共和国企业所得税法实施条例》和国家有关税收规定填报的，是真实的、可靠的、完整的。

法定代表人(签字)　　　　　　　　　　　　年　月　日

纳税人公章： 会计主管： 填表日期：　　年　月　日	代理申报中介机构公章： 经办人： 经办人执业证件号码： 代理申报日期：　　年　月　日	主管税务机关受理专用章： 受理人： 受理日期：　　年　月　日

例 5.3　新康制药厂主要从事药物生产销售，2019 年度“利润表”如表 5－4 所示。其他有关资料如下：

①营业收入包括销售药品收入 8 000 万元、出租设备租金收入 200 万元。

②营业成本为与药品配比的销售成本 5 000 万元。

③投资收益 30 万元全部为国库券利息收入。

④销售费用 1 500 万元,其中,广告费 1 200 万元。

⑤管理费用 800 万元,其中,业务招待费 90 万元,新技术研究开发费 100 万元。

⑥财务费用 80 万元,其中,含向非金融企业借款 500 万元所支付的年利息 40 万元,当年金融企业贷款年利率为 5.8%。

⑦营业外支出 250 万元,其中,通过公益性社会团体向贫困山区捐赠 200 万元,违反税法罚款支出 10 万元,其余为处置固定资产净损失。

⑧营业外收入为接受原材料捐赠取得增值税专用发票注明材料金额 50 万元和增值税税额 8.5 万元。

⑨计入成本、费用中的实发工资总额 150 万元,拨缴职工工会经费 3 万元,支付职工福利费 28 万元,支付职工教育经费 6 万元。

⑩该制药厂在 A、B 两国设有分支机构。在 A 国机构的税后所得为 35 万元,A 国所得税税率为 30%;在 B 国机构的税后所得为 32 万元,B 国所得税税率为 20%。在 A、B 两国已分别缴纳所得税 15 万元和 8 万元,而且在 A、B 两国应纳税所得额的计算与我国税法相同。

该厂全年已预缴所得税 150 000 元,2018 年度亏损 10 万元,该制药厂适用所得税税率为 25%。

表 5—4 **利润表**

编制单位:新康制药厂 2019 年度 金额单位:元(列至角分)

项　目	本期金额	上期金额
一、营业收入	82 000 000.00	略
减:营业成本	50 000 000.00	
税金及附加	1 010 000.00	
销售费用	15 000 000.00	
管理费用	8 000 000.00	
财务费用	800 000.00	
资产减值损失	0.00	
加:公允价值变动收益(损失以"—"号填列)	0.00	
投资收益(损失以"—"号填列)	300 000.00	
其中:对联营企业和合营企业的投资收益	0.00	
二、营业利润(亏损以"—"号填列)	7 490 000.00	
加:营业外收入	585 000.00	
减:营业外支出	2 500 000.00	
其中:非流动资产处置损失	0.00	
三、利润总额(亏损以"—"号填列)	5 575 000.00	
减:所得税费用		
四、每股收益		
(一)基本每股收益		
(二)稀释每股收益		

填制新康制药厂 2019 年度企业所得税纳税申报表及附表。

[分析]

(1)利润总额＝8 200－5 000－101－1 500－800－80＋30＋58.5－250＋35＋32＝624.5(万元)。

(2)纳税调整项目：

①国库券利息收入免税，调减所得额 30 万元。

②广告费扣除限额＝8 200×15%＝1 230(万元)，实际发生额 1 200 万元小于扣除限额，可据实扣除。

③业务招待费实际发生额 90 万元的 60%为 54 万元，营业收入 8 200 万元的 5‰为 41 万元，扣除限额为 41 万元，调增所得额(90－41＝)49 万元。

④新技术研究开发费加计扣除 50%，调减所得额 50 万元。

⑤向非金融机构借款利息支出，调增所得额＝40－500×5.8%＝11(万元)。

⑥公益救济性捐赠支出扣除限额＝624.5×12%＝74.94(万元)，调增所得额＝200－74.94＝125.06(万元)。

⑦违反税法罚款支出不得扣除，调增所得额 10 万元。

⑧支付职工福利费和职工教育经费，调增所得额＝(28－150×14%)＋(6－150×2.5%)＝9.25(万元)。

⑨在计算境内所得应纳税额时境外所得应予以调减 67 万元。

综合上述分析：

调增所得额合计＝49＋11＋125.06＋10＋9.25＝204.31(万元)；

调减所得额合计＝30＋50＋67＝147(万元)。

(3)弥补以前年度亏损 10 万元。

(4)应纳税所得额＝624.5＋204.31－147－10＝671.81(万元)；

(境内所得)应纳税额＝671.81×25%＝167.952 5(万元)。

(5)境外 A 国所得扣除限额＝35÷(1－30%)×25%＝12.5(万元)，A 国实际缴纳所得税额 15 万元，则 A 国所得税抵免额为 12.5 万元。

境外 B 国所得扣除限额＝32÷(1－20%)×25%＝10(万元)，B 国实际缴纳所得税额 8 万元，则 B 国所得税抵免额为 8 万元。

境外所得应纳所得税额＝12.5＋10＝22.5(万元)；

境外所得抵免所得税额＝12.5＋8＝20.5(万元)。

(6)实际应纳所得税额＝167.952 5＋22.5－20.5＝169.952 5(万元)。

(7)本年应补缴所得税额＝169.952 5－150＝19.952 5(万元)。

填报情况如表 5－5 所示。

表 5—5　　中华人民共和国企业所得税年度纳税申报表(A类)

税款所属期间:2019年1月1日至2019年12月31日

纳税人名称:新康制药厂

纳税人识别号:□□□□□□□□□□□□□□□□□□□□(略)　　金额单位:元(列至角分)

类别	行次	项　目	金　额
利润总额的计算	1	一、营业收入	82 000 000.00
	2	减:营业成本	50 000 000.00
	3	税金及附加	1 010 000.00
	4	销售费用	15 000 000.00
	5	管理费用	8 000 000.00
	6	财务费用	800 000.00
	7	资产减值损失	
	8	加:公允价值变动收益	
	9	投资收益	970 000.00
	10	二、营业利润	8 160 000.00
	11	加:营业外收入	585 000.00
	12	减:营业外支出	2 500 000.00
	13	三、利润总额(10+11—12)	6 245 000.00
应纳税所得额的计算	14	加:纳税调整增加额	2 043 100.00
	15	减:纳税调整减少额	1 470 000.00
	16	其中:不征税收入	
	17	免税收入	300 000.00
	18	减计收入	
	19	减、免税项目所得	
	20	加计扣除	500 000.00
	21	抵扣应纳税所得额	
	22	加:境外应税所得弥补境内亏损	0.00
应纳税额的计算	23	纳税调整后所得(13+14—15+22)	6 818 100.00
	24	减:弥补以前年度亏损	100 000.00
	25	四、应纳税所得额(23—24)	6 718 100.00
	26	税率(25%)	25
	27	五、应纳所得税额(25×26)	1 679 525.00
	28	减:减免所得税额	
	29	减:抵免所得税额	
	30	六、应纳税额(27—28—29)	1 679 525.00
	31	加:境外所得应纳所得税额	225 000.00
	32	减:境外所得抵免所得税额	205 000.00
	33	七、实际应纳所得税额(30+31—32)	1 699 525.00
	34	减:本年累计实际已预缴的所得税税额	1 500 000.00
	35	其中:汇总纳税的总机构分摊预缴的税额	
	36	汇总纳税的总机构财政调库预缴的税额	
	37	汇总纳税的总机构所属分支机构分摊的预缴税额	
	38	合并纳税(母子体制)成员企业就地预缴比例	
	39	合并纳税企业就地预缴的所得税额	
	40	八、本年应补(退)的所得税税额(33—34)	199 525.00

续表

<table>
<tr><td>类别</td><td>行次</td><td>项　目</td><td>金　额</td></tr>
<tr><td rowspan="2">附列资料</td><td>41</td><td>以前年度多缴的所得税额在本年抵减额</td><td></td></tr>
<tr><td>42</td><td>以前年度应缴未缴在本年入库的所得税税额</td><td></td></tr>
<tr><td colspan="2">纳税人公章：
经办人：
申报日期：　　年　月　日</td><td>代理申报中介机构公章：
经办人执业证件号码：
代理申报日期：　　年　月　日</td><td>主管税务机关受理专用章：
受理人：
受理日期：　　年　月　日</td></tr>
</table>

注：表间关系如下：

第 1 行＝附表一(1)第 2 行或附表一(2)第 1 行或附表一(3)第 2 行至第 7 行合计；

第 2 行＝附表二(1)第 2 行＋第 7 行或附表二(2)第 1 行或附表二(3)第 2 行至第 9 行合计；

第 11 行＝附表一(1)第 17 行或附表一(2)第 42 行或附表一(3)第 9 行；

第 12 行＝附表二(1)第 16 行或附表二(2)第 45 行或附表二(3)第 10 行；

第 14 行＝附表三第 55 行第 3 列合计；第 15 行＝附表三第 55 行第 4 列合计；

第 16 行＝附表一(3)第 10 行或附表三第 14 行第 4 列；

第 17 行＝附表五第 1 行；第 18 行＝附表五第 6 行；第 19 行＝附表五第 14 行；

第 20 行＝附表五第 9 行；第 21 行＝附表五第 39 行；

第 22 行＝附表六第 7 列合计(当本表第 13 行＋第 14 行－第 15 行≥0 时，本行＝0)；

第 24 行＝附表四第 6 行第 10 列；第 28 行＝附表五第 33 行；第 29 行＝附表五第 40 行；

第 31 行＝附表六第 10 列合计；

第 32 行＝附表六第 13 列合计＋第 15 列合计或附表六第 17 列合计。

5.4　企业所得税的会计核算

所得税会计是研究如何对按照会计制度计算的税前会计利润(或亏损)与按税法计算的应纳税所得(或亏损)之间的差异进行会计处理的会计理论和方法。各国的法律体制和会计体制不同，所得税会计处理方法各不相同，但从原理上看，有应付税款法和纳税影响会计法两种。纳税影响会计法又可分为递延法和债务法。债务法分为利润表债务法和资产负债表债务法。根据我国《企业会计准则第 18 号——所得税》的规定，所得税会计核算应该采用资产负债表债务法。鉴于我国大部分非上市企业普遍采用应付税款法核算所得税，本书对资产负债表债务法和应付税款法分别进行介绍。

5.4.1　资产负债表债务法

(1)资产负债表债务法核算的一般程序

资产负债表债务法是指从资产负债表出发，通过比较资产负债表上列示的资产、负债按照企业会计准则确定的账面价值与按照税法确定的计税基础，对两者之间的差额分应纳税暂时性差异与可抵扣暂时性差异，确认相关的递延所得税负债与递延所得税资产，最终确认所得税费用的所得税会计核算方法。

采用资产负债表债务法核算所得税时，企业一般应于每一资产负债表日进行所得税的核算，其会计核算的一般程序如下。

①按照企业会计准则规定，确定资产负债表中除递延所得税资产和递延所得税负债以外的其他资产与负债项目的账面价值。

②按照企业会计准则中对资产和负债计税基础的确定方法,以适用的税收法规为基础,确定资产负债表中有关资产、负债项目的计税基础。

③比较资产、负债的账面价值与其计税基础,分别按应纳税暂时性差异和可抵扣暂时性差异确定暂时性差异的类别,并计算其差异额。

④根据应纳税暂时性差异与可抵扣暂时性差异,计算确定“递延所得税负债”“递延所得税资产”科目的期末余额及其发生额。用公式表示如下。

“递延所得税负债”账户期末余额=应纳税暂时性差异的期末金额×未来转回时的所得税税率

“递延所得税负债”账户发生额=本账户期末余额-本账户期初余额

“递延所得税资产”账户期末余额=可抵扣暂时性差异的期末金额×未来转回时的所得税税率“递延所得税资产”账户发生额=本账户期末余额-本账户期初余额

⑤根据税法规定计算当期应交所得税。用公式表示如下:

当期应交所得税=当期所得税费用=应纳税所得额×当期所得税税率

⑥根据企业会计准则规定计算确定利润表中的所得税费用。用公式表示如下:

所得税费用=当期所得税费用+递延所得税费用(-递延所得税收益)

当期所得税费用=当期应交所得税

(2)暂时性差异及种类

暂时性差异是指资产或负债的账面价值与其计税基础之间的差额。由于资产、负债的账面价值与其计税基础不同,产生了在未来收回资产或清偿负债期间应纳税所得额增加或减少,并导致未来期间应交所得税增加或减少的情况。在这些暂时性差异发生的时期,应当确认相应的递延所得税负债或递延所得税资产。根据暂时性差异对未来期间应税金额的影响,可分为应纳税暂时性差异和可抵扣暂时性差异。

①应纳税暂时性差异

应纳税暂时性差异是指在确定未来收回资产或清偿负债期间的应纳税所得额时,将导致产生应税金额的暂时性差异。该差异在未来期间转回时会增加转回期间的应纳税所得额,进而增加应交所得税。在应纳税差异产生的当期,应当确认相关的递延所得税负债。通常情况下,应纳税暂时性差异产生于以下两种情况。

a. 资产的账面价值大于其计税基础。

b. 负债的账面价值小于其计税基础。

②可抵扣暂时性差异

可抵扣暂时性差异是指在确定未来收回资产或清偿负债期间的应纳税所得额时,将导致产生可抵扣金额的暂时性差异。该差异在未来期间转回时会减少转回期间的应纳税所得额,减少未来期间的应交所得税。在该暂时性差异产生的当期,应当确认相关的递延所得税资产。通常情况下,可抵扣暂时性差异产生于以下两种情况:

a. 资产的账面价值小于其计税基础。

b. 负债的账面价值大于其计税基础。

此外,对于按税法规定可以结转以后年度的未弥补亏损及税款抵减,虽不是因资产、负债的账面价值与计税基础不同产生的,但本质上可抵扣亏损和税款抵减与可抵扣暂时性差异具有同样的作用,均能够减少未来期间的应纳税所得额。因此,在会计处理上应视同可抵扣暂时性差异,在符合条件的情况下,应确认与其相关的递延所得税资产。

(3)资产、负债的计税基础

资产、负债的计税基础是以适用的税收法规为依据确定的资产负债表中有关资产、负债项目的金额,包括资产的计税基础和负债的计税基础。

①资产的计税基础

资产的计税基础是指企业收回资产账面价值的过程中计算应纳税所得额时按照税法规定可以自应税经济利益中抵扣的金额,即该项资产在未来使用或最终处置时允许作为成本或费用在税前列支的金额。可用公式表示如下。

资产的计税基础＝未来可税前列支的金额

资产在初始确认时,其计税基础一般为取得的成本。资产在后续计量的过程中,其计税基础为资产的取得成本减去以前期间按税法规定已税前扣除的金额后的余额。

常见资产项目计税基础的确定及举例如下。

a. 固定资产

以各种方式取得的固定资产,初始确认时入账价值基本上被税法所认可,因此,初始确认时入账价值一般等于计税基础。

固定资产在持有期间进行后续计量时,会计上账面价值的计量模式是“成本－(会计)累计折旧－固定资产减值准备”;计税基础的计量模式是“成本－(税法)累计折旧”。因此,会计与税收处理的差异主要来自折旧及固定资产减值准备的提取。

例5.4 某企业于2017年12月15日购入一项环保用设备,原价200万元,预计使用年限10年,预计净残值为零,会计上采用直线法计提折旧。2019年12月31日,该项固定资产的可收回金额为120万元。根据税法规定,环保用固定资产可采用加速折旧法计提折旧,该企业在计税时采用双倍余额递减法计提折旧。计算2019年12月31日此项固定资产的账面价值和计税基础,并确认相应的暂时性差异。

[分析]

固定资产的账面价值＝200－20×2－40＝120(万元)

固定资产的计税基础＝200－200×20%－160×20%＝128(万元)

2019年12月31日该固定资产账面价值120万元与其计税基础128万元之间的差额8万元,属于可抵扣暂时性差异,应确认相应的递延所得税资产。

b. 无形资产

除内部研发形成的无形资产以外,以其他方式取得的无形资产,初始确认时的入账价值与税法规定的成本之间一般不存在差异。

A. 内部研发形成的无形资产的初始计量。

例5.5 2019年某企业为开发一项专利技术发生研究开发支出800万元,其中研究阶段支出200万元,开发阶段符合资本化条件前发生的支出为150万元,符合资本化条件后发生的支出为450万元。上述无形资产在当年12月份已达到预定用途,会计上尚未进行成本摊销。计算2019年12月31日该无形资产的账面价值和计税基础,并确认相应的暂时性差异。

[分析]

对于内部研发形成的无形资产,企业会计准则规定,有关研究开发支出区分为两个阶段:研究阶段的支出应当费用化计入当期损益,开发阶段符合资本化条件以后发生的支出应当资本化作为无形资产的成本。2010年计入当期损益的金额为350万元,计入无形资产成本的金额为450万元。所以,2019年12月31日,无形资产的账面价值为450万元。

根据税法规定,企业研究开发支出费用化部分可以在当期加计扣除50%,资本化的部分可以按150%摊销。2019年可税前扣除的金额为525万元,未来可税前扣除的金额为675万元。所以,2019年12月31日,无形资产的计税基础为675万元。

2019年12月31日,该无形资产的账面价值450万元与其计税基础675万元之间的差额225万元,属于可抵扣暂时性差异。但应注意,该差异并非产生于企业合并,同时在产生时既不影响会计利润,也不影响应纳税所得额,因此,不确认相应的递延所得税资产。

B. 无形资产的后续计量。无形资产后续计量时,会计与税收的差异主要产生于对无形资产是否需要摊销及无形资产减值准备的计提。

例5.6 某企业于2016年1月1日外购一项无形资产,取得成本为400万元,预计使用年限8年,税法规定该无形资产的使用年限为10年。会计与税法规定均采用直线法进行成本摊销。计算2019年12月31日该无形资产的账面价值和计税基础,并确认相应的暂时性差异。

[分析]

无形资产的账面价值=400－50×4=200(万元)

无形资产的计税基础=400－40×4=240(万元)

2019年12月31日该无形资产账面价值200万元与其计税基础240万元之间的差额40万元,属于可抵扣暂时性差异。

【注意】上述无形资产的可抵扣暂时性差异,因其并非产生于企业合并,同时在产生时既不影响会计利润,也不影响应纳税所得额,因此,不确认与该暂时性差异相关的递延所得税资产。会计与税法对无形资产的成本摊销方法不同及减值准备的计提也会造成其账面价值与计税基础产生差异。

c. 以公允价值计量且其变动计入当期损益的金融资产

例5.7 2019年3月15日,某公司以300万元从公开市场取得一项权益性投资,作为交易性金融资产核算。2019年12月31日,该权益性投资的市价为360万元。计算2019年12月31日该交易性金融资产的账面价值和计税基础,并确认相应的暂时性差异。

[分析]

企业会计准则规定,交易性金融资产在持有期间每个会计期末应以公允价值计量,公允价值相对于账面价值的变动计入公允价值变动损益。所以,2019年12月31日,该交易性金融资产的账面价值为360万元。

根据税法规定,交易性金融资产在持有期间的公允价值变动不计入应纳税所得额。所以,2019年12月31日,该交易性金融资产的计税基础为300万元。

该交易性金融资产的账面价值360万元与其计税基础300万元之间的差额60万元,属于应纳税暂时性差异,应确认相应的递延所得税负债。

d. 投资性房地产

对于以公允价值模式进行后续计量的投资性房地产,其期末账面价值为公允价值;而税法规定不认可该类资产持有期间因公允价值变动产生的利得或损失,则其计税基础等于取得时支付的历史成本,从而造成账面价值与计税基础之间的差异。

e. 其他计提了资产减值准备的各项资产

有关资产计提了减值准备后，其账面价值会随之下降；而税法规定，资产的减值在转化为实质性损失之前，不允许税前扣除，即其计税基础不会因减值的计提而发生变化，从而造成资产的账面价值与其计税基础之间的差异。

②负债的计税基础

负债的计税基础是指负债的账面价值减去未来期间计算应纳税所得额时按照税法规定可予抵扣的金额。可用公式表示如下：

负债的计税基础＝账面价值－未来可税前列支的金额

一般情况下，负债的确认与偿还不会影响企业的损益，也不会影响其应纳税所得额。未来期间计算应纳税所得额时按税法规定可予抵扣的金额为零，计税基础等于账面价值，如短期借款等。但在某些情况下，负债的确认可能会影响企业的损益，进而影响不同期间的应纳税所得额，使得其计税基础与账面价值之间产生差额。

a. 因销售商品、提供售后服务等确认的预计负债

例 5.8 某企业 2019 年因销售商品承诺提供 3 年的保修服务，在当年确认了 100 万元的销售费用，同时确认为预计负债，当年未发生任何保修支出。计算 2019 年 12 月 31 日该预计负债的账面价值和计税基础，并确认相应的暂时性差异。

[分析]

因在当年未发生任何保修支出，所以账面价值＝100(万元)。

根据税法规定，与产品保修相关的费用在未来期间实际发生时才允许税前扣除，则该预计负债的计税基础＝100－100＝0(万元)。

该预计负债的账面价值 100 万元与其计税基础 0 之间的差额 100 万元，属于可抵扣暂时性差异，应确认相应的递延所得税资产。

对因其他事项确认的预计负债(如环保诉讼)，如果税法规定其支出无论是否实际发生均不得税前扣除，即其账面价值与计税基础相同，则不确认为暂时性差异。

【注意】对因其他事项确认的预计负债(如环保诉讼)，如果税法规定其支出无论是否实际发生均不得税前扣除，则计算应纳税所得额时的该调整项目实质上属于永久性差异。

b. 预收账款

例 5.9 某企业于 2018 年 12 月 3 日收到客户一笔购货定金 10 万元，根据合同规定，货物将在 2019 年 3 月 3 日交货。计算 2018 年 12 月 31 日该预收账款的账面价值和计税基础，并确认相应的暂时性差异。

[分析]

根据企业会计准则规定，企业收取客户的定金，不符合收入确认条件，应确认为预收账款，待交付货物时再确认为收入。所以，2018 年 12 月 31 日，预收账款的账面价值＝10(万元)。

如果税法规定此款项应计入当期应纳税所得额，则与该负债相关的经济利益已在当期计算缴纳所得税，未来期间按照企业会计准则确认收入时不再计入应纳税所得额，其应于未来期间计算应纳税所得额时税前扣除金额为 10 万元，该预收账款的计税基础(10－10＝)0 万元。

该预收账款的账面价值 10 万元与计税基础 0 万元之间产生的 10 万元暂时性差异，属于可抵扣暂时性差异，应确认为递延所得税资产。

c. 其他负债

如企业应交未交记入“其他应付款”账户的罚款和滞纳金等。

例 5.10 某企业 2019 年 11 月因违反当地有关环保法的规定,受到环保部门的处罚,要求支付罚款 80 万元。该罚款至 2019 年 12 月 31 日尚未支付。计算 2019 年 12 月 31 日该其他应付款的账面价值和计税基础,并确认相应的暂时性差异。

[分析]

根据企业会计准则规定,该罚款在尚未支付前应确认为费用,同时作为负债反映。2019 年其他应付款的账面价值=80(万元)。

根据税法规定,企业违反国家有关法律规定支付的罚款不允许税前扣除,即该负债在未来期间计税时可税前扣除的金额为 0 万元,则其他应付款的计税基础(80-0=)80 万元。

该负债的账面价值 80 万元与其计税基础 80 万元相同,不形成暂时性差异。

(4)特殊项目产生的暂时性差异

①某些交易或事项发生后,因不符合资产、负债的确认条件而未体现为资产负债表中的资产或负债,但按照税法规定能够确定其计税基础的,其账面价值 0 与计税基础之间的差异构成暂时性差异,如广告宣传费超限额支出。

例 5.11 某企业 2019 年发生的广告宣传费支出 500 万元,当年实现的营业收入为 2 000 万元。计算广告宣传费支出产生的暂时性差异。

[分析]

根据企业会计准则规定,广告宣传费在发生时已计入当期损益,不体现为资产负债表中的资产,即如果将其视为资产,其账面价值为 0。

根据税法规定,企业发生的广告宣传费在营业收入总额的 15%以内可以当期扣除,超过部分可以在以后年度结转扣除,则与该费用相关的未来可税前扣除的金额(500-2 000×15%)200 万元,即其在 2019 年 12 月 31 日的计税基础=200(万元)。

该资产的账面价值 0 与其计税基础 200 万元之间产生的 200 万元暂时性差异,属于可抵扣暂时性差异,应确认为递延所得税资产。

②对于按税法规定可以结转以后年度的未弥补亏损及税款抵减,虽不是因资产、负债的账面价值与计税基础不同产生的,但本质上可抵扣亏损和税款抵减与可抵扣暂时性差异具有相同的作用,均能够减少未来期间的应纳税所得额,在会计处理上,与可抵扣暂时性差异处理相同,应确认为递延所得税资产。

例 5.12 某企业 2019 年发生经营亏损 100 万元,按税法规定,该亏损可在以后 5 个纳税年度税前扣除,该企业预计在以后未来的 5 年内能够产生足够的应纳税所得额用于弥补该经营亏损。计算确定亏损弥补产生的暂时性差异。

[分析]

该经营亏损虽不是因比较资产、负债的账面价值与计税基础产生的,但从其性质上看可以减少未来期间的应纳税所得额,属于可抵扣暂时性差异。因此,在企业预计未来期间能够产生足够的应纳税所得额时,应确认相关的递延所得税资产。

③企业合并中取得有关资产、负债产生的暂时性差异。企业合并中,由于企业会计准则与税法规定的不同,可能使得按会计规定确定的合并中取得的各项可辨认资产、负债的账面价值与按税法规定确定的计税基础不同,形成的暂时性差异应确认为递延所得税资产或递延所得

税负债。

(5)递延所得税资产及递延所得税负债的确认与计量

①递延所得税资产的确认与计量

a. 可抵扣暂时性差异应以未来期间可能取得的应纳税所得额为限，确认相关的递延所得税资产。即在可抵扣暂时性差异转回的未来期间内，企业无法产生足够的应纳税所得额用以抵减可抵扣暂时性差异的影响，使得与递延所得税资产相关的经济利益无法实现的，该部分递延所得税资产不应确认；企业有明确的证据表明其于可抵扣暂时性差异转回的未来期间能够产生足够的应纳税所得额，进而利用可抵扣暂时性差异的，则应以可能取得的应纳税所得额为限，确认相关的递延所得税资产。

b. 确认可抵扣暂时性差异产生的递延所得税资产时，交易或事项发生时影响到会计利润或应纳税所得额的，相关的所得税影响应作为利润表中所得税费用的组成部分，即递延所得税资产的确认导致利润表中所得税费用的减少；与直接计入所有者权益的交易或事项相关的，其所得税影响应增加或减少所有者权益；企业合并产生的，相关的递延所得税影响应调整购买日确认的商誉或者计入当期损益的金额。

c. 不确认为递延所得税资产的特殊情况。如果企业发生的某项交易或事项不是企业合并，并且交易发生时既不影响会计利润，也不影响应纳税所得额，且该项交易中产生的资产、负债的初始确认金额与其计税基础不同，产生可抵扣暂时性差异的，不确认相应的递延所得税资产。因为如果确认为递延所得税资产，则需调整资产、负债的入账价值，对实际成本进行调整将有违会计核算中的历史成本原则，影响会计信息的可靠性。

例 5.13 某企业 2019 年以融资租赁方式租入一项固定资产，该项固定资产在租赁日的公允价值为 1 900 万元，最低租赁付款额的现值为 1 800 万元。租赁合同中约定，租赁期内总的付款额为 2 000 万元。假定不考虑在租入固定资产过程中发生的相关费用。请分析该业务是否应确认递延所得税。

[分析]

根据企业会计准则规定，承租人应当将租赁开始日租赁资产的公允价值与最低租赁付款额现值两者中较低者作为租入资产的入账价值，即该融资租入固定资产的账面价值为 1 800 万元。

根据税法规定，融资租入资产应当按租赁合同或协议约定的付款额以及取得租赁资产过程中支付的相关费用为其计税成本，即其计税基础为 2 000 万元。

该租入资产的账面价值 1 800 万元与其计税基础 2 000 万元之间的差额 200 万元，在取得资产时既不影响会计利润，也不影响应纳税所得额，如果确认相应的所得税影响，直接结果是减记资产的初始计量金额。因此，企业会计准则规定，该情况下不确认相应的递延所得税资产。

d. 递延所得税资产计量适用税率的选择。确认递延所得税资产时，应估计相关可抵扣暂时性差异的转回时间，采用转回期间适用的所得税税率为基础计算确定。

无论相关的可抵扣暂时性差异转回期间如何，递延所得税资产均不予折现。

资产负债表日，企业应当对递延所得税资产的账面价值进行复核，如果未来期间很可能无法取得足够的应纳税所得额用于利用递延所得税资产的利益，应当减记递延所得税资产的账面价值；递延所得税资产的账面价值减记后，后续期间根据新环境和情况判断能够产生足够的应纳税所得额用于利用可抵扣暂时性差异的,应相应恢复递延所得税资产的账面价值。

②递延所得税负债的确认与计量

a. 除企业会计准则中明确规定可不确认递延所得税负债的情况外,企业对于所有的应纳税暂时性差异均应确认相关的递延所得税负债。

b. 确认应纳税暂时性差异产生的递延所得税负债时,交易或事项发生时影响到会计利润或应纳税所得额的,相关的所得税影响应作为利润表中所得税费用的组成部分,即递延所得税负债的确认导致利润表中所得税费用的增加;与直接计入所有者权益的交易或事项相关的,其所得税影响应增加或减少所有者权益;企业合并产生的,相关的递延所得税影响应调整购买日确认的商誉或者计入当期损益的金额。

c. 不确认递延所得税负债的特殊情况。A. 企业合并中产生的商誉的账面价值与其计税基础不同而形成的应纳税暂时性差异,不确认为相关的递延所得税负债。非同一控制下的企业合并,企业合并成本大于合并中取得的被购买方可辨认净资产的公允价值的差额,会计上确认为商誉。如果税法上规定作为免税合并,即税法不认可商誉的价值,亦即商誉的计税基础为0,两者之间的差额形成应纳税暂时性差异。如果确认该部分暂时性差异产生的递延所得税负债,则意味着将进一步增加商誉价值,使得递延所得税负债和商誉价值量的变化不断循环。因此,企业会计准则规定,此种情况下不确认相关的递延所得税负债。

例 5.14 甲、乙为非同一控制下的两家企业,2019 年甲企业以增发市场价值 6 000 万元的本企业普通股为对价购入乙企业 100%的净资产。假定该项合并符合税法规定的免税合并条件,购买日各项可辨认资产、负债的公允价值及其计税基础如表 5—6 所示。

表 5—6　可辨认资产、负债的公允价值及其计税基础　单位:万元

项　目	公允价值	计税基础	暂时性差异	
			应纳税暂时性差异	可抵扣暂时性差异
应收账款	2 300	2 300		
存货	2 150	2 000	150	
固定资产	3 000	1 900	1 100	
应付账款	(1 500)	(1 500)		
其他应付款	(500)	0		500
不包括递延所得税的可辨认资产、负债的公允价值合计	5 450	4 700	1 250	500

[分析]

甲企业适用所得税税率为 25%,该企业合并中应确认的递延所得税及商誉金额计算如下:

可辨认净资产公允价值(不包括应确认的递延所得税)　5 450

递延所得税资产　500×25%=125

递延所得税负债　1 250×25%=312.5

考虑递延所得税后的可辨认资产、负债的公允价值　5 450+125−312.5=5 262.5

企业合并对价　6 000

商誉　6 000−5 262.5=737.5

甲企业合并中所确认的商誉的账面价值 737.5 万元与其计税基础 0 之间产生的应纳税暂时性差异，不再进一步确认相关的递延所得税影响。

B. 除企业合并外的其他交易或事项中，如果该项交易或事项发生时既不影响会计利润，也不影响应纳税所得额，则所产生的资产、负债的初始确认金额与其计税基础不同，形成的应纳税暂时性差异，交易或事项发生时不确认相应的递延所得税负债。

d. 递延所得税负债确认时适用税率的选择。确认递延所得税负债时，应以相关应纳税暂时性差异的转回期间适用的所得税税率为基础计算确定。

(6)所得税费用的确认和计量

利润表中的所得税费用由当期所得税费用和递延所得税费用两部分构成。

①当期所得税

当期所得税是指企业按照税法规定计算确定的、针对当期发生的交易和事项应缴纳的所得税金额。企业在计算当期所得税时对于当期发生的交易或事项，会计与税法处理不同的，应在会计利润的基础上以适用税法为依据进行纳税调整，计算出当期应纳税所得额，并以适用的当期所得税税率计算确定。计算公式如下：

当期所得税＝当期应交所得税＝应纳税所得额×当期适用税率

②递延所得税

递延所得税是指按照企业会计准则规定应予确认的递延所得税资产和递延所得税负债在期末应有的金额相对于原已确认金额之间的差额，即递延所得税资产及递延所得税负债的当期发生额，但不包括直接计入所有者权益的交易或事项及企业合并的所得税影响。

计算公式如下：

递延所得税＝(期末递延所得税负债－期初递延所得税负债)－(期末递延所得税资产－期初递延所得税资产)

5.4.2　应付税款法

应付税款法是将本期会计利润与应纳税所得额之间产生的差异均在当期确认所得税费用。这种核算方法的特点是，本期所得税费用等于按照本期应纳税所得额与适用所得税税率计算的应交所得税税额。暂时性差异产生的影响所得税的金额，在会计报表中不反映为一项负债或一项资产。

企业采用应付税款法核算所得税时，应设置“所得税费用”科目和“应交税费——应交所得税”科目。

例 5.15　资料见例 5.14，运用应付税款法核算该企业 2017 年的应纳所得税额，并编制会计分录。

[分析]

应交所得税＝1 000×25%＝250(万元)

根据应付税款法的原理，当期所得税费用＝250(万元)。

编制的会计分录如下：

(1)2007 年计提所得税时：

借：所得税费用　　　　250 000

　　贷：应交税费——应交所得税　　　　250 000

(2)实际上交所得税时：

借：应交税费——应交所得税　　250 000

　贷：银行存款　　250 000

例5.15说明，在应付税款法下，本期发生的暂时性差异不单独核算，本期所得税费用等于本期应交所得税，其金额为按税法规定对税前会计利润进行调整后的应纳税所得额乘以所得税税率。

由于应付税款法不确认暂时性差异对未来所得税的影响，本期所得税费用等于本期应交所得税，因此，这种方法不符合权责发生制原则。目前，为了简化核算，我国《小企业会计制度》规定企业所得税核算方法可采用应付税款法。

本章小结

本章比较全面地介绍了我国企业所得税的基本税制构成要素，并在此基础上阐述了应纳所得税额的直接计算法、间接计算法和核定征收计算法的基本原理，企业所得税的预缴申报表与年度纳税申报表及附表的填列技能，资产负债表债务法和应付税款法下企业所得税会计核算的基本原理。

本章重点

企业所得税纳税人的认定，税率、应纳税所得额的确定，应纳税额的计算，资产负债表债务法，企业所得税的征收。

本章难点

企业所得税应税收入的确定、准予扣除项目金额的计算、应纳税所得额的调整、亏损弥补、已纳税款扣除、资产负债表债务法。

基本概念

应纳税所得额　暂时性差异　资产计税基础　负债计税基础　应纳税暂时性差异　可抵扣暂时性差异　应付税款法

复习思考题

1. 简述企业所得税的纳税人。
2. 简述企业所得税的优惠政策。
3. 计算应纳税所得额时哪些项目准予扣除？准予扣除的标准是什么？
4. 如何扣除企业境外所得已纳税款？
5. 简述资产负债表债务法的会计核算程序。
6. 如何计算确定递延所得税资产和递延所得税负债？

第 6 章　个人所得税会计

学习目标

了解个人所得税的概念；
了解个人所得税的减、免税优惠项目；
熟悉个人所得税居民个人、非居民个人的分类及判断标准；
熟悉个人所得税的征收范围、所得来源地判定原则；
掌握综合所得个人所得税应纳税额的计算；
掌握经营所得个人所得税应纳税额的计算；
掌握利息、股利、红利所得个人所得税应纳税额的计算；
掌握财产租赁所得个人所得税应纳税额的计算；
掌握财产转让所得个人所得税应纳税额的计算；
掌握偶然所得个人所得税应纳税额的计算；
掌握个人所得税的纳税申报；
掌握个人所得税的会计核算。

思政案例

劳动是光荣的，但劳动收入也是要纳税的。也许你知道自己每个月的工资被扣了多少个人所得税，却并不一定知道这些税是怎么扣的，取得的收入中哪些需要缴税，哪些不需要缴税。套用时下最时髦的一句话：你知，或不知，税就在那里；你愿意，或者不愿意，你都得缴。但是要缴就要缴个明白，明明白白做个纳税人，而不是做个“糊涂虫”。下面让我们大家一起好好算算这本“糊涂账”吧！

6.1　个人所得税概述

6.1.1　个人所得税的概念

个人所得税是世界各国普遍开征的一个税种，最早产生于 18 世纪的英国。很多国家的个人所得税在全部税收收入总额中所占比重超过了其他税种，成为政府重要的财政收入。个人所得税是以自然人取得的各类应税所得为征税对象而征收的一种所得税，是政府利用税收对个人收入进行调节的一种手段。

【小资料】个人所得税最早诞生于英国。18 世纪末,英国由于与法国交战致使财政吃紧,作为当时主要税收收入来源的消费税和关税都无法解决这个问题,于是有人提议向高收入者征收所得税。1799 年,英国开征个人所得税。然而战争一结束,认为所得税侵犯隐私和个人权利的言论就占据了上风,所得税被停征。直到 1842 年,英国财政部门才又一次让议会和民众信服所得税的必要性,重新恢复征收个人所得税。随着现代国家的发展、公共财政的建立、国家机构的日益膨胀,国家担负起越来越多的公共职能,相应地,对于财政收入的需求也就越来越大。个人所得税在 20 世纪被世界上大多数国家所采纳,已经成为许多发达国家税收收入的最主要来源。个人所得税在调节收入分配、缓解贫富悬殊、促进社会稳定和增加财政收入等方面的作用也得到了公认。它也被称为经济调节的“内在稳定器”。

6.1.2 个人所得税的纳税人

个人所得税的纳税人包括中国公民、个体工商户、个人独资企业、合伙企业以及在中国有所得的外籍人员(包括无国籍人员)与中国香港、中国澳门和中国台湾的同胞。

上述纳税义务人依据住所和居住时间两个标准,区分为居民个人和非居民个人,分别承担不同的纳税义务。

(1)居民个人

居民个人是指在中国境内有住所,或无住所而一个纳税年度内在中国境内居住累计满 183 天的个人。居民个人负有无限纳税义务,应就其来源于中国境内和境外的所得,向中国缴纳个人所得税。

【注意】个人所得税法所称在中国境内有住所,是指因户籍、家庭、经济利益关系而在中国境内习惯性居住;所称从中国境内和境外取得的所得,分别是指来源于中国境内的所得和来源于中国境外的所得。

(2)非居民个人

非居民个人是指不符合居民个人判定标准的纳税人,即在中国境内无住所又不居住或无住所而一个纳税年度内在中国境内居住累计不满 183 天的个人。非居民个人负有限纳税义务,即仅对来源于中国境内的所得向中国缴纳个人所得税。

【注意】上述纳税年度自公历 1 月 1 日起至 12 月 31 日止。在中国境内无住所的个人,在中国境内居住累计满 183 天的年度连续不满六年的,经向主管税务机关备案,其来源于中国境外且由境外单位或者个人支付的所得,免予缴纳个人所得税;在中国境内居住累计满 183 天的任一年度中有一次离境超过 30 天的,其在中国境内居住累计满 183 天的年度的连续年限重新起算。在中国境内无住所的个人,在一个纳税年度内在中国境内居住累计不超过 90 天的,其来源于中国境内的所得,由境外雇主支付并且不由该雇主在中国境内的机构、场所负担的部分,免予缴纳个人所得税。

(3)扣缴义务人

个人所得税以所得人为纳税义务人,以支付所得的单位或者个人为扣缴义务人。个人所得超过国务院规定数额的,在两处以上取得工资、薪金所得或者没有扣缴义务人的,以及具有国务院规定的其他情形的,纳税义务人应当按照国家规定办理纳税申报。扣缴义务人应当按照国家规定办理全员全额扣缴申报。

6.1.3　个人所得税的征收对象

世界各国的个人所得税制大体可分为三种类型:分类所得税制、综合所得税制和混合所得税制。我国《个人所得税法》采用分类所得税制,即将个人取得的各项所得划分为 9 类,即工资、薪金所得;劳务报酬所得;稿酬所得;特许权使用费所得;经营所得;财产租赁所得;财产转让所得;利息、股息、红利所得以及偶然所得。

(1)工资、薪金所得

工资、薪金所得,是指个人因任职或者受雇取得的工资、薪金、奖金、年终加薪、劳动分红、津贴、补贴以及与任职或者受雇有关的其他所得。

我国工资、薪金个人所得的形式,包括现金、实物、有价证券和其他形式的经济利益。国家税务总局在关于个人所得税相关问题的解释中指出:个人因任职或受雇而从单位取得的实物所得,如住房、电脑、汽车等,也属于工资、薪金所得,应按照购买住房、电脑、汽车等的实际支出金额计算缴纳个人所得税;个人参加单位组织的免费旅游以及从其雇主或单位处获得的有价证券等,也应按照工资、薪金所得计算缴纳个人所得税。

【想一想】是不是取得的所有工资、薪金收入都得交个人所得税呢?

按照税法规定,对工资、薪金个人所得税纳税人取得的收入中,下列项目不予征税:

①独生子女补贴。

②执行公务员工资制度未纳入基本工资总额的补贴、津贴和家属成员的副食补贴。

③托儿补助费。

④差旅费津贴、误餐补助。

【小练习 · 单选题】下列各项中,应当按照工资、薪金所得项目征收个人所得税的有(　　)。

A. 劳动分红　　B. 独生子女补贴　　C. 差旅费津贴　　D. 误餐补助

(2)劳务报酬所得

劳务报酬所得是指个人从事劳务取得的所得,包括从事设计、装潢、安装、制图、化验、测试、医疗、法律、会计、咨询、讲学、翻译、审稿、书画、雕刻、影视、录音、录像、演出、表演、广告、展览、技术服务、介绍服务、经纪服务、代办服务以及其他劳务取得的所得。

【注意】在实际工作中,要严格区分劳务报酬所得与工资、薪金所得:劳务报酬所得是个人独立从事自由职业或独立提供某种劳务所取得的报酬,不存在雇佣与被雇佣的关系;而工资、薪金所得是个人从事非独立劳务活动,从所在单位领取的报酬,个人与其所在单位存在着雇佣与被雇佣的关系。

(3)稿酬所得

稿酬所得是指个人因其作品以图书、报刊等形式出版、发表而取得的所得。

(4)特许权使用费所得

特许权使用费所得是指个人提供专利权、商标权、著作权、非专利技术以及其他特许权的使用权取得的所得;提供著作权的使用权取得的所得,不包括稿酬所得。

【注意】提供著作权的使用权取得的所得,不包括稿酬所得。

(5)经营所得

经营所得,是指:①个体工商户从事生产、经营活动取得的所得,个人独资企业投资人、合伙企业的个人合伙人来源于境内注册的个人独资企业、合伙企业生产、经营的所得。②个人依法从事办学、医疗、咨询以及其他有偿服务活动取得的所得。③个人对企业、事业单位承包经营、承租经营以及转包、转租取得的所得。④个人从事其他生产、经营活动取得的所得。

【注意】个体工商户、个人独资企业和合伙企业或个人从事种植业、养殖业、饲养业、捕捞业取得的所得,暂不征收个人所得税;个体工商户和从事生产经营的个人,取得与生产、经营活动无关的其他各项应税所得,应分别按照有关规定,计算征收个人所得税。

(6)财产租赁所得

财产租赁所得是指个人出租不动产、机器设备、车船以及其他财产取得的所得。

【注意】个人取得的财产转租收入,也属于"财产租赁所得"的征税范围,由财产转租人缴纳个人所得税。

(7)财产转让所得

财产转让所得是指个人转让有价证券、股权、合伙企业中的财产份额、不动产、机器设备、车船以及其他财产取得的所得。

【注意】转让境内上市公司股票净所得暂免征个人所得税,但2010年1月1日起,对个人转让上市公司限售股征收个人所得税。转让境外上市公司股票所得按照财产转让所得项目缴纳个人所得税。

(8)利息、股息、红利所得

利息、股息、红利所得,是指个人拥有债权、股权等而取得的利息、股息、红利所得。

【注意】利息一般是指存款、贷款和债券的利息。股息、红利是指个人拥有股权取得的公司、企业分红。按照一定的比率派发的每股息金,成为股息。根据公司、企业应分配的超过股息部分的利润,按股派发的红股,成为红利。个人取得国债利息、国家发放的金融债券利息、教育储蓄存款利息,均免征个人所得税。储蓄存款在2008年10月9日后滋生的利息,暂免征个人所得税。自2015年9月8日起,个人从公开发行和转让市场取得的上市公司股票,持股期限在1个月以内(含1个月)的,其股息、红利所得全额计入应纳税所得额;个人从公开发行和转让市场取得的上市公司股票,持股期限在1个月以上至1年(含1年)的,暂减按50%计入应纳税所得额。

(9)偶然所得

偶然所得是指个人得奖、中奖、中彩以及其他偶然性质的所得。

【注意】得奖是指参加各种有奖竞赛活动,取得名次得到的奖金;中奖、中彩是指参加各种有奖活动,如有奖储蓄,或者购买彩票,经过规定程序,抽中、摇中号码而取得的奖金。个人取得单张有奖发票奖金所得超过800元的,应全额按照偶然所得项目征收个人所得税。税务机关或其指定的有奖发票兑奖机构,是有奖发票奖金所得个人所得税的扣缴义务人。

6.1.4 所得来源地的确定

判断所得来源地是确定该项所得是否应征收个人所得税的重要依据。所得来源地的判断既要反映经济活动的实质，又要遵循方便税务征收机关实行有效征管的原则，具体规定如下：

(1)工资、薪金所得。以纳税人任职、受雇的公司、企业、事业单位、机关、团体、部队及学校等单位的所在地为所得来源地。

(2)生产、经营所得。以生产、经营活动的实现地为所得来源地。

(3)劳务报酬所得。以纳税人实际提供的劳务地为所得来源地。

(4)特许权使用费所得。以特许权的使用地为所得来源地。

(5)财产租赁所得。以被租赁财产的使用地为所得来源地。

(6)不动产转让所得。以不动产坐落地为所得来源地；动产转让所得，以实现转让地为所得来源地。

(7)利息、股息、红利所得。以支付利息、股息、红利的企业、机构和组织所在地为所得来源地。

除国务院财政、税务主管部门另有规定外，下列所得，不论支付的地点是否在中国境内，均为来源于中国境内的所得：

(1)因任职、受雇、履约等在中国境内提供劳务取得的所得。

(2)将财产出租给承租人在中国境内使用而取得的所得。

(3)许可各种特许权在中国境内使用而取得的所得。

(4)转让中国境内的不动产等财产或者在中国境内转让其他财产取得的所得。

(5)从中国境内企业、事业单位、其他组织以及居民个人取得的利息、股息、红利所得。

6.1.5　个人所得税的税率

个人所得税分别按不同的个人所得项目，规定了超额累进税率和比例税率两种形式，具体归纳如下。

(1)工资、薪金所得，劳务报酬所得，稿酬所得，特许权使用费所得个人所得税的预扣率(预扣预缴)

居民个人工资、薪金所得预扣预缴个人所得税的预扣率如表 6－1 所示。

表 6－1　居民个人工资、薪金所得预扣预缴个人所得税的预扣率表

级数	累计预扣预缴应纳税所得额	预扣率(%)	速算扣除数(元)
1	不超过 36 000 元的部分	3	0
2	超过 36 000 元至 144 000 元的部分	10	2 520
3	超过 144 000 元至 300 000 元的部分	20	16 920
4	超过 300 000 元至 420 000 元的部分	25	31 920
5	超过 420 000 元至 660 000 元的部分	30	52 920
6	超过 660 000 元至 960 000 元的部分	35	85 920
7	超过 960 000 元的部分	45	181 920

居民个人劳务报酬所得预扣预缴个人所得税的预扣率如表 6－2 所示。

表 6—2　　居民个人劳务报酬所得预扣预缴个人所得税的预扣率表

级数	累计预扣预缴应纳税所得额	预扣率(%)	速算扣除数(元)
1	不超过 20 000 元的部分	20	0
2	超过 20 000 元至 50 000 元的部分	30	2 000
3	超过 50 000 元的部分	40	7 000

居民个人稿酬所得、特许权使用费所得适用 20%的比例预扣率。

(2)工资、薪金所得,劳务报酬所得,稿酬所得,特许权使用费所得个人所得税的适用税率(非预扣预缴)

居民个人综合所得个人所得税(按年汇算清缴)的适用税率如表 6—3 所示。

表 6—3　　居民个人综合所得个人所得税的税率表(按年)

级数	全年应纳税所得额	预扣率(%)	速算扣除数(元)
1	不超过 36 000 元的部分	3	0
2	超过 36 000 元至 144 000 元的部分	10	2 520
3	超过 144 000 元至 300 000 元的部分	20	16 920
4	超过 300 000 元至 420 000 元的部分	25	31 920
5	超过 420 000 元至 660 000 元的部分	30	52 920
6	超过 660 000 元至 960 000 元的部分	35	85 920
7	超过 960 000 元的部分	45	181 920

注 1:本表所称应纳税所得额是指居民个人取得综合所得以每一纳税年度收入减除费用 60 000 元以及专项扣除、专项附加扣除和依法确定的其他扣除后的余额。

注 2:工资、薪金所得,劳务报酬所得,稿酬所得,特许权使用费所得统称为综合所得。

非居民个人工资、薪金所得,劳务报酬所得,稿酬所得,特许权使用费所得个人所得税的适用税率如表 6—4 所示。

表 6—4　　非居民个人工资、薪金所得,劳务报酬所得,稿酬所得,特许权使用费所得个人所得税的税率表

级数	全年应纳税所得额	预扣率(%)	速算扣除数(元)
1	不超过 3 000 元的部分	3	0
2	超过 3 000 元至 12 000 元的部分	10	210
3	超过 12 000 元至 25 000 元的部分	20	1 410
4	超过 25 000 元至 35 000 元的部分	25	2 660
5	超过 35 000 元至 55 000 元的部分	30	4 410
6	超过 55 000 元至 80 000 元的部分	35	7 160
7	超过 80 000 元的部分	45	15 160

(3)经营所得的适用税率

经营所得适用 5%～35%五级超额累进税率。经营所得个人所得税的税率如表 6－5 所示。

表 6－5　　经营所得个人所得税的税率表

级数	全年应纳税所得额	预扣率(%)	速算扣除数(元)
1	不超过 30 000 元的部分	5	0
2	超过 30 000 元至 90 000 元的部分	10	1 500
3	超过 90 000 元至 300 000 元的部分	20	10 500
4	超过 300 000 元至 500 000 元的部分	30	40 500
5	超过 500 000 元的部分	35	65 500

(4)财产租赁所得，财产转让所得，利息、股息、红利所得和偶然所得的适用税率

财产租赁所得，财产转让所得，利息、股息、红利所得和偶然所得适用比例税率，税率为 20%。

【注意】为了配合国家住房制度改革，支持住房租赁市场的健康发展，从 2008 年 3 月 1 日起，对个人出租住房取得的所得暂减按 10%的税率征收个人所得税。

6.1.6　个人所得税的减免优惠项目

(1)免税项目

①省级人民政府、国务院部委和中国人民解放军军以上单位，以及外国组织、国际组织所颁发的科学、教育、技术、文化、卫生、体育和环境保护等的奖金。

②国债和国家发行的金融债券利息。这里所说的国债利息，是指个人持有中华人民共和国财政部发行的债券而取得的利息所得；所说的国家发行的金融债券利息，是指个人持有经国务院批准发行的金融债券而取得的利息所得。

③按照国家统一规定发给的补贴、津贴。

④福利费、抚恤金和救济金。

⑤保险赔偿。

⑥军人的转业费、复员费、退役金。

⑦按照国家统一规定发给干部、职工的安家费、退职费、退休工资、离休工资、离休生活补助费。

⑧依照有关法律规定应予免税的各国驻华使馆、领事馆的外交代表、领事官员和其他人员的所得。

⑨中国政府参加的国际公约、签订的协议中规定的免税所得。

⑩自 2020 年 1 月 1 日起，对参加疫情防治工作的医务人员和防疫工作者按照政府规定标准取得的临时性工作补助和奖金，免征个人所得税。政府规定的标准包括各级政府规定的补助和奖金标准。对省级及省级以上人民政府规定的对参与疫情防控人员的临时性工作补助和奖金，比照执行。单位发给个人用于预防新型冠状病毒感染的肺炎的药品、医疗用品和防护用品等实物(不包括现金)，不计入工资、薪金收入，免征个人所得税。

⑪国务院规定的其他免税所得。

(2)减税项目

①个人投资者持有2019～2023年发行的铁路债券取得的利息收入,减按50%计入应纳税所得额计算征收个人所得税。

②自2019年1月1日起至2023年12月31日,一个纳税年度内在船航行时间累计满183天的远洋船员,其取得的工资、薪金收入减按50%计入应纳税所得额,依法缴纳个人所得税。

③残疾、孤老人员和烈属的所得,因严重自然灾害遭受重大损失以及国务院可以规定其他减税情形,可以减征个人所得税,具体幅度和期限由省、自治区、直辖市人民政府规定,并报同级人民代表大会常务委员会备案。

【注意】对残疾人个人取得的劳动所得才能适用减税规定,具体所得项目为:工资、薪金所得,劳务报酬所得,稿酬所得,特许权使用费所得和经营所得。

6.2 个人所得税应纳税额的计算

6.2.1 居民个人综合所得应纳税额的计算

(1)居民个人综合所得预扣预缴个人所得税的计算

自2019年1月1日起,扣缴义务人向居民个人支付工资、薪金所得,劳务报酬所得,稿酬所得,特许权使用费所得时按以下方法预扣预缴个人所得税,并向主管税务机关报送《个人所得税扣缴申报表》。年度预扣预缴税额与年度应纳税额不一致的,由居民个人于次年3月1日至6月30日向主管税务机关办理综合所得年度汇算清缴,税款多退少补。

①扣缴义务人向居民个人支付工资、薪金所得预扣预缴个人所得税的计算

扣缴义务人向居民个人支付工资、薪金所得时,应当按照累计预扣法计算预扣税款,并按月办理全员全额扣缴申报。具体计算公式如下。

本期应预扣预缴税额=(累计预扣预缴应纳税所得额×预扣率－速算扣除数)－累计减免税额－累计已预扣预缴税额

累计预扣预缴应纳税所得额=累计收入－累计免税收入－累计减除费用－累计专项扣除－累计专项附加扣除－累计依法确定的其他扣除

其中:累计减除费用,按照5 000元/月乘以纳税人当年截至本月在本单位的任职受雇月份数计算;专项扣除,包括居民个人按照国家规定的范围和标准缴纳的基本养老保险、基本医疗保险、失业保险等社会保险费和住房公积金等;专项附加扣除,包括子女教育、继续教育、大病医疗、住房贷款利息或者住房租金、赡养老人等支出,具体范围、标准和实施步骤由国务院确定,并报全国人民代表大会常务委员会备案。

a. 纳税人的子女接受全日制学历教育的相关支出,按照每个子女每月1 000元的标准定额扣除。学历教育包括义务教育(小学、初中教育)、高中阶段教育(普通高中、中等职业、技工教育)、高等教育(大学专科、大学本科、硕士研究生、博士研究生教育)。父母可以选择由其中一方按扣除标准的100%扣除,也可以选择由双方分别按扣除标准的50%扣除,具体扣除方式在一个纳税年度内不能变更。纳税人子女在中国境外接受教育的,纳税人应当留存境外学校录取通知书、留学签证等相关教育的证明资料备查。

b. 纳税人在中国境内接受学历(学位)继续教育的支出,在学历(学位)教育期间按照每月

400 元定额扣除。同一学历(学位)继续教育的扣除期限不能超过 48 个月。纳税人接受技能人员职业资格继续教育、专业技术人员职业资格继续教育的支出,在取得相关证书的当年,按照 3 600 元定额扣除。个人接受本科及以下学历(学位)继续教育,符合本办法规定扣除条件的,可以选择由其父母扣除,也可以选择由本人扣除。纳税人接受技能人员职业资格继续教育、专业技术人员职业资格继续教育的,应当留存相关证书等资料备查。

c. 在一个纳税年度内,纳税人发生的与基本医保相关的医药费用支出,扣除医保报销后个人负担(指医保目录范围内的自付部分)累计超过 15 000 元的部分,由纳税人在办理年度汇算清缴时在 80 000 元限额内据实扣除。纳税人发生的医药费用支出可以选择由本人或者其配偶扣除;未成年子女发生的医药费用支出可以选择由其父母一方扣除。纳税人应当留存医药服务收费及医保报销相关票据原件(或者复印件)等资料备查。医疗保障部门应当向患者提供在医疗保障信息系统记录的本人年度医药费用信息查询服务。

d. 纳税人本人或者配偶单独或者共同使用商业银行或者住房公积金个人住房贷款为本人或者其配偶购买中国境内住房,发生的首套住房贷款利息支出,在实际发生贷款利息的年度,按照每月 1 000 元的标准定额扣除,扣除期限最长不超过 240 个月。纳税人只能享受一次首套住房贷款的利息扣除。首套住房贷款是指购买住房享受首套住房贷款利率的住房贷款。经夫妻双方约定,可以选择由其中一方扣除,具体扣除方式在一个纳税年度内不能变更。夫妻双方婚前分别购买住房发生的首套住房贷款,其贷款利息支出,婚后可以选择其中一套购买的住房,由购买方按扣除标准的 100%扣除,也可以由夫妻双方对各自购买的住房分别按扣除标准的 50%扣除,具体扣除方式在一个纳税年度内不能变更。纳税人应当留存住房贷款合同、贷款还款支出凭证备查。

e. 纳税人在主要工作城市没有自有住房而发生的住房租金支出,可以按照以下标准定额扣除:直辖市、省会(首府)城市、计划单列市以及国务院确定的其他城市,扣除标准为每月 1 500 元;其他城市中,市辖区户籍人口超过 100 万的城市,扣除标准为每月 1 100 元;市辖区户籍人口不超过 100 万的城市,扣除标准为每月 800 元。纳税人的配偶在纳税人的主要工作城市有自有住房的,视同纳税人在主要工作城市有自有住房。市辖区户籍人口,以国家统计局公布的数据为准。本办法所称主要工作城市是指纳税人任职受雇的直辖市、计划单列市、副省级城市、地级市(地区、州、盟)全部行政区域范围;纳税人无任职受雇单位的,为受理其综合所得汇算清缴的税务机关所在城市。夫妻双方主要工作城市相同的,只能由一方扣除住房租金支出。住房租金支出由签订租赁住房合同的承租人扣除。纳税人及其配偶在一个纳税年度内不能同时分别享受住房贷款利息和住房租金专项附加扣除。纳税人应当留存住房租赁合同、协议等有关资料备查。

f. 纳税人赡养一位及以上被赡养人的赡养支出,统一按照以下标准定额扣除:纳税人为独生子女的,按照每月 2 000 元的标准定额扣除;纳税人为非独生子女的,由其与兄弟姐妹分摊每月 2 000 元的扣除额度,每人分摊的额度不能超过每月 1 000 元,可以由赡养人均摊或者约定分摊,也可以由被赡养人指定分摊。约定或者指定分摊的须签订书面分摊协议,指定分摊优先于约定分摊。具体分摊方式和额度在一个纳税年度内不能变更。被赡养人是指年满 60 岁的父母,以及子女均已去世的年满 60 岁的祖父母、外祖父母。

上述公式中,计算居民个人工资、薪金所得预扣预缴税额的预扣率、速算扣除数按表 6－1 执行。

g. 自 2022 年 1 月 1 日起,实施 3 岁以下婴幼儿照护个人所得税专项附加扣除。纳税人照顾3岁以下婴幼儿子女的相关支出，按照每个婴幼儿每月1 000元的标准定额扣除。父母可以选择一方按扣除标准的100%扣除，也可以选择由双方分别按扣除标准的50%扣除，具体扣除方式在一个纳税年度内不能变更。

【注意】享受子女教育、继续教育、住房贷款利息或者住房租金、赡养老人、3岁以下婴幼儿照护专项附加扣除的纳税人，自符合条件开始，可以向支付工资、薪金所得的扣缴义务人提供上述专项附加扣除有关信息，由扣缴义务人在预扣预缴税款时按其在本单位本年可享受的累计扣除额办理扣除，也可以在次年3月1日至6月30日内向汇缴地主管税务机关办理汇算清缴申报时扣除。

例6.1 中国居民个人王某为独生子女，任职于中国境内的某公司。2019年每月税前工资、薪金收入为30 000元，每月减除费用为5 000元。王某个人每月负担基本养老保险2 400元、基本医疗保险600元、失业保险150元、住房公积金2 400元，“三险一金”合计5 550元。假设王某赡养老人每月专项附加扣除为2 000元，没有其他专项附加扣除金额依法确定的其他扣除。居民个人工资、薪金所得预扣预缴个人所得税的预扣率见表6—1。

[分析]

王某2019年1～12月工资、薪金所得应由公司预扣预缴的个人所得税如下。

1月个人所得税＝(30 000－5 000－5 550－2 000)×3%＝523.5(元)

2月个人所得税＝(30 000×2－5 000×2－5 550×2－2 000×2)×3%－523.5
＝523.5(元)

3月个人所得税＝(30 000×3－5 000×3－5 550×3－2 000×3)×10%－2 520－523.5
－523.5
＝1 668(元)

4月个人所得税＝(30 000×4－5 000×4－5 550×4－2 000×4)×10%－2 520－523.5
－523.5－1 668
＝1 745(元)

5月个人所得税＝(30 000×5－5 000×5－5 550×5－2 000×5)×10%－2 520－523.5
－523.5－1 668－1 745
＝1 745(元)

6月个人所得税＝(30 000×6－5 000×6－5 550×6－2 000×6)×10%－2 520－523.5
－523.5－1 668－1 745－1 745
＝1 745(元)

7月个人所得税＝(30 000×7－5 000×7－5 550×7－2 000×7)×10%－2 520－523.5
－523.5－1 668－1 745－1 745－1 745
＝1 745(元)

8月个人所得税＝(30 000×8－5 000×8－5 550×8－2 000×8)×10%－2 520－523.5
－523.5－1 668－1 745－1 745－1 745－1 745
＝1 745(元)

9月个人所得税＝(30 000×9－5 000×9－5 550×9－2 000×9)×20%－16 920－523.5
－523.5－1 668－1 745－1 745－1 745－1 745－1 745
＝ 3 050(元)

10月个人所得税＝(30 000×10－5 000×10－5 550×10－2 000×10)×20%－16 920

$-523.5-523.5-1\ 668-1\ 745-1\ 745-1\ 745-1\ 745-1\ 745-3\ 050$

$=3\ 490$(元)

11 月个人所得税$=(30\ 000\times11-5\ 000\times11-5\ 550\times11-2\ 000\times11)\times20\%-16\ 920-523.5$

$-523.5-1\ 668-1\ 745-1\ 745-1\ 745-1\ 745-1\ 745-3\ 050-3\ 490$

$=3\ 490$(元)

12 月个人所得税$=(30\ 000\times12-500\times12-5\ 550\times12-2\ 000\times12)\times20\%-16\ 920$

$-523.5-523.5-1\ 668-1\ 745-1\ 745-1\ 745-1\ 745-1\ 745$

$-3\ 050-3\ 490-3\ 490$

$=3\ 490$(元)

1～12 月个人所得税合计$=523.5+523.5+1\ 668+1\ 745+1\ 745+1\ 745+1\ 745+1\ 745$

$+3\ 050+3\ 490+3\ 490+3\ 490$

$=24\ 960$(元)

②扣缴义务人向居民个人支付劳务报酬所得、稿酬所得、特许权使用费所得预扣预缴个人所得税的计算

扣缴义务人向居民个人支付劳务报酬所得、稿酬所得、特许权使用费所得，按次或者按月预扣预缴个人所得税。具体预扣预缴方法如下：

劳务报酬所得、稿酬所得、特许权使用费所得以收入减除费用后的余额为收入额。其中，稿酬所得的收入额减按 70%计算。

劳务报酬所得、稿酬所得、特许权使用费所得每次收入不超过 4 000 元的，减除费用按 800 元计算；每次收入 4 000 元以上的，减除费用按 20%计算。

【注意】劳务报酬所得、稿酬所得、特许权使用费所得，属于一次性收入的，以取得该项收入为一次；属于同一项目连续性收入的，以一个月内取得的收入为一次。

劳务报酬所得、稿酬所得、特许权使用费所得，以每次收入额为预扣预缴应纳税所得额。劳务报酬所得适用 20%至 40%的超额累进预扣率(按表 6—2 执行)，稿酬所得、特许权使用费所得适用 20%的比例预扣率，其中应纳税所得额不足 4 000 元的，适用 800 元扣除额。

劳务报酬所得应预扣预缴税额＝预扣预缴应纳税所得额×预扣率－速算扣除数

稿酬所得、特许权使用费所得应预扣预缴税额＝预扣预缴应纳税所得额×20%

例 6.2　接例 6.1，居民个人王某 2019 年 3 月从兼职单位取得一次性劳务报酬收入 40 000 元，6 月从出版社取得一次性稿酬收入 12 000 元，10 月转让专利权取得一次性特许权使用费收入 3 000 元。上述收入均为税前收入，且来源于中国境内。假设不考虑增值税等因素。分别计算王某的劳务报酬所得、稿酬所得、特许权使用费所得应纳个人所得税税额。

[分析]

王某的劳务报酬所得应由公司预扣预缴的个人所得税$=40\ 000\times(1-20\%)\times30\%$

$-2\ 000$

$=7\ 600$(元)

王某的稿酬所得应由出版社预扣预缴的个人所得税$=12\ 000\times(1-20\%)\times70\%\times20\%$

$=1\ 344$(元)

王某的特许权使用费所得应由公司预扣预缴的个人所得税$=(3\ 000-800)\times20\%$

$=440$(元)

(2)居民个人综合所得汇算清缴个人所得税的计算

取得综合所得需要办理汇算清缴的情形包括:

①从两处以上取得综合所得,且综合所得年收入额减除专项扣除的余额超过 6 万元。

②取得劳务报酬所得、稿酬所得、特许权使用费所得中一项或者多项所得,且综合所得年收入额减除专项扣除的余额超过 6 万元。

③纳税年度内预缴税额低于应纳税额。

④纳税人申请退税。

自 2019 年 1 月 1 日起,居民个人的综合所得(工资、薪金所得,劳务报酬所得,稿酬所得,特许权使用费所得),以每一纳税年度的收入额减除费用 60 000 元以及专项扣除、专项附加扣除和依法确定的其他扣除后的余额,为应纳税所得额。

居民个人的综合所得适用七级超额累进税率,其应纳税额的计算公式为:

应纳税额=应纳税所得额×适用税率−速算扣除数

=(每一纳税年度的收入额−60 000−专项扣除、专项附加扣除和依法确定的其他扣除)×适用税率−速算扣除数

=[工资、薪金收入额+劳务报酬收入×(1−20%)+稿酬收入×(1−20%)×70%+特许权使用费收入×(1−20%)−60 000−专项扣除、专项附加扣除和依法确定的其他扣除]×适用税率−速算扣除数

其中,适用税率和速算扣除数按表 6—3 执行。

【注意】劳务报酬所得、稿酬所得、特许权使用费所得以收入减除 20%的费用后的余额为收入额,稿酬所得的收入额减按 70%计算。

专项扣除包括居民个人按照国家规定的范围和标准缴纳的基本养老保险、基本医疗保险、失业保险等(基本)社会保险费和住房公积金等。

专项附加扣除包括子女教育专项附加扣除、继续教育专项附加扣除、大病医疗专项附加扣除、住房贷款利息或住房租金专项附加扣除以及赡养老人专项附加扣除。

依法确定的其他扣除包括个人缴付符合国家规定的企业年金、职业年金,个人购买符合国家规定的商业健康保险、税收递延型商业养老保险的支出,以及国务院规定可以扣除的其他项目。

【注意】专项扣除、专项附加扣除和依法确定的其他扣除,以居民个人一个纳税年度的应纳税所得额为限额,一个纳税年度扣除不完的,不结转以后年度扣除。

例 6.3 接例 6.1 和例 6.2,居民个人王某次年 3 月 1 日至 6 月 30 日内办理汇算清缴。计算王某次年 3 月 1 日至 6 月 30 日内汇算清缴应补缴(或申请退回)的个人所得税。

[分析]

王某的综合所得应纳税所得额=30 000×12+40 000×(1−20%)+12 000×(1−20%)×70%+3 000×(1−20%)−60 000−5 550×12−2 000×12

=250 520(元)

本年王某的综合所得应纳个人所得税额=250 520×20%−16 920=33 184(元)

本年相关单位预扣预缴个人所得税合计=24 960+7 600+1 344+440=34 344(元)

因此次年 3 月 1 日至 6 月 30 日内汇算清缴时,

王某应申请退回个人所得税=34 344－33 184=1 160(元)

6.2.2 非居民个人应纳税额的计算

扣缴义务人向非居民个人支付工资、薪金所得，劳务报酬所得，稿酬所得和特许权使用费所得时，应当按以下方法按月或者按次代扣代缴个人所得税：

非居民个人的工资、薪金所得，以每月收入额减除费用5 000元后的余额为应纳税所得额，劳务报酬所得、稿酬所得、特许权使用费所得，以每次收入额为应纳税所得额，适用按月换算后的非居民个人月度税率表(按表6－4执行)计算应纳税额。其中，劳务报酬所得、稿酬所得、特许权使用费所得以收入减除20%的费用后的余额为收入额。稿酬所得的收入额减按70%计算。

非居民个人的工资、薪金所得适用七级超额累进税率，其应纳税额的计算公式为：

应纳个人所得税=月应纳税所得额×适用税率－速算扣除数

=(每月工资、薪金收入额－5 000)×适用税率－速算扣除数

非居民个人的劳务报酬所得适用七级超额累进税率，其应纳税额的计算公式为：

应纳个人所得税=月应纳税所得额×适用税率－速算扣除数

=每次收入额×适用税率－速算扣除数

=劳务报酬收入×(1－20%)×适用税率－速算扣除数

非居民个人的稿酬所得适用七级超额累进税率，其应纳税额的计算公式为：

应纳个人所得税=月应纳税所得额×适用税率－速算扣除数

=每次收入额×适用税率－速算扣除数

=稿酬收入×(1－20%)×70%×适用税率－速算扣除数

非居民个人的特许权使用费所得适用七级超额累进税率，其应纳税额的计算公式为：

应纳个人所得税=月应纳税所得额×适用税率－速算扣除数

=每次收入额×适用税率－速算扣除数

=特许权使用费收入×(1－20%)×适用税率－速算扣除数

非居民个人取得工资、薪金所得，劳务报酬所得，稿酬所得以及特许权使用费所得，有扣缴义务人的，由扣缴义务人按月或者按次代扣代缴税款，不办理汇算清缴。

例6.4 2021年1月，非居民个人乔治取得一次性劳务报酬收入15 000元，取得一次性稿酬所得收入8 000元，取得一次性特许权使用费收入3 000元。上述收入均为税前收入，均来源于中国境内，且不享受免税优惠政策。假设不考虑增值税等因素。计算乔治2019年1月的应纳个人所得税。

[分析]

乔治2021年1月劳务报酬所得的应纳税所得额=15 000×(1－20%)=12 000(元)

乔治2021年1月劳务报酬所得的应纳个人所得税=12 000×20%－1 410=990(元)

乔治2021年1月稿酬所得应纳税所得额=8 000×(1－20%)×70%=4 480(元)

乔治2021年1月稿酬所得的应纳个人所得税=4 480×10%－210=238(元)

乔治2021年1月特许权使用费所得应纳税所得额=3 000×(1－20%)=2 400(元)

乔治2021年1月特许权使用费所得的应纳个人所得税=2 400×3%=72(元)

6.2.3 经营所得应纳税额的计算

经营所得应纳税额是指以每一纳税年度的收入总额减除成本、费用以及损失后的余额，为应纳税所得额。

经营所得个人所得税的计算公式为：

应纳税额＝应纳税所得额×适用税率－速算扣除数

＝(全年收入总额－成本、费用、损失)×适用税率－速算扣除数

适用税率、速算扣除数按照税率表6—5执行。

全年收入总额是指个体工商户从事生产经营以及与生产经营有关的活动中取得的货币形式和非货币形式的各项收入，为收入总额，包括销售货物收入、提供劳务收入、转让财产收入、利息收入、租金收入、接受捐赠收入、其他收入。

成本、费用是指生产、经营活动中发生的各项直接支出和分配计入成本的间接费用以及销售费用、管理费用、财务费用；损失是指生产、经营活动中发生的固定资产和存货的盘亏、毁损、报废损失，转让财产损失，坏账损失，自然灾害等不可抗力因素造成的损失以及其他损失。

取得经营所得的个人，没有综合所得的，计算其每一纳税年度的应纳税所得额时，应当减除费用6万元、专项扣除、专项附加扣除以及依法确定的其他扣除。专项附加扣除在办理汇算清缴时减除。

【注意】 纳税人取得经营所得，按年计算个人所得税，由纳税人在月度或者季度终了后15日内向税务机关报送纳税申报表，并预缴税款；在取得所得的次年3月31日前办理汇算清缴。

6.2.4 财产租赁所得应纳税额的计算

财产租赁所得按次计税，以一个月取得的收入为一次。财产租赁所得以每次取得的收入减除规定费用后的余额为应纳税所得额。

上述所指的规定费用包括税法规定的费用标准、财产租赁过程中缴纳的税费和由纳税人负担的出租财产实际开支的修缮费。由纳税人负担的该出租财产实际开支的修缮费，每次以800元为限。一次扣除不完的，准予在下一次继续扣除，直到扣完为止。

同时应注意上述费用按下列顺序依次扣除：

(1)财产租赁过程中缴纳的税费。

(2)由纳税人负担的出租财产实际开支的修缮费。

(3)税法规定的费用扣除标准。此项标准为：每次收入不超过4 000元的，减除费用为800元；4 000元以上的，减除费用为收入额的20%。

财产租赁所得应纳税所得额的计算公式如下：

(1)每次(月)收入不超过4 000元的：

应纳税所得额＝每次(月)收入额－准予扣除项目－修缮费用(800元为限)－800(费用额)

(2)每次(月)收入超过4 000元的：

应纳税所得额＝[每次(月)收入额－准予扣除项目－修缮费用(800元为限)]×(1－20%)

例6.5 李某将一店面出租给他人使用，在出租前李某应承租人的要求将房屋进行了装修，共花去装修费用1 500元。经双方协议，每月房租为2 000元。计算李某在出租后的3个月应纳个人所得税的税额。

[分析]

①出租后的第一个月应纳个人所得税

应纳税额=(2 000−800−800)×20%=80(元)

②出租后的第二个月应纳个人所得税

应纳税额=(2 000−700−800)×20%=100(元)

③出租后的第三个月应纳个人所得税

应纳税额=(2 000−800)×20%=240(元)

注:该例中未考虑财产租赁中的税金及附加。

6.2.5　财产转让所得应纳税额的计算

财产转让所得以转让财产的收入减除财产原值和合理费用后的余额为应纳税所得额。其计算公式如下:

应纳税所得额=每次收入额−财产原值−合理费用

上式所指的财产原值,对有价证券为买入价以及买入时按照规定缴纳的有关费用;对建筑物为建造费用或购进价格以及其他有关费用;对土地使用权为取得土地使用权所支付的金额、开发土地的费用以及其他有关费用;对机器设备、车船为购进价格、运输费、安装费以及其他有关费用;其他财产参照上述方法确定。纳税人未提供完整、准确的财产原值凭证,不能正确计算财产原值的,由主管税务机关核定其财产原值。上式所指的合理费用,是指卖出财产的过程中按规定支付的有关费用。

例 6.6　王某建造房屋一栋,造价为 40 000 元,支付有关费用 3 000 元。该人 2019 年 5 月将此房屋转让,转让价为 120 000 元,在卖房过程中按规定支付各项费用合计 5 000 元。计算王某应缴纳的个人所得税税额。

[分析]

应纳税所得额=120 000−(40 000+3 000)−5 000=72 000(元)

应纳税额=72 000×20%=14 400(元)

6.2.6　利息、股息、红利所得和偶然所得应纳税额的计算

利息、股息、红利所得和偶然所得按次纳税。利息、股息、红利所得以支付利息、股息、红利时取得的收入为一次;偶然所得以每次取得的收入为一次。

上述所得均应以每次收入额为应纳税所得额,不做任何费用扣除。其计算公式如下:

应纳税额=每次收入额×20%

例 6.7　中国公民陈某 2019 年取得公司股权分红 20 000 元,购买了某企业债券获得利息 1 500 元。计算王某应纳个人所得税税额。

[分析]

应纳税额=(20 000+1 500)×20%=4 300(元)

个人取得的下列中奖所得,暂免征收个人所得税:

(1)单张有奖发票奖金所得不超过 800 元(含 800 元)的,暂免征收个人所得税;个人取得单张有奖发票奖金所得超过 800 元的,应全额按照税法规定的"偶然所得"项目征收个人所得税。

(2)购买社会福利有奖募捐奖券、体育彩票一次中奖收入不超过10 000元的暂免征收个人所得税;对一次中奖收入超过10 000元的,应按税法规定全额征税。

【练一练】 中国公民叶某2020年4月19日购买体育彩票中奖80 000元。请计算叶某应缴纳的个人所得税税额。

6.2.7 几种特殊情况下个人所得税应纳税额的计算

(1)全年一次性奖金及其他奖金应纳税额的计算

全年一次性奖金是指行政机关、企事业单位等扣缴义务人根据全年的经济效益和对雇员全年的工作业绩的综合考核情况,向雇员发放的一次性奖金。一次性奖金也包括年终加薪、实行年薪制和绩效工资办法的单位根据考核情况兑现的年薪和绩效工资。

根据财政部、税务总局发布的《关于延续实施全年一次性奖金等个人所得税优惠政策的公告》(财政部 税务总局公告2021年第42号)规定,居民个人在2022年1月1日至2023年12月31日取得全年一次性奖金,可以继续选择享受单独计税的优惠政策。

如选择暂不并入当年综合所得,以全年一次性奖金收入除以12个月得到的数额,按照按月换算后的综合所得税率表(按表6—4执行),确定适用税率和速算扣除数,单独计算纳税。计算公式为:

应纳税额=全年一次性奖金收入×适用税率—速算扣除数

居民个人取得全年一次性奖金,也可以选择并入当年综合所得计算纳税。

自2024年1月1日起,居民个人取得全年一次性奖金,应并入当年综合所得计算缴纳个人所得税。

雇员取得除全年一次性奖金以外的其他各种名目的奖金,如半年奖、季度奖、加班奖和先进奖等,一律与当月工资、薪金收入合并,按税法规定缴纳个人所得税。

例6.8 中国公民陈某2021年12月取得全年一次性奖金48 000元(税前奖金),陈某选择该全年一次性奖金不并入当年综合所得计算缴纳个人所得税。计算陈某2021年12月全年一次性奖金的应纳个人所得税。

[分析]

48 000÷12= 4 000(元)

查表可知适用税率为10%,速算扣除数为210。

陈某本年12月全年一次性奖金的应纳个人所得税=48 000×10%—210

=4 590(元)

(2)对公益救济性捐赠支出的扣除

个人通过中华人民共和国境内公益性社会组织、县级以上人民政府及其部门等国家机关,捐赠教育、扶贫、济困等公益慈善事业,发生的公益捐赠支出,可按照个人所得税法有关规定在计算应纳税所得额时扣除。境内公益性社会组织包括依法设立或登记并按规定条件和程序取得公益性捐赠税前扣除资格的慈善组织、其他社会组织和群众团体。

对于个人发生的公益捐赠支出金额,捐赠货币性资产的,按照实际捐赠金额确定;捐赠股权、房产的,按照个人持有股权、房产的财产原值确定;捐赠除股权、房产以外的其他非货币性资产的,按照非货币性资产的市场价格确定。居民个人发生的公益捐赠支出,在综合所得、经营所得中扣除的,扣除限额分别为当年综合所得、当年经营所得应纳税所得额的30%;在分类所得中扣除的，扣除限额为当月分类所得应纳税所得额的30%。

捐赠扣除限额＝申报的应纳税所得额×30%

个人可根据情况自行决定在综合所得、分类所得、经营所得中扣除公益捐赠支出的顺序。对于在当期一个所得项目扣除不完的公益捐赠支出，还可按规定在其他所得项目中继续扣除。

例6.9　中国公民付某于2020年2月取得福利彩票中奖所得200 000元，他当场拿出80 000元通过国家机关对贫困山区进行捐赠，假定付某本年无其他纳税事项。计算付某当月的应纳个人所得税。

[分析]

(1)计算应纳税所得额＝200 000(元)

(2)计算捐赠扣除限额，确定扣除额。

捐赠扣除限额＝200 000×30%＝60 000(元)

80 000＞60 000，只能扣除60 000元。

(3)计算应纳税额＝(200 000－60 000)×20%＝28 000(元)

(3)两个或两个以上的个人共同取得同一项收入的个人所得税的计算

两个或两个以上的纳税义务人共同取得同一项所得的(如共同撰写一部著作而取得稿酬所得)，对每个人分得的收入分别按照税法规定减除费用，分别计算各自应纳的税款。

例如，夫妇两人共同取得一项所得，可以按照税法的有关规定，对两人分得的收入分别减除费用，分别计征各人应纳的个人所得税。

(4)境外所得已纳税款抵免的计算

下列所得为来源于中国境外的所得：

①因任职、受雇、履约等在中国境外提供劳务取得的所得。

②中国境外企业以及其他组织支付且负担的稿酬所得。

③许可各种特许权在中国境外使用而取得的所得。

④在中国境外从事生产、经营活动而取得的与生产、经营活动相关的所得。

⑤从中国境外企业、其他组织以及非居民个人取得的利息、股息、红利所得。

⑥将财产出租给承租人在中国境外使用而取得的所得。

⑦转让中国境外的不动产、权益性资产以及其他资产所得。

⑧中国境外企业、其他组织以及非居民个人支付且负担的偶然所得。

⑨财政部税务总局另有规定的所得。

居民个人从中国境内和境外取得的综合所得、经营所得，应当分别合并计算应纳税额；从中国境内和境外取得的其他所得，应当分别单独计算应纳税额。

居民个人从中国境外取得的所得，可以从其应纳税额中抵免已在境外缴纳的个人所得税额，但抵免额不得超过该纳税人境外所得按照我国《个人所得税法》规定计算的应纳税额。

已在境外缴纳的个人所得税税额，是指居民个人来源于中国境外的所得，依照该所得来源国家或者地区的法律应当缴纳并且实际已经缴纳的所得税额；依照个人所得税法规定计算的应纳税额，是居民个人境外所得已纳境外个人所得税的抵免限额。除国务院财政、税务主管部门另有规定外，来源于一国(地区)抵免限额为来源于该国的综合所得抵免限额、经营所得抵免限额、其他所得项目抵免限额之和。其中：

来源于一国(地区)综合所得的抵免限额＝中国境内、境外综合所得依照个人所得税法和

个人所得税法实施条例计算的综合所得应纳税总额×来源于该国(地区)的综合所得收入额÷中国境内、境外综合所得收入总额

来源于一国(地区)经营所得抵免限额=中国境内、境外经营所得依照个人所得税法和个人所得税法实施条例计算的经营所得应纳税额总额×来源于该国(地区)的经营所得的应纳税所得额÷中国境内、境外经营所得的应纳税所得额

来源于一国(地区)其他所得项目抵免限额=源于该国(地区)的其他所得项目依照个人所得税法和个人所得税法实施条例计算的应纳税额

纳税人从中国境外一个国家(或地区)实际已缴纳的个人所得税税额,低于依照上述办法计算的该国(或地区)扣除限额的,应在我国补缴差额部分的税款;超过该国(或地区)扣除限额的,其超过部分不得在本纳税年度的应纳税额中扣除,但可在以后纳税年度该国(或地区)扣除限额的余额中补扣,但补扣期最长不得超过 5 年。

例 6.10 中国公民高某 2019 年度从 A 国取得彩票收入 50 000 元,高某在 A 国已经缴纳个人所得税 6 000 元,其在 A 国没有其他收入。计算高某在 A 国取得的彩票收入在我国应当补缴的个人所得税。

[分析]

高某偶然所得个人所得税扣除限额=50 000×20%=10 000(元)

高某在我国应补缴个人所得税=10 000-6 000=4 000(元)

6.3 个人所得税纳税申报

6.3.1 自行申报纳税

自行申报纳税是指由纳税人自行在税法规定的纳税期限内向税务机关申报取得的应税所得项目和数额,如实填写个人所得税纳税申报表,并按照税法规定计算应纳税额,据此缴纳个人所得税的一种方法。

(1)自行申报的范围

有以下情形之一的,纳税人应当依法办理纳税申报:

①取得综合所得需要办理汇算清缴的。

②取得经营所得的。

③取得应税所得,扣缴义务人未扣缴税款的。

④取得境外所得的。

⑤因移居境外注销中国户籍的。

⑥非居民个人在中国境内从两处以上取得工资、薪金所得的。

⑦国务院规定的其他情形。

取得综合所得且符合下列情形之一的纳税人,应当依法办理汇算清缴:

①从两处以上取得综合所得,且综合所得年收入额减除专项扣除后的余额超过 6 万元。

②取得劳务报酬所得、稿酬所得、特许权使用费所得中一项或者多项所得,且综合所得年收入额减除专项扣除的余额超过 6 万元。

③纳税年度内预缴税额低于应纳税额。

④纳税人申请退税。

个体工商户业主、个人独资企业投资人、合伙企业个人合伙人、承包承租经营者个人以及其他从事生产、经营活动的个人取得经营所得,包括以下情形:

①个体工商户从事生产、经营活动取得的所得,个人独资企业投资人、合伙企业的个人合伙人来源于境内注册的个人独资企业、合伙企业生产、经营的所得。

②个人依法从事办学、医疗、咨询以及其他有偿服务活动取得的所得。

③个人对企业、事业单位承包经营、承租经营以及转包、转租取得的所得。

④个人从事其他生产、经营活动取得的所得。

(2)自行申报地点及其他要求

①需要办理汇算清缴的纳税人,应当在取得所得的次年3月1日至6月30日内向任职、受雇单位所在地主管税务机关办理纳税申报,并报送《个人所得税年度自行纳税申报表》。纳税人有两处以上任职、受雇单位的,选择向其中一处任职、受雇单位所在地主管税务机关办理纳税申报;纳税人没有任职、受雇单位的,向户籍所在地或经常居住地主管税务机关办理纳税申报。

②纳税人取得经营所得,按年计算个人所得税,由纳税人在月度或季度终了后15日内,向经营管理所在地主管税务机关办理预缴纳税申报,并报送《个人所得税经营所得纳税申报表(A表)》。在取得所得的次年3月31日前,向经营管理所在地主管税务机关办理汇算清缴,并报送《个人所得税经营所得纳税申报表(B表)》;从两处以上取得经营所得的,选择向其中一处经营管理所在地主管税务机关办理年度汇总申报,并报送《个人所得税经营所得纳税申报表(C表)》。

③纳税人取得应税所得,扣缴义务人未扣缴税款的,应当区别以下情形办理纳税申报:

a. 居民个人取得综合所得的,视同需要办理汇算清缴的纳税人。

b. 非居民个人取得工资、薪金所得,劳务报酬所得,稿酬所得,特许权使用费所得的,应当在取得所得的次年6月30日前,向扣缴义务人所在地主管税务机关办理纳税申报,并报送《个人所得税自行纳税申报表(A表)》。有两个以上扣缴义务人均未扣缴税款的,选择向其中一处扣缴义务人所在地主管税务机关办理纳税申报。非居民个人在次年6月30日前离境(临时离境除外)的,应当在离境前办理纳税申报。

c. 纳税人取得利息、股息、红利所得,财产租赁所得,财产转让所得和偶然所得的,应当在取得所得的次年6月30日前按相关规定向主管税务机关办理纳税申报,并报送《个人所得税自行纳税申报表(A表)》。税务机关通知限期缴纳的,纳税人应当按照期限缴纳税款。

④居民个人从中国境外取得所得的,应当在取得所得的次年3月1日至6月30日内,向中国境内任职、受雇单位所在地主管税务机关办理纳税申报;在中国境内没有任职、受雇单位的,向户籍所在地或中国境内经常居住地主管税务机关办理纳税申报;户籍所在地与中国境内经常居住地不一致的,选择其中一地主管税务机关办理纳税申报;在中国境内没有户籍的,向中国境内经常居住地主管税务机关办理纳税申报。

⑤纳税人因移居境外注销中国户籍的,应当在申请注销中国户籍前向户籍所在地主管税务机关办理纳税申报,进行税款清算。

a. 纳税人在注销户籍年度取得综合所得的,应当在注销户籍前办理当年综合所得的汇算清缴,并报送《个人所得税年度自行纳税申报表》。尚未办理上一年度综合所得汇算清缴的,应当在办理注销户籍纳税申报时一并办理。

b. 纳税人在注销户籍年度取得经营所得的,应当在注销户籍前办理当年经营所得的汇算清缴,并报送《个人所得税经营所得纳税申报表(B表)》。从两处以上取得经营所得的,还应当一并报送《个人所得税经营所得纳税申报表(C表)》。尚未办理上一年度经营所得汇算清缴的,应当在办理注销户籍纳税申报时一并办理。

c. 纳税人在注销户籍当年取得利息、股息、红利所得,财产租赁所得,财产转让所得和偶然所得的,应当在注销户籍前申报当年上述所得的完税情况,并报送《个人所得税自行纳税申报表(A表)》。

d. 纳税人有未缴或者少缴税款的,应当在注销户籍前结清欠缴或未缴的税款。纳税人存在分期缴税且未缴纳完毕的,应当在注销户籍前结清尚未缴纳的税款。

e. 纳税人办理注销户籍纳税申报时需要办理专项附加扣除、依法确定的其他扣除的,应当向税务机关报送《个人所得税专项附加扣除信息表》《商业健康保险税前扣除情况明细表》《个人税收递延型商业养老保险税前扣除情况明细表》等。

⑥非居民个人在中国境内从两处以上取得工资、薪金所得的,应当在取得所得的次月15日内向其中一处任职、受雇单位所在地主管税务机关办理纳税申报,并报送《个人所得税自行纳税申报表(A表)》。

(3)自行申报期限

居民个人取得综合所得,按年计算个人所得税;有扣缴义务人的,由扣缴义务人按月或者按次预扣预缴税款;需要办理汇算清缴的,应当在取得所得的次年3月1日至6月30日内办理汇算清缴。预扣预缴办法由国务院税务主管部门制定。

纳税人取得经营所得,按年计算个人所得税,由纳税人在月度或者季度终了后15日内向税务机关报送纳税申报表,并预缴税款;在取得所得的次年3月31日前办理汇算清缴。

纳税人取得应税所得没有扣缴义务人的,应当在取得所得的次月15日内向税务机关报送纳税申报表,并缴纳税款。

(4)个人所得税自行纳税申报

纳税人自行申报个人所得税时,根据不同情况应当分别填报《个人所得税自行纳税申报表(A表)》《个人所得税年度自行纳税申报表》《个人所得税经营所得纳税申报表(A表)(B表)(C表)》等。

6.3.2 代扣代缴

扣缴义务人应当依法办理全员全额扣缴申报。全员全额扣缴申报,是指扣缴义务人应当在代扣税款的次月15日内向主管税务机关报送其支付所得的所有个人的有关信息、支付所得数额、扣除事项和数额、扣缴税款的具体数额和总额以及其他相关涉税信息资料。

(1)个人所得税代扣代缴的范围

实行个人所得税全员全额扣缴申报的应税所得包括:

①工资、薪金所得。

②劳务报酬所得。

③稿酬所得。

④特许权使用费所得。

⑤利息、股息、红利所得。

⑥财产租赁所得。

⑦财产转让所得。

⑧偶然所得。

(2)代扣代缴期限

扣缴义务人每月或者每次预扣、代扣的税款，应当在次月 15 日内缴入国库，并向税务机关报送《个人所得税扣缴申报表》。

(3)个人所得税代扣代缴的纳税申报

扣缴义务人代扣代缴个人所得税时，应当填报《个人所得税基础信息表(A 表)(B 表)》《个人所得税扣缴申报表》。

6.3.3 个人所得税纳税申报表

根据个人所得税分项征税的需要，国家税务总局共设置了 8 种纳税申报表。其中，表 6—6 至表 6—10 为纳税义务人纳税申报表，表 6—11 至表 6—13 为扣缴义务人纳税申报表。

表 6—6　　个人所得税自行纳税申报表(A 表)

税款所属期：　　年　月　日至　　年　月　日

纳税人姓名：

纳税人识别号：□□□□□□□□□□□□□□□□□□□□□□□□　　　　金额单位：人民币元(列至角分)

<table>
<tr><td colspan="2">自行申报情形</td><td colspan="11">□居民个人取得应税所得，扣缴义务人未扣缴税款
□非居民个人取得应税所得，扣缴义务人未扣缴税款
□非居民个人在中国境内从两处以上取得工资、薪金所得
□其他________</td><td colspan="2">是否为非居民个人</td><td>□是
□否</td><td colspan="2">非居民个人本年度境内居住天数</td><td colspan="5">□不超过 90 天
□超过 90 天不超过 183 天</td></tr>
<tr><td rowspan="2">序号</td><td rowspan="2">所得项目</td><td colspan="3">收入额计算</td><td rowspan="2">减除费用</td><td colspan="4">专项扣除</td><td colspan="3">其他扣除</td><td rowspan="2">减按计税比例</td><td rowspan="2">准予扣除的捐赠额</td><td colspan="7">税款计算</td><td rowspan="2">备注</td></tr>
<tr><td>收入</td><td>费用</td><td>免税收入</td><td>基本养老保险费</td><td>基本医疗保险费</td><td>失业保险费</td><td>住房公积金</td><td>财产原值</td><td>允许扣除的税费</td><td>其他</td><td>应纳税所得额</td><td>税率</td><td>速算扣除数</td><td>应纳税额</td><td>减免税额</td><td>已缴税额</td><td>应补/退税额</td></tr>
<tr><td>1</td><td>2</td><td>3</td><td>4</td><td>5</td><td>6</td><td>7</td><td>8</td><td>9</td><td>10</td><td>11</td><td>12</td><td>13</td><td>14</td><td>15</td><td>16</td><td>17</td><td>18</td><td>19</td><td>20</td><td>21</td><td>22</td><td>23</td></tr>
<tr><td></td><td></td><td></td><td></td><td></td><td></td><td></td><td></td><td></td><td></td><td></td><td></td><td></td><td></td><td></td><td></td><td></td><td></td><td></td><td></td><td></td><td></td><td></td></tr>
<tr><td></td><td></td><td></td><td></td><td></td><td></td><td></td><td></td><td></td><td></td><td></td><td></td><td></td><td></td><td></td><td></td><td></td><td></td><td></td><td></td><td></td><td></td><td></td></tr>
<tr><td></td><td></td><td></td><td></td><td></td><td></td><td></td><td></td><td></td><td></td><td></td><td></td><td></td><td></td><td></td><td></td><td></td><td></td><td></td><td></td><td></td><td></td><td></td></tr>
<tr><td></td><td></td><td></td><td></td><td></td><td></td><td></td><td></td><td></td><td></td><td></td><td></td><td></td><td></td><td></td><td></td><td></td><td></td><td></td><td></td><td></td><td></td><td></td></tr>
<tr><td></td><td></td><td></td><td></td><td></td><td></td><td></td><td></td><td></td><td></td><td></td><td></td><td></td><td></td><td></td><td></td><td></td><td></td><td></td><td></td><td></td><td></td><td></td></tr>
<tr><td></td><td></td><td></td><td></td><td></td><td></td><td></td><td></td><td></td><td></td><td></td><td></td><td></td><td></td><td></td><td></td><td></td><td></td><td></td><td></td><td></td><td></td><td></td></tr>
<tr><td></td><td></td><td></td><td></td><td></td><td></td><td></td><td></td><td></td><td></td><td></td><td></td><td></td><td></td><td></td><td></td><td></td><td></td><td></td><td></td><td></td><td></td><td></td></tr>
<tr><td colspan="23">谨声明：本表是根据国家税收法律法规及相关规定填报的，是真实的、可靠的、完整的。

纳税人签字：

年　月　日</td></tr>
<tr><td colspan="12">经办人签字：
经办人身份证件号码：
代理机构签章：
代理机构统一社会信用代码：</td><td colspan="11">受理人：

受理税务机关(章)：
受理日期：　　年　月　日</td></tr>
</table>

国家税务总局监制

表 6—7 个人所得税年度自行纳税申报表

税款所属期： 年 月 日至 年 月 日

纳税人姓名：

纳税人识别号：□□□□□□□□□□□□□□□□□□□□ 金额单位：人民币元(列至角分)

项目	行次	金额
一、收入合计(1=2+3+4+5)	1	
(一)工资、薪金所得	2	
(二)劳务报酬所得	3	
(三)稿酬所得	4	
(四)特许权使用费所得	5	
二、费用合计	6	
三、免税收入合计	7	
四、减除费用	8	
五、专项扣除合计(9=10+11+12+13)	9	
(一)基本养老保险费	10	
(二)基本医疗保险费	11	
(三)失业保险费	12	
(四)住房公积金	13	
六、专项附加扣除合计(14=15+16+17+18+19+20)	14	
(一)子女教育	15	
(二)继续教育	16	
(三)大病医疗	17	
(四)住房贷款利息	18	
(五)住房租金	19	
(六)赡养老人	20	
七、其他扣除合计(21=22+23+24+25+26)	21	
(一)年金	22	
(二)商业健康保险	23	
(三)税延养老保险	24	
(四)允许扣除的税费	25	
(五)其他	26	
八、准予扣除的捐赠额	27	
九、应纳税所得额(28=1−6−7−8−9−14−21−27)	28	
十、税率(%)	29	
十一、速算扣除数	30	
十二、应纳税额(31=28×29−30)	31	
十三、减免税额	32	
十四、已缴税额	33	
十五、应补/退税额(34=31−32−33)	34	

无住所个人附报信息			
在华停留天数		已在华停留年数	

谨声明：本表是根据国家税收法律法规及相关规定填报的，是真实的、可靠的、完整的。

纳税人签字： 年 月 日

经办人签字： 经办人身份证件号码： 代理机构签章： 代理机构统一社会信用代码：	受理人： 受理税务机关(章)： 受理日期： 年 月 日

国家税务总局监制

表 6—8　　个人所得税经营所得纳税申报表（A 表）

税款所属期：　　年　月　日至　　年　月　日

纳税人姓名：

纳税人识别号：□□□□□□□□□□□□□□□□□□□□□□□　　金额单位：人民币元（列至角分）

被投资单位信息	名称		纳税人识别号（统一社会信用代码）	
征收方式	□查账征收（据实预缴）　□查账征收（按上年应纳税所得额预缴） □核定应税所得率征收　□核定应纳税所得额征收 □税务机关认可的其他方式______			

项　目	行　次	金额/比例
一、收入总额	1	
二、成本费用	2	
三、利润总额（3＝1－2）	3	
四、弥补以前年度亏损	4	
五、应税所得率（%）	5	
六、合伙企业个人合伙人分配比例（%）	6	
七、允许扣除的个人费用及其他扣除（7＝8＋9＋14）	7	
（一）投资者减除费用	8	
（二）专项扣除（9＝10＋11＋12＋13）	9	
1. 基本养老保险费	10	
2. 基本医疗保险费	11	
3. 失业保险费	12	
4. 住房公积金	13	
（三）依法确定的其他扣除（14＝15＋16＋17）	14	
1.	15	
2.	16	
3.	17	
八、应纳税所得额	18	
九、税率（%）	19	
十、速算扣除数	20	
十一、应纳税额（21＝18×19－20）	21	
十二、减免税额（附报《个人所得税减免税事项报告表》）	22	
十三、已缴税额	23	
十四、应补/退税额（24＝21－22－23）	24	

谨声明：本表是根据国家税收法律法规及相关规定填报的，是真实的、可靠的、完整的。

纳税人签字：　　年　　月　　日

经办人： 经办人身份证件号码： 代理机构签章： 代理机构统一社会信用代码：	受理人： 受理税务机关（章）： 受理日期：　　年　　月　　日

国家税务总局监制

表 6－9　　个人所得税经营所得纳税申报表(B 表)

税款所属期：　　年　月　日至　　年　月　日

纳税人姓名：

纳税人识别号：□□□□□□□□□□□□□□□□□□□□　　金额单位：人民币元(列至角分)

被投资单位信息	名称		纳税人识别号(统一社会信用代码)	

项　目	行　次	金额/比例
一、收入总额	1	
其中：国债利息收入	2	
二、成本费用(3＝4＋5＋6＋7＋8＋9＋10)	3	
(一)营业成本	4	
(二)营业费用	5	
(三)管理费用	6	
(四)财务费用	7	
(五)税金	8	
(六)损失	9	
(七)其他支出	10	
三、利润总额(11＝1－2－3)	11	
四、纳税调整增加额(12＝13＋27)	12	
(一)超过规定标准的扣除项目金额(13＝14＋15＋16＋17＋18＋19＋20＋21＋22＋23＋24＋25＋26)	13	
1. 职工福利费	14	
2. 职工教育经费	15	
3. 工会经费	16	
4. 利息支出	17	
5. 业务招待费	18	
6. 广告费和业务宣传费	19	
7. 教育和公益事业捐赠	20	
8. 住房公积金	21	
9. 社会保险费	22	
10. 折旧费用	23	
11. 无形资产摊销	24	
12. 资产损失	25	
13. 其他	26	
(二)不允许扣除的项目金额(27＝28＋29＋30＋31＋32＋33＋34＋35＋36)	27	
1. 个人所得税税款	28	
2. 税收滞纳金	29	

续表

3. 罚金、罚款和被没收财物的损失	30	
4. 不符合扣除规定的捐赠支出	31	
5. 赞助支出	32	
6. 用于个人和家庭的支出	33	
7. 与取得生产经营收入无关的其他支出	34	
8. 投资者工资、薪金支出	35	
9. 其他不允许扣除的支出	36	
五、纳税调整减少额	37	
六、纳税调整后所得(38＝11＋12－37)	38	
七、弥补以前年度亏损	39	
八、合伙企业个人合伙人分配比例(％)	40	
九、允许扣除的个人费用及其他扣除(41＝42＋43＋48＋55)	41	
(一)投资者减除费用	42	
(二)专项扣除(43＝44＋45＋46＋47)	43	
1. 基本养老保险费	44	
2. 基本医疗保险费	45	
3. 失业保险费	46	
4. 住房公积金	47	
(三)专项附加扣除(48＝49＋50＋51＋52＋53＋54)	48	
1. 子女教育	49	
2. 继续教育	50	
3. 大病医疗	51	
4. 住房贷款利息	52	
5. 住房租金	53	
6. 赡养老人	54	
(四)依法确定的其他扣除(55＝56＋57＋58＋59)	55	
1. 商业健康保险	56	
2. 税延养老保险	57	
3.	58	
4.	59	
十、投资抵扣	60	
十一、准予扣除的个人捐赠支出	61	
十二、应纳税所得额(62＝38－39－41－60－61)或[62＝(38－39)×40－41－60－61]	62	

续表

十三、税率(%)	63	
十四、速算扣除数	64	
十五、应纳税额(65=62×63-64)	65	
十六、减免税额(附报《个人所得税减免税事项报告表》)	66	
十七、已缴税额	67	
十八、应补/退税额(68=65-66-67)	68	
谨声明:本表是根据国家税收法律法规及相关规定填报的,是真实的、可靠的、完整的。 纳税人签字:　　年　月　日		
经办人: 经办人身份证件号码: 代理机构签章: 代理机构统一社会信用代码:	受理人: 受理税务机关(章): 受理日期:　　年　月　日	

国家税务总局监制

表 6-10　　个人所得税经营所得纳税申报表(C 表)

税款所属期:　　年　月　日至　　年　月　日

纳税人姓名:

纳税人识别号:□□□□□□□□□□□□□□□□□□□□□　　金额单位:人民币元(列至角分)

				单位名称	纳税人识别号(统一社会信用代码)	投资者应纳税所得额
被投资单位信息	汇总地					
	非汇总地	1				
		2				
		3				
		4				
		5				

项　目	行次	金额/比例
一、投资者应纳税所得额合计	1	
二、应调整的个人费用及其他扣除(2=3+4+5+6)	2	
(一)投资者减除费用	3	
(二)专项扣除	4	
(三)专项附加扣除	5	
(四)依法确定的其他扣除	6	
三、应调整的其他项目	7	
四、调整后应纳税所得额(8=1+2+7)	8	
五、税率(%)	9	
六、速算扣除数	10	

续表

七、应纳税额（11＝8×9－10）	11	
八、减免税额（附报《个人所得税减免税事项报告表》）	12	
九、已缴税额	13	
十、应补/退税额（14＝11－12－13）	14	

谨声明：本表是根据国家税收法律法规及相关规定填报的，是真实的、可靠的、完整的。

纳税人签字：　　年　月　日

经办人： 经办人身份证件号码： 代理机构签章： 代理机构统一社会信用代码：	受理人： 受理税务机关（章）： 受理日期：　　年　月　日

国家税务总局监制

表6－11　　**个人所得税基础信息表（A表）**

（适用于扣缴义务人填报）

扣缴义务人名称：

扣缴义务人纳税人识别号（统一社会信用代码）：□□□□□□□□□□□□□□□□□□

序号	纳税人基本信息（带*必填）						任职受雇从业信息					联系方式					银行账户		投资信息		其他信息		华侨、港澳台、外籍个人信息（带*必填）					备注
	纳税人识别号	*纳税人姓名	*身份证件类型	*身份证件号码	*出生日期	*国籍/地区	类型	职务	学历	任职受雇从业日期	离职日期	手机号码	户籍所在地	经常居住地	联系地址	电子邮箱	开户银行	银行账号	投资额(元)	投资比例	是否残疾/孤老/烈属	残疾/烈属证号	*出生地	*性别	*首次入境时间	*预计离境时间	*涉税事由	
1	2	3	4	5	6	7	8	9	10	11	12	13	14	15	16	17	18	19	20	21	22	23	24	25	26	27	28	29

谨声明：本表是根据国家税收法律法规及相关规定填报的，是真实的、可靠的、完整的。

纳税人签字：　　年　月　日

经办人签字： 经办人身份证件号码： 代理机构签章： 代理机构统一社会信用代码：	受理人： 受理税务机关（章）： 受理日期：　　年　月　日

国家税务总局监制

表 6—12　　　　个人所得税基础信息表(B 表)

(适用于自然人填报)

纳税人识别号:□□□□□□□□□□□□□□□□□□□□□

<table>
<tr><td colspan="8">基本信息(带 * 必填)</td></tr>
<tr><td rowspan="4">基本信息</td><td>* 纳税人姓名</td><td>中文名</td><td></td><td>英文名</td><td colspan="3"></td></tr>
<tr><td rowspan="2">* 身份证件</td><td>证件类型一</td><td></td><td>证件号码</td><td colspan="3"></td></tr>
<tr><td>证件类型二</td><td></td><td>证件号码</td><td colspan="3"></td></tr>
<tr><td>* 国籍/地区</td><td colspan="2"></td><td>* 出生日期</td><td colspan="3">年　月　日</td></tr>
<tr><td rowspan="4">联系方式</td><td>户籍所在地</td><td colspan="6">省(区、市)市区(县)街道(乡、镇)__________</td></tr>
<tr><td>经常居住地</td><td colspan="6">省(区、市)市区(县)街道(乡、镇)__________</td></tr>
<tr><td>联系地址</td><td colspan="6">省(区、市)市区(县)街道(乡、镇)__________</td></tr>
<tr><td>* 手机号码</td><td colspan="2"></td><td>电子邮箱</td><td colspan="3"></td></tr>
<tr><td rowspan="3">其他信息</td><td>开户银行</td><td colspan="2"></td><td>银行账号</td><td colspan="3"></td></tr>
<tr><td>学历</td><td colspan="6">□研究生　□大学本科　□大学本科以下</td></tr>
<tr><td>特殊情形</td><td colspan="6">□残疾证号__________　□烈属证号__________　□孤老</td></tr>
<tr><td colspan="8">任职受雇从业信息</td></tr>
<tr><td rowspan="3">任职受雇从业单位一</td><td>名　称</td><td colspan="2"></td><td>国家/地区</td><td colspan="3"></td></tr>
<tr><td>纳税人识别号(统一社会信用代码)</td><td colspan="2"></td><td>任职受雇从业日期</td><td>年　月</td><td>离职日期</td><td>年　月</td></tr>
<tr><td>类　型</td><td colspan="2">□雇员　□保险营销员
□证券经纪人　□其他</td><td>职　务</td><td colspan="3">□高层　□其他</td></tr>
<tr><td rowspan="3">任职受雇从业单位二</td><td>名　称</td><td colspan="2"></td><td>国家/地区</td><td colspan="3"></td></tr>
<tr><td>纳税人识别号(统一社会信用代码)</td><td colspan="2"></td><td>任职受雇从业日期</td><td>年　月</td><td>离职日期</td><td>年　月</td></tr>
<tr><td>类　型</td><td colspan="2">□雇员　□保险营销员
□证券经纪人　□其他</td><td>职　务</td><td colspan="3">□高层　□其他</td></tr>
<tr><td colspan="8">该栏仅由投资者纳税人填写</td></tr>
<tr><td rowspan="2">被投资单位一</td><td>名　称</td><td colspan="2"></td><td>国家/地区</td><td colspan="3"></td></tr>
<tr><td>纳税人识别号(统一社会信用代码)</td><td colspan="2"></td><td>投资额(元)</td><td></td><td>投资比例</td><td></td></tr>
<tr><td rowspan="2">被投资单位二</td><td>名　称</td><td colspan="2"></td><td>国家/地区</td><td colspan="3"></td></tr>
<tr><td>纳税人识别号(统一社会信用代码)</td><td colspan="2"></td><td>投资额(元)</td><td></td><td>投资比例</td><td></td></tr>
</table>

续表

该栏仅由华侨、港澳台、外籍个人填写（带 * 必填）			
* 出生地		* 首次入境时间	年　月　日
* 性　别		* 预计离境时间	年　月　日
* 涉税事由	□任职受雇　□提供临时劳务　□转让财产　□从事投资和经营活动　□其他		
谨声明：本表是根据国家税收法律法规及相关规定填报的，是真实的、可靠的、完整的。 纳税人（签字）：　年　月　日			
经办人签字： 经办人身份证件号码： 代理机构签章： 代理机构统一社会信用代码：		受理人： 受理税务机关（章）： 受理日期：　年　月　日	

国家税务总局监制

表 6－13　　**扣缴义务人纳税申报表**

税款所属期：　　年　月　日至　　年　月　日

扣缴义务人名称：

扣缴义务人纳税人识别号（统一社会信用代码）：□□□□□□□□□□□□□□□□□□

金额单位：人民币元（列至角分）

							本月（次）情况														累计情况（工资、薪金）											税款计算							
							收入额计算				专项扣除				其他扣除									累计专项附加扣除															
序号	姓名	身份证件类型	身份证件号码	纳税人识别号	是否为非居民个人	所得项目	收入	费用	免税收入	减除费用	基本养老保险费	基本医疗保险费	失业保险费	住房公积金	年金	商业健康保险	税延养老保险	财产原值	允许扣除的税费	其他	累计收入额	累计减除费用	累计专项扣除	子女教育	赡养老人	住房贷款利息	住房租金	继续教育	累计其他扣除	减按计税比例	准予扣除的捐赠额	应纳税所得额	税率/预扣率	速算扣除数	应纳税额	减免税额	已扣缴税额	应补(退)税额	备注
1	2	3	4	5	6	7	8	9	10	11	12	13	14	15	16	17	18	19	20	21	22	23	24	25	26	27	28	29	30	31	32	33	34	35	36	37	38	39	40
合　计																																							
谨声明：本扣缴申报表是根据国家税收法律法规及相关规定填报的，是真实的、可靠的、完整的。 扣缴义务人（签章）：　年　月　日																																							
代理机构签章： 代理机构统一社会信用代码： 经办人签字： 经办人身份证件号码：																				受理人： 受理税务机关（章）： 受理日期：　年　月　日																			

国家税务总局监制

6.4　个人所得税的会计核算

6.4.1　个体工商户生产经营所得个人所得税的会计核算

对采用自行申报缴纳个人所得税的纳税人，除实行查账征收的个体工商户外，一般不需要进行会计核算。实行查账征收的个体工商户，其应缴纳的个人所得税，应在“应交税费”账户下设置“应交个人所得税”明细账户，核算企业预缴和应缴的个人所得税，以及年终汇算清缴个人所得税的补交和退回情况。企业按月预缴个人所得税时，借记“应交税费——应交个人所得税”账户，贷记“银行存款”等账户；年度终了，计算出全年实际应缴的个人所得税时，借记“留存利润” 账户，贷记“应交税费——应交个人所得税”账户，“应交税费——应交个人所得税”明细账户的贷方金额大于借方金额的差额，为应补缴的差额。

例 6.11 某个体企业经主管税务机关核定，按上年度实际应交个人所得税金额确定各月预缴个人所得税金额。已知上年应交个人所得税金额为 8 400 元。2019 年全年经营收入 500 000 元，生产经营成本、费用总额为 400 000 元，计算其全年应纳的个人所得税，并编制会计分录。

[分析]

各月应预缴个人所得税＝8 400÷12＝700(元)

全年应纳税所得额＝500 000－400 000＝100 000(元)

全年应纳税额＝100 000×20%－10 500＝9 500(元)

应补缴个人所得税＝9 500－700×12＝1 100(元)

会计分录如下：

(1)每月预缴个人所得税时：

借：应交税费——应交个人所得税　　700

　贷：银行存款　　700

(2)年终汇算清缴，确定全年应交个人所得税时：

借：留存利润　　9 500

　贷：应交税费——应交个人所得税　　9 500

(3)补缴个人所得税时：

借：应交税费——应交个人所得税　　1 100

　贷：银行存款　　1 100

6.4.2 代扣代缴个人所得税的会计核算

现行会计制度虽然未对代扣税款核算做出规定，但在实际工作中，一般在“其他应交款”总账下设置“应交代扣代缴个人所得税”明细账进行核算。同时，根据所代扣税款的具体项目不同，将代扣的税额在“应付工资”“应付账款”和“其他应付款”等账户中核算。

企业在支付应税项目并代扣个人所得税税款时，借记“应付职工薪酬”和“应付账款”等账户，贷记“其他应交款——应交代扣代缴个人所得税”账户；实际缴纳个人所得税税款时，借记“其他应交款——应交代扣代缴个人所得税”账户，贷记“银行存款”账户。

例 6.12 某企业按月发放职工工资时，代扣代缴职工李某个人所得税 230 元，请编制会计分录。

该企业应编制如下分录：

借：应付职工薪酬　　230

　贷：其他应交款——应交代扣代缴个人所得税　　230

按规定期限上缴税款时：

借：其他应交款——应交代扣代缴个人所得税　　230

　贷：银行存款　　230

本章小结

个人所得税是对自然人征收的一种所得税，具有直接税的性质。个人所得税的纳税人分为居民个人和非居民个人，分别承担不同的纳税义务。我国个人所得税实行分项征收制，共有 9 个项目。为了适应分项征收制，各项目的适用税率、费用扣除标准及税额的计算方法各不相同。个人所得税的申报方式有自行申报和代扣代缴两种。会计核算上，除个体工商户、个人独资企业和合伙企业外，企业只有在代扣代缴个人所得税时才涉及个人所得税的会计处理。

本章重点

纳税人身份的判定、征税范围和税率、不同税目的费用扣除标准、应纳税额的计算、减免税优惠、境外所得已纳税款的扣除、纳税办法。

本章难点

费用扣除中有关“次”的规定、应纳税所得额的确定、应纳税额计算的特殊问题。

基本概念

个人所得税　居民个人　非居民个人　习惯性居住地和临时离境

复习思考题

1. 如何区分居民个人和非居民个人？
2. 简述个人所得税的征收范围和征收对象。
3. 比较和分析个人所得税不同项目的适用税率。
4. 比较和分析计算个人所得税不同项目应纳税所得额的费用扣除规定。
5. 个人所得税哪些项目是按“次”征收的？如何确定“次”？
6. 简述个体工商户个人所得税的会计处理。

第7章 其他税种会计

学习目标

了解其他税种的相关概念；
理解其他税种的基本法律规定；
掌握其他税种应纳税额的计算及会计核算；
掌握其他税种的纳税申报；
了解城市维护建设税、资源税、土地增值税、城镇土地使用税、房产税、车船税和车辆购置税、印花税和契税等税种。

思政案例

小税种也有大作为

从全国各省情况来看，构成地方财政收入中税收收入部分的资源税、城市维护建设税、房产税、印花税、城镇土地使用税、土地增值税、车船税、契税等地方小税种，虽与增值税和所得税等主体税种相比规模偏小，但其收入名副其实地成为地方财政收入的重要来源。

小税种也有大作为。近日，宁波继峰汽车零部件股份有限公司财务人员方玲霞高兴地说："各项税收减税降费的政策为我们带来了实打实的优惠，单单印花税一项，就省下了70万元税款。"原来，继峰汽车因2019年收购同业公司德国Grammer增资38亿元，根据相关税收优惠政策，2020年1月份申报税款时减免了70万元营业账簿印花税。近年来，国家税务局不折不扣落实落细各项减税降费政策，为企业送去真金白银的实惠。值得一提的是，在这场旨在用财政收入"减法"换取企业效益"加法"以及市场活力"乘法"的减税降费"盛宴"上，例如，城镇土地使用税、印花税、城市维护建设税和车船税等各类小税种也发挥着重要作用。

资料来源：http://www.blnews.com.cn。

7.1 城市维护建设税会计

7.1.1 城市维护建设税概述

城市维护建设税（简称城建税）是国家对缴纳增值税、消费税（简称两税）的单位和个人以其实际缴纳的两税税额为计税依据而征收的一种税。现行城建税基本法规是2020年8月通过的《中华人民共和国城市维护建设税法》，该法自2021年9月1日起施行。

增值税、消费税是对商品和劳务征税，其征税范围基本上包括我国境内所有经营行为的单位和个人。城市维护建设税以增值税税额、消费税税额作为税基，从这个意义上看，城市维护建设税几乎是对所有纳税人征税，因此，它的征收范围比其他任何税种的征收范围都要广。因为我国政府将城市维护建设税收入与当地城市建设直接挂钩，税收收入越多，城镇建设资金就越充裕，城镇建设发展就越快，这样就可以充分调动地方政府的积极性，使其关心城市维护建设税收入，加强城市维护建设税的征收管理。

【小知识】中华人民共和国成立以来，我国城市维护建设在不同时期都取得了较好的成绩，但国家在城市建设方面一直资金不足。1979年以前，我国用于城市维护建设的资金来源于当时的工商税附加、城市公用事业附加和国家下拨城市维护费。1979年，国家开始在部分大中城市试行从上年工商利润中提取5%用于城市建设维护的办法，但未能从根本上解决问题。1981年，国务院在批转财政部关于改革工商税制的设想中提出："根据城市建设的需要，开征城市维护建设税，作为县以上城市和工矿区市政建设的专项资金。"1985年2月8日，国务院颁布了《中华人民共和国城市维护建设税暂行条例》，并于1985年1月1日在全国范围内施行。2020年8月11日第十三届全国人民代表大会常务委员会第二十次会议通过《中华人民共和国城市维护建设税法》，该法自2021年9月1日起施行，《中华人民共和国城市维护建设税暂行条例》同时废止。

(1)城市维护建设税的含义及特点

城市维护建设税是对从事工商经营，缴纳增值税、消费税的单位和个人征收的一种税。

城市维护建设税的特点：

①属于一种附加税；

②根据城镇规模设计地区差别比例税率；

③征收范围较广。

(2)纳税人及征税范围

①城市维护建设税的纳税人是在中华人民共和国境内缴纳增值税、消费税的单位和个人。

【提示1】个体商贩及个人在集市上出售商品，对其征收临时经营的增值税，是否同时按其实缴税额征收城市维护建设税，由各省、自治区、直辖市人民政府根据实际情况确定。

【提示2】自2010年12月1日起，对外商投资企业和外国企业及外籍个人开始征收城市维护建设税。

②城市维护建设税征收的区域范围包括城市市区、县城、建制镇以及税法规定征收增值税、消费税的其他地区。

(3)税率

地区差别比例税率共分三档，具体如表7—1所示。

表7—1　　城市维护建设税税率表

纳税人所在地区	税　率
市区	7%
县城、镇	5%
不在市区、县城或者镇	1%

纳税人所在地,是指纳税人住所地或者与纳税人生产经营活动相关的其他地点,具体地点由省、自治区、直辖市确定。

【提示】城市维护建设税税率有特殊规定(见表7—2)。

表7—2　　城市维护建设税税率的特殊规定

具体特殊情况	适用税率及规定
由受托方代收、代扣"两税"的	以扣缴义务人所在地税率计算代收、代扣城建税
流动经营无固定纳税地点	缴纳"两税"所在地规定的税率
纳税人跨地区提供建筑服务、销售和出租不动产	在建筑服务发生地、不动产所在地预缴增值税时,按预缴地城建税税率就地计算缴纳城建税和教育费附加

(4)税收优惠

①海关对进口产品代征增值税、消费税的,不征收城市维护建设税。

②由于"两税"减免而发生的退税,同时退还已纳的城市维护建设税;但对出口产品退还增值税、消费税的,不退还已缴纳的城市维护建设税;经税务局审批的当期免抵的增值税税额应纳入附加税、费计征范围。

③对新办的商贸企业(从事批发、批零兼营以及其他非零售业务的商贸企业除外),当年新招用下岗失业人员达到职工总数30%以上(含30%),并与其签订1年以上期限劳动合同的,经劳动保障部门认定、税务机关审核,3年内免征城市维护建设税。

④对下岗失业人员、自谋职业的城镇退役士兵从事个体经营(除建筑业、娱乐业以及广告业、桑拿、按摩、网吧、氧吧外)的,自领取税务登记证之日起3年内免征城市维护建设税、教育费附加。

⑤为支持国家重大水利工程建设,对国家重大水利工程建设基金自2010年5月25日免征城市维护建设税。

⑥自2004年1月1日起,对为安置自谋职业的城镇退役士兵就业而新办的商业零售企业、服务型企业(除广告业、桑拿、按摩、网吧、氧吧外)当年新安置自谋职业的城镇退役士兵达到职工总数30%以上,并与其签订1年以上期限劳动合同的,经县以上民政部门认定、税务机关审核,3年内免征城市维护建设税。

⑦经中国人民银行依法决定撤销的金融机构及其分设于各地的分支机构(包括被依法撤销的商业银行、信托投资公司、财务公司、金融租赁公司、城市信用社和农村信用社),用其财产清偿债务时,免征被撤销金融机构转让货物、不动产、无形资产、有价证券、票据等应缴纳的城市维护建设税。

⑧对增值税、消费税"两税"实行先征后返、先征后退、即征即退办法的,除另有规定外,对随"两税"附征的城市维护建设税和教育费附加,一律不予退(返)还。

7.1.2　城市维护建设税应纳税额的计算及会计核算

(1)计税依据的确定

城建税的计税依据是纳税人实际缴纳的增值税、消费税税额。城建税计税依据包括和不包括的内容,如表7—3所示。

表7—3 城建税计税依据包括和不包括的内容

城建税计税依据包括的内容	城建税计税依据不包括的内容
(1)纳税人实际向税务机关缴纳的消费税、增值税税额 (2)纳税人被税务机关查补的消费税、增值税税额 (3)纳税人出口货物经批准免抵的增值税税额(出口不退,免抵要交)	(1)纳税人进口环节被海关代征的增值税、消费税税额 (2)除增值税、消费税外的其他税的税额 (3)非税款项(被加收的滞纳金和罚款等) (4)增值税期末留抵退税额

(2)应纳税额的计算

城建税应纳税额的计算公式为:

应纳税额=(实缴增值税税额+实缴消费税税额)×适用税率

(3)城市维护建设税的会计核算

企业核算城市维护建设税应设置“应交税费——应交城市维护建设税”科目。计提城建税时,借记“税金及附加”科目,贷记“应交税费——应交城市维护建设税”科目;缴纳城建税时,借记“应交税费——应交城市维护建设税”科目,贷记“银行存款”科目。

例7.1 地处某省城的甲汽车厂某月实际缴纳增值税275万元、消费税425万元。计算该汽车厂当月应纳城建税税额,并编制会计分录。

[分析]

应纳税额=(275+425)×7%=49(万元)

计提税金时,根据税额计算单,编制的会计分录为:

借:税金及附加　　490 000

　　贷:应交税费——应交城市维护建设税　　490 000

缴纳税款时,根据税收缴款书及付款凭证,编制的会计分录为:

借:应交税费——应交城市维护建设税　　490 000

　　贷:银行存款　　490 000

7.1.3 城市维护建设税纳税申报

城建税是一种附加税,因此纳税人缴纳“两税”的环节、地点和期限,同时也是城建税纳税的环节、地点和期限。城建税与“两税”同时申报,纳税人应按税法规定如实填写《城市维护建设税纳税申报表》(见表7—4)。

表7—4 城市维护建设税纳税申报表

纳税人识别号:　　金额单位:元(列至角分)

纳税人名称				税款所属时期	
计税依据	计税金额	税率(%)	应纳税额	已纳税额	应补(退)税额
1	2	3	4=2×3	5	6=4−5
增值税					
消费税					
合　计					
如纳税人填报,由纳税人填写以下各栏			如委托代理人填报,由代理人填写以下各栏		备　注

续表

<table>
<tr><td rowspan="3">会计主管
(签章)</td><td rowspan="3">纳税人(公章)</td><td>代理人名称</td><td></td><td rowspan="3">代理人
(签章)
电话</td><td rowspan="3"></td></tr>
<tr><td>代理人地址</td><td></td></tr>
<tr><td>经办人</td><td></td></tr>
<tr><td colspan="6">以下由税务机关填写</td></tr>
<tr><td>收到申报表日期</td><td colspan="3"></td><td>接收人</td><td></td></tr>
</table>

附:教育费附加。教育费附加对缴纳"两税"的单位和个人征收,以其实际缴纳的"两税"为计征依据,分别与"两税"同时缴纳。现行教育费附加的计征比率为3%。

【练一练】设在县城的某企业2021年10月实际缴纳增值税51万元、消费税15万元。另外,因违反税法规定被加收滞纳金和被处以罚款合计11万元。计算该企业当月应缴纳的城建税税额。

7.2 资源税会计

7.2.1 资源税概述

资源税是以部分自然资源为课税对象,对在我国境内(包括领域及管辖海域)开采应税矿产品及生产盐的单位和个人,就其应税产品销售额或销售数量为计税依据而征收的一种税。2018年12月23日,资源税法草案首次提请十三届全国人大常委会第七次会议审议,这意味着资源税暂行条例将上升为法律。2019年8月26日第十三届全国人民代表大会常务委员会第十二次会议通过了《中华人民共和国资源税法》,并于2020年9月1日起施行。

【小知识】

对资源占用行为课税不仅为当今许多国家广泛采用,而且具有十分悠久的历史。我国对资源占用课税的历史至少可以追溯到周代,当时的"山泽之赋"就是对伐木、采矿、捕鱼、煮盐等开发、利用自然资源的生产活动课征的赋税。此后,我国历代政府一直延续了对矿冶资源、盐业资源等自然资源的开发和利用课税的制度。在当今经济社会条件下,政府对资源占用行为课税的动机除基于财政原因之外,主要是为了运用税收经济杠杆调节纳税人的收入,为企业间开展公平竞争创造外部条件,并诱导纳税人节约、合理地开发和利用自然资源,以促进经济社会可持续发展。

(1)纳税人

在中华人民共和国领域及管辖海域开采应税产品的单位和个人为资源税的纳税人。

自2017年12月1日起,北京、天津、山西、内蒙古、河南、山东、四川、陕西、宁夏9个省(自治区、直辖市)纳入水资源税改革试点,由征收水资源费改为征收水资源税。直接取用地表水、地下水的单位和个人,包括直接从江河、湖泊(含水库)和地下取用水资源的单位和个人为水资源税的纳税人。

中外合作开采陆上、海上石油资源的企业依法缴纳资源税。

2011年11月1日前已依法订立中外合作开采陆上、海上石油资源合同的,在该合同有效期内继续缴纳矿区使用费,不缴纳资源税;合同期满后,依法缴纳资源税。

【提示1】进口不征,出口不退。

对在我国领域及管辖海域生产或开采应税产品的单位或个人征收，而对进口应税产品的单位或个人不征资源税。对出口应税产品也不退(免)已纳的资源税。

【提示2】一次性课征

对开采或生产应税产品进行销售或自用的单位和个人，在出厂销售或自用时一次性征收，而对已税产品批发、零售的单位和个人不再征收资源税。

(2)征税范围

对资源税的征税范围如表7—5所示。

表7—5　　资源税的征税范围

征税范围	具体规定	
	包括的范围	不包括的范围
原油	天然原油	人造石油
天然气	专门开采或与原油同时开采的天然气	
煤炭	原煤和以未税原煤加工的洗选煤	已税原煤加工的洗选煤、其他煤炭制品，不包括煤矸石
非金属矿	包括原矿、精矿，如石灰石、井矿盐、湖盐、地下卤水晒制的盐、煤层气、黏土、砂石等	
金属矿	钨矿、钼矿、金矿、铜矿、铝土矿、铅锌矿、镍矿、锡矿等的原矿或精矿	
海盐	氯化钠初级产品	
水资源	包括地表水和地下水。下列情形，不缴纳水资源税： (1)农村集体经济组织及其成员从本集体经济组织的水塘、水库中取用水 (2)家庭生活和零星散养、圈养畜禽饮用等少量取用水 (3)水利工程管理单位为配置或者调度水资源取水的 (4)为保障矿井等地下工程施工安全和生产安全必须进行临时应急取用(排)水 (5)为消除对公共安全或者公共利益的危害临时应急取水 (6)为农业抗旱和维护生态与环境必须临时应急取水	

【提示】对伴生矿、伴采矿、伴选矿和岩金矿的征税规定如表7—6所示。

表7—6　　对伴生矿、伴采矿、伴选矿和岩金矿的征税规定

矿产资源	特　点	征税规定
伴生矿	同一矿床内除主要矿种外，还含有可供工业利用的多种成分(同床同目)	征资源税，但以主产品矿石名称为应税品目
伴采矿	同一矿区内开采主产品伴采非主产品(同区异目)	征资源税
伴选矿	对矿石原矿中所含主产品进行选精矿的加工过程中，以精矿形式伴选出的副产品	—
岩金矿	原矿已缴纳过资源税，选冶后尾矿再利用	分别核算、堆放，已税尾矿不征(划分不清，征)

纳税人以自采原矿(经过采矿过程采出后未进行选矿或者加工的矿石)直接销售，或者自用于应当缴纳资源税情形的，按照原矿计征资源税。

纳税人以自采原矿洗选加工为选矿产品(通过破碎、切割、洗选、筛分、磨矿、分级、提纯、脱水、干燥等过程形成的产品，包括富集的精矿和研磨成粉、粒级成型、切割成型的原矿加工品)销售，或者将选矿产品自用于应当缴纳资源税情形的，按照选矿产品计征资源税，在原矿移送环节不缴纳资源税。对于无法区分原生岩石矿种的粒级成型砂石颗粒，按照砂石税目征收资源税。

(3)税率

资源税税率有定额税率和比例税率两种，即对各税目规定一个税额幅度，具体适用税额由财政部会同国务院有关部门，根据纳税人开采或生产应税产品的资源状况在规定的幅度内执行。资源税税目及税额幅度如表7—7至表7—9所示。

表7—7　　资源税税目及税率表(一)

矿产品	税率形式	具体标准	说　明
原油、天然气	比例税率	6%	主要采用比例税率从价计征
煤炭		2%～10%	
海盐		2%～5%	

表7—8　　资源税税目及税率表(二)

矿产品	税率形式	具体标准	说　明
金属、非金属	比例税率	1%～20%	主要采用比例税率从价计征
	固定税额	黏土、砂石原矿	对经营分散、多为现金交易且难以控管的黏土、砂石，按照便利征管原则，仍实行每吨或立方米0.1～5元从量定额计征资源税

【提示1】未列举名称的其他非金属矿产品(原矿或精矿)

按照从价计征为主、从量计征为辅的原则，对其中的部分矿产品实施每吨或立方米不超过30元的从量税。

【提示2】未列举名称的其他金属和非金属矿产品，由省级人民政府根据实际情况确定具体税目和适用税率，报财政部、国家税务总局备案。

表7—9　　资源税税目及税率表(三)

矿产品	税率形式	具体标准	说　明
水资源	固定税额	水力发电、火力发电取用水	(1)对取用地下水从高制定税额标准 (2)超采地区的地下水水资源税税额标准要高于非超采地区，严重超采地区的地下水水资源税税额标准要大幅高于非超采地区 (3)城镇公共供水管网覆盖范围内取用地下水的，水资源税税额标准要高于公共供水管网未覆盖地区，原则上要高于当地同类用途的城市供水价格 (4)对特种行业取用水，是指洗车、洗浴、高尔夫球场、滑雪场等取用水，从高制定税额标准 (5)对超计划或者超定额取用水，从高制定税额标准 (6)对超过规定限额的农业生产取用水，以及主要供农村人口生活用水的集中式饮水工程取用水，从低制定税额标准

【提示3】纳税人开采或者生产不同税目应税产品的，应当分别核算不同税目应税产品的销售额或者销售数量；未分别核算或者不能准确提供不同税目应税产品的销售额或者销售数量的，从高适用税率。

【提示4】纳税人开采或者生产同一税目下适用不同税率应税产品的，应当分别核算不同税率应税产品的销售额或者销售数量；未分别核算或者不能准确提供不同税率应税产品的销售额或者销售数量的，从高适用税率。

(4)税收优惠

税收优惠如表7—10所示。

表7—10　资源税税收优惠

免　税	(1)开采原油过程中用于加热、修井的原油免税 (2)油田范围内运输稠油过程中用于加热的原油、天然气，免征资源税 (3)规定限额内的农业生产取用水，免征水资源税 (4)取用污水处理再生水，免征水资源税 (5)除接入城镇公共供水管网以外，军队、武警部队通过其他方式取用水的，免征水资源税 (6)抽水蓄能发电取用水，免征水资源税 (7)采油排水经分离净化后在封闭管道回注的，免征水资源税
酌情减免(权限省级人民政府)	(1)纳税人开采或者生产应税产品过程中因意外事故或者自然灾害等原因遭受重大损失的 (2)对鼓励利用的低品位矿、废石、尾矿、废渣、废水、废气等提取的矿产品
有减征比例	(1)对稠油、高凝油和高含硫天然气资源税减征40% (2)油气田：三次采油、深水油气田减征30%；对低丰度油气田减征20% (3)煤炭：对衰竭期煤矿开采的煤炭，资源税减征30% (4)对依法在建筑物下、铁路下、水体下通过充填开采方式采出的矿产资源，资源税减征50% (5)自2018年4月1日至2023年3月31日，对页岩气资源税(按6%的规定税率)减征30% (6)2019年1月1日至2024年12月31日，各省、自治区、直辖市人民政府可根据本地区实际情况，以及宏观调控需要，对增值税小规模纳税人可以在50%的税额幅度内减征资源税

【提示】纳税人的减税、免税项目，应当单独核算销售额或者销售数量；未单独核算或者不能准确提供销售额或者销售数量的，不予减税或者免税。

7.2.2　资源税应纳税额的计算及会计核算

(1)计税依据

①销售额的确定(见表7—11)

表7—11　资源税销售额的确定

计税依据包含的因素	计税依据不包含的因素
全部价款和价外费用	(1)符合条件的运杂费 (2)增值税销项税额

【解释】对同时符合以下条件的运杂费用，纳税人在计算应税产品计税销售额时，可予以扣减：

①包含在应税产品销售收入中;

②属于纳税人销售应税产品环节发生的运杂费用,具体是指运送应税产品从坑口或者洗选(加工)地到车站、码头或者购买方指定地点的运杂费用;

③取得相关运杂费用发票或者其他合法有效凭据;

④将运杂费用与计税销售额分别进行核算。

【提示1】纳税人扣减的运杂费用明显偏高导致应税产品价格偏低且无正当理由的,主管税务机关可以合理调整计税价格。

【提示2】关联企业之间业务往来销售额的确定。

纳税人与其关联企业之间的业务往来,应当按照独立企业之间的业务往来收取或者支付价款、费用。不按照独立企业之间的业务往来收取或者支付价款、费用,而减少其计税销售额的,税务机关可以按照《税收征管法》及其实施细则的有关规定进行合理调整。

①视同销售包括以下情形:

A. 纳税人以自采原矿直接加工为非应税产品的,视同原矿销售;

B. 纳税人以自采原矿洗选(加工)后的精矿连续生产非应税产品的,视同精矿销售;

C. 以应税产品投资、分配、抵债、赠与、以物易物等,视同应税产品销售。

②纳税人有视同销售应税产品行为而无销售价格的,或者申报的应税产品销售价格明显偏低且无正当理由的,税务机关应按下列顺序确定其应税产品计税价格:

A. 按纳税人最近时期同类货物的平均销售价格确定。

B. 按其他纳税人最近时期销售同类货物的平均销售价格确定。

C. 按组成计税价格确定销售额:

$$组价=成本\times(1+成本利润率)\div(1-资源税税率)$$

【提示】 资源税属于价内税,组价原理同消费税。

D. 按后续加工非应税产品销售价格,减去后续加工环节的成本利润后确定。

E. 按其他合理方法确定。

②销售量的确定(见表7—12)

表7—12　**资源税销售额的确定**

具体情况	课税数量的确定
直接对外销售的	以实际销售数量为课税数量
自产自用的(包括用于非生产项目和生产非应税产品)	以视同销售的自用数量为课税数量
纳税人不能准确提供应税产品销售数量或移送使用数量的	以应税产品产量或主管税务机关确定折算比换算成的数量为课税数量
非金属矿产品原矿,无法准确掌握纳税人移送使用原矿数量的	可将其精矿按选矿比折算成原矿数量作为课税数量
水资源税	实际取用水量/实际发电量

③原矿销售额与精矿销售的换算或折算

为公平原矿与精矿之间的税负,对同一种应税产品,征税对象为精矿的,纳税人销售原矿时，应将原矿销售额换算为精矿销售额缴纳资源税；征税对象为原矿的，纳税人销售自采原矿加工的精矿，应将精矿销售额折算为原矿销售额缴纳资源税。

【提示】原矿和精矿的销售额或者销售量应当分别核算，未分别核算的，从高确定计税销售额或者销售数量。

④销售额的扣减（见表7—13）

【原理】资源税是一次课征。

表7—13　　资源税的扣减

<table>
<tr><th>具体情形</th><th colspan="2">计税规定</th></tr>
<tr><td rowspan="2">纳税人以自采未税产品和外购已税产品混合销售或者混合加工为应税产品销售的</td><td>单独核算</td><td>在计算应税产品计税销售额时，准予扣减已单独核算的已税产品购进金额</td></tr>
<tr><td>未单独核算</td><td>一并计算缴纳资源税</td></tr>
<tr><td>外购原矿或者精矿形态的已税产品与本产品征税对象不同的</td><td colspan="2">在计算应税产品计税销售额时应对混合销售额或者外购已税产品的购进金额进行换算或者折算</td></tr>
<tr><td colspan="3">【提示1】已税产品购进金额当期不足扣减的可结转下期扣减
【提示2】纳税人核算并扣减当期外购已税产品购进金额，应依据外购已税产品的增值税发票、海关进口增值税专用缴款书或者其他合法有效凭据</td></tr>
</table>

⑤煤炭资源税计税销售额

【注意】征税对象为原煤，若销售洗选煤，则销售额需要折算。

a. 原煤计税销售额

纳税人开采原煤直接对外销售的，以原煤销售额作为应税煤炭销售额计算缴纳资源税。

【提示】原煤销售额中不包含收取的增值税销项税额以及从坑口到车站、码头或购买方指定地点的运输费用、建设基金以及随运销产生的装卸、仓储、港杂等费用（与煤价分别核算并能提供相应的凭据）。

原煤应纳税额＝原煤销售额×适用税率

b. 洗选煤计税销售额——折算

洗选煤销售额包括洗选副产品的销售额，不包括洗选煤从洗选煤厂到车站、码头等的运输费用。

洗选煤计税销售额＝洗选煤销售额×折算率

⑥稀土、钨、钼资源税的计税依据

【注意】征税对象为精矿，若销售原矿，则销售额需要换算。

a. 精矿的计税销售额

纳税人将其开采的原矿加工为精矿销售的，按精矿销售额为计税依据计算缴纳资源税。

精矿销售额＝精矿销售量×单位价格

【提示】精矿销售额不包括从洗选厂到车站、码头或用户指定运达地点的运输费用。

b. 原矿的销售额

纳税人开采并销售原矿的，将原矿销售额（不含增值税）换算为精矿销售额计算缴纳资源税。

【提示】 原矿销售额不包括从矿区到车站、码头或用户指定运达地点的运输费用。

【换算】 原矿销售额与精矿销售额换算:成本法、市场法。

①成本法

精矿销售额=原矿销售额+原矿加工为精矿的成本×(1+成本利润率)

②市场法

精矿销售额=原矿销售额×换算比

其中:

换算比=同类精矿单位价格÷(原矿单位价格×选矿比)

选矿比=加工精矿耗用的原矿数量÷精矿数量

(2)应纳税额的计算

应纳税额的计算方法如表7—14所示。

表7—14　资源税应纳税额的计算

计税方法	计算公式	适用范围
从价定率征收	应纳税额=(不含增值税)销售额×税率	原油、天然气、煤炭、金属矿、非金属矿等
	应纳税额=原矿销售额×适用税率 或=精矿销售额×折算率×适用税率	以原矿为征税对象
	应纳税额=精矿销售额×适用税率 或=原矿销售额×换算比×适用税率	以精矿为征税对象
从量定额征收	应纳税额=课税数量×适用税额	黏土、砂石原矿
	应纳税额=实际取用水量×适用税额	一般取用水 【提示】疏干排水的实际取用水量按照排水量确定
	应纳税额=实际发电量×适用税额	水力发电和火力发电贯流式(不含循环式)冷却取用水

(3)资源税的会计核算

企业核算资源税应设置"应交税费——应交资源税"科目。具体账务处理规定如下:

①计提对外销售应税产品应缴纳的资源税,借记"税金及附加"科目,贷记"应交税费——应交资源税"科目。

②计提自产自用应税产品应缴纳的资源税,借记"生产成本""制造费用"等科目,贷记"应交税费——应交资源税"科目。

③纳税人按规定上缴资源税,借记"应交税费——应交资源税"科目,贷记"银行存款"科目。

④收购未税矿产品代扣代缴的资源税,借记"材料采购"等科目,贷记"应交税费——代扣代缴资源税"科目。

例7.2　某油田2021年12月份生产原油320 000吨,其中,对外销售原油220 000吨,企业自办炼油厂耗用50 000吨。企业同时生产天然气106 000千立方米,其中,对外销售100 000千立方米,自办炼油厂耗用5 000千立方米,取暖耗用1 000千立方米。该油田原油与天然气的资源税税率均为5%，税务机关核定该企业15日为一个纳税期，按上月税款的1/2预缴，下月10日内清缴税款。已知该油田11月份缴纳资源税22 800 000元，计算该油田12月份应纳的资源税税额，并编制相关会计分录。已知原油1吨=7.35桶，每桶不含税售价680元，天然气售价为每千立方米1 600元。

[分析]

(1)预缴资源税税额=22 800 000×1/2=11 400 000(元)

预缴资源税税款时，根据付款凭证及税款缴款书，编制的会计分录为：

借：应交税费——应交资源税　　11 400 000

　　贷：银行存款　　11 400 000

(2)计算全月应纳资源税税额：

①对外销售原油资源税应纳税额=220 000×7.35×680×5%=54 978 000(元)

自办炼油厂消耗原油资源税应纳税额=50 000×7.35×680×5%=12 495 000(元)

本月原油资源税应纳税总额=54 978 000+12 495 000=67 473 000(元)

根据税额计算单，编制的会计分录为：

借：税金及附加　　54 978 000

　　生产成本　　12 495 000

　　贷：应交税费——应交资源税　　67 473 000

②对外销售天然气资源税应纳税额=100 000×1 600×5%=8 000 000(元)

自产自用天然气资源税应纳税额=(5 000+1 000)×1 600×5%=480 000(元)

本月天然气资源税应纳税总额=8 000 000+480 000=8 480 000(元)

根据税额计算单，编制的会计分录为：

借：税金及附加　　8 000 000

　　生产成本　　400 000

　　制造费用(或管理费用)　　80 000

　　贷：应交税费——应交资源税　　8 480 000

③当月应补交税款=(67 473 000+8 480 000)-11 400 000=64 553 000(元)

下月10日内申报税额，清缴税款时，根据付款凭证及税款缴款书，编制的会计分录为：

借：应交税费——应交资源税　　64 553 000

　　贷：银行存款　　64 553 000

【练一练】某盐场2021年4月16日、28日分别购进液体盐20 000吨、30 000吨，每吨购进价格为200元(不含增值税、资源税)，当月全部耗用。4月份对外销售海盐原盐80 000吨。该盐场按月缴纳资源税，已知外购液体盐的单位税额为3元/吨，海盐原盐的单位税额为12元/吨。计算该盐场4月份应纳资源税税额，并编制会计分录(注意：增值税的计税依据应包含资源税)。

7.2.3 资源税纳税申报

(1)纳税义务的发生时间

①纳税人采取分期收款结算方式销售应税产品的，其纳税义务发生的时间为销售合同规定的收款日期的当天。

②纳税人采取预收货款结算方式销售应税产品的，其纳税义务发生的时间为发出应税产

品的当天。

③纳税人采取除分期收款和预收货款以外的其他结算方式销售应税产品的,其纳税义务发生的时间为收讫销售款或者取得索取销售款凭证的当天。

④纳税人自产自用应税产品的,其纳税义务发生的时间为移送使用应税产品的当天。

⑤扣缴义务人代扣代缴税款的,其纳税义务发生的时间为支付首笔货款或首次开具支付货款凭据的当天。

⑥水资源税的纳税义务发生的时间为纳税人取用水资源的当日。

(2)纳税期限

①按月或者按季申报缴纳的,应当自月度或者季度终了之日起15日内,向税务机关办理纳税申报并缴纳税款。

②不能按固定期限计算缴纳的,可以按次申报缴纳,应当自纳税义务发生之日起15日内,向税务机关办理纳税申报并缴纳税款。

③水资源税。

纳税人应当自纳税期满或者纳税义务发生之日起15日内申报纳税。

除农业生产用水外,水资源税按季或者按月征收,由主管税务机关根据实际情况确定。对超过规定限额的农业生产取用水水资源税可按年征收。不能按固定期限计算纳税的,可以按次申报纳税。

(3)纳税地点(见表7—15)

表7—15　　资源税纳税地点

情　形	纳税地点
(1)一般情况	向应税矿产品开采地或盐的生产所在地缴纳
(2)跨省开采资源税应税产品,其下属生产单位与核算单位不在同一省、自治区、直辖市的	对其开采或者生产的应税产品,一律在开采地或生产地纳税
(3)海洋原油、天然气资源税	向国家税务总局海洋石油税务管理机构缴纳

(4)纳税申报

资源税的纳税人不论本期是否发生应税行为,均应按期进行纳税申报。《资源税纳税申报表》如表7—16所示。

表7—16　　资源税纳税申报表

纳税人识别号(统一社会信用代码):□□□□□□□□□□□□□□□□□□□□

纳税人名称:　　　　金额单位:人民币元(列至角分)

税款所属期限:自　　年　　月　　日至　　年　　月　　日

本期是否适用增值税小规模纳税人减征政策(减免性质代码:06049901)						是□　否□		减征比例(%)		
税目	子目	计量单位	计税销售数量	计税销售额	适用税率	本期应纳税额	本期减免税额	本期增值税小规模纳税人减征额	本期已缴税额	本期应补(退)税额
1	2	3	4	5	6	7①=4×6 7②=5×6	8	9=(7−8)×减征比例	10	11=7−8−9−10

续表

本期是否适用增值税小规模纳税人减征政策(减免性质代码:06049901)					是□ 否□		减征比例(%)			
合 计		—			—					
谨声明:本纳税申报表是根据国家税收法律法规及相关规定填报的,是真实的、可靠的、完整的。 纳税人(签章): 年 月 日										
经办人:					受理人:					
经办人身份证号:					受理税务机关(章):					
代理机构签章:					受理日期: 年 月 日					
代理机构统一社会信用代码:										

7.3 土地增值税会计

7.3.1 土地增值税概述

土地增值税是对转让国有土地使用权、地上建筑物及其附着物(以下简称转让房地产)并取得收入的单位和个人,就其转让房地产所取得的增值额征收的一种税。征收土地增值税增强了政府对房地产开发和交易市场的调控,有利于抑制炒买炒卖土地获取暴利的行为,也增加了国家财政收入。

(1)纳税人

土地增值税的纳税义务人是转让国有土地使用权、地上建筑物及其附着物并取得收入的单位和个人。单位包括各类企业、事业单位、国家机关和社会团体及其他组织;个人包括个体经营者和其他个人。

【提示】不论自然人、法人;不论经济性质;不论内资与外资、中国公民与外籍个人;不论行业与部门,都是土地增值税的纳税人。

(2)征收范围

土地增值税的课税对象是有偿转让国有土地使用权及地上建筑物和其他附着物产权所取得的增值额。

①征税范围的一般规定

标准之一:只对转让国有土地使用权

A. 国有土地使用权征税;集体土地使用权不得自行买卖。

B. 土地出让,一级市场,不征税。

C. 土地转让,二级市场,征税。

标准之二:产权必须发生转移:土地增值税的征税范围不包括未转让土地使用权、房产产权的行为。

标准之三:强调房产转移要“有偿”:转让房地产是否取得收入(货币、实物及其他收入)。

②征税范围的具体规定。

土地增值税的征税范围如表7—17和表7—18所示。

表7—17 土地增值税的征税范围(一)

具体情形	征 税	不征税或免税
1. 出售	(1)出售土地使用权 (2)取得土地使用权后进行房屋开发建造后出售 (3)存量房地产买卖	出让国有土地的行为,不征;国家依法征用、收回房地产,免征
2. 继承、赠与	不征税情形之外的赠与	(1)房地产的继承,不征 (2)将房屋产权、土地使用权赠与直系亲属或承担直接赡养义务人的行为,不征 (3)通过中国境内非营利的社会团体、国家机关将房 屋产权、土地使用权赠与教育、民政和其他社会福利、公益事业的,不征
3. 房地产开发企业将开发的部分房地产转为企业自用或用于出租等商业用途	产权发生转移	产权未发生转移,不征
4. 房地产抵押	以房地产抵债而发生房地产权属转让	抵押期间,不征
5. 房地产交换	单位之间进行房地产交换	个人之间互换自有居住用房地产,经核实免征 对个人销售住房暂免征收土地增值税
6. 合作建房	建成后转让	建成后按比例分房自用,暂免征税

【提示1】以下涉及的房地产是国有土地使用权、地上的建筑物及其附着物的简称。

表7—18 土地增值税的征税范围(二)

具体情形	征 税	不征税或免税
7. 以房地产投资入股	房地产转移任意一方为房地产开发企业的情形	单位、个人在改制重组时以房地产作价入股进行投资,对其将房地产转移、变更到被投资的企业暂不征收(限于非房地产开发企业)
8. 整体改制		对改制前的企业将房地产转移、变更到改制后的企业,暂不征收(限于非房地产开发企业)。整体改制是指不改变原企业的投资主体,并承继原企业权利、义务的行为
9. 企业合并	原企业投资主体不存续或房地产开发企业	两个或两个以上企业合并为一个企业,且原企业投资主体存续的,对原企业将房地产转移、变更到合并后的企业,暂不征收(限于非房地产开发企业)

续表

具体情形	征　税	不征税或免税
10. 企业分立	与原企业投资主体不相同或房地产开发企业	企业分设为两个或两个以上与原企业投资主体相同的企业，对原企业将房地产转移、变更到分立后的企业，暂不征收（限于非房地产开发企业）

（3）税率

土地增值税实行四级超率累进税率，具体如表 7—19 所示。

表 7—19　　土地增值税税率表

级　次	增值额占扣除项目金额的比例	税率（%）	速算扣除系数（%）
1	50%（含）以下	30	0
2	50%～100%（含）	40	5
3	100%～200%（含）	50	15
4	200%以上	60	35

（4）税收优惠

①以下转让房屋项目，增值率未超过 20%的，免征土地增值税；超过 20%的，应就其全部增值额按规定计税：

A. 建造普通标准住宅出售

【提示】普通标准住宅必须同时满足以下条件。

a. 住宅小区建筑容积率在 1.0 以上；

b. 单套建筑面积在 120 平方米以下；

c. 实际成交价格低于同级别土地上住房平均交易价格 1.2 倍以下。

B. 转让旧房作为改造安置住房

C. 转让旧房作为公共租赁住房房源

②因国家建设需要免征土地增值税

a. 因国家建设需要依法征用、收回的房地产，免征土地增值税

b. 因城市实施规划、国家建设的需要而搬迁，由纳税人自行转让原房地产的，免征土 地增值税

③对个人销售住房暂免征收土地增值税（见表 7—20 所示）

表 7—20　　个人销售住房的相关税收规定

增值税	个人销售外购住房	普通住宅	非普通住宅	
	<2 年	不含税售价×5%	不含税售价×5%	
	≥2 年	免	北上广深：差价×5%	其他地区：免
	个人销售自建住房	免	免	
土地增值税		免	免	

④企业在改制重组中暂不征土地增值税(新增)

第一,对改制前的企业将国有土地使用权、地上的建筑物及其附着物(以下称房地产)转移、变更到改制后的企业。

第二,按照法律规定或者合同约定,两个或两个以上企业合并为一个企业,且原企业投资主体存续的,对原企业将房地产转移、变更到合并后的企业。

第三,按照法律规定或者合同约定,企业分设为两个或两个以上与原企业投资主体相同的企业,对原企业将房地产转移、变更到分立后的企业。

第四,单位、个人在改制重组时以房地产作价入股进行投资,对其将房地产转移、变更到被投资的企业。

【提示】以上不适用于房地产转移任意一方为房地产开发企业的情形。

7.3.2 土地增值税应纳税额的计算及会计核算

(1)计税依据的确定

土地增值税以纳税人转让房地产所取得的增值额为计税依据。

增值额是指纳税人转让房地产所取得的收入减去取得土地使用权时所支付的地价款、土地开发成本、地上建筑物成本及有关费用、销售税金等规定的扣除项目后的余额。其计算公式如下:

$$\text{增值额}=\text{转让房地产取得的收入(即应税收入)}-\text{扣除项目}$$

①应税收入的确定。

纳税人转让房地产取得的应税收入,包括转让房地产取得的全部价款以及有关的经济收益。

②扣除项目金额的确定。

新建房的扣除项目包括以下内容:

第一,取得土地使用权所支付的金额,包括纳税人为取得土地使用权所支付的地价款或出让金,以及按国家有关规定缴纳的相关费用。其中,地价款按下列规定确定:以协议、招标、拍卖等方式取得的,为纳税人实际支付的土地出让金;以行政划拨方式取得的,为按国家规定补缴的土地出让金;以有偿转让方式取得的,为向原土地使用权人实际支付的地价款金额。

第二,纳税人房地产开发项目实际发生的成本,包括土地征用及拆迁补偿费、前期工程费、建筑安装工程费、基础设施费、公共配套设施费和开发间接费等。

第三,开发费用,即与房地产开发项目有关的销售费用、管理费用和财务费用。根据土地增值法规定,房地产的开发费用,不按纳税人房地产开发项目实际发生的费用进行扣除,而应按以下规定执行:

A. 财务费用中的利息支出,凡能够按转让房地产项目计算分摊并提供金融机构证明的,允许据实扣除,但最高不能超过按商业银行同类、同期贷款利率计算的金额;其他房地产开发费用(指管理费用和销售费用),按取得土地使用权所支付的金额和房地产开发成本金额之和的5%以内计算扣除,可用下式表示:

$$\text{允许扣除的开发费用}=\text{利息}+\left(\begin{matrix}\text{取得土地使用权}\\\text{所支付的金额}\end{matrix}+\begin{matrix}\text{房地产}\\\text{开发成本}\end{matrix}\right)\times 5\%\text{以内}$$

B. 财务费用中的利息支出,凡不能按转让房地产项目计算分摊利息支出或不能提供金融机构证明的，房地产开发费用（指财务费用、管理费用和销售费用）按取得土地使用权所支付的金额和房地产开发成本之和的10%以内计算扣除，可用下式表示：

$$允许扣除的开发费用=\left(\begin{matrix}取得土地使用权\\所支付的金额\end{matrix}+\begin{matrix}房地产\\开发成本\end{matrix}\right)\times 10\%以内$$

上述计算扣除的具体比例，由各省、自治区、直辖市人民政府确定。

第四，与转让房地产有关的税金，是指在转让房地产时缴纳的城市维护建设税、印花税。因转让房地产缴纳的教育费附加，也可视同税金予以扣除。

房地产开发企业在转让时缴纳的印花税已列人管理费用中，故不允许再单独扣除。其他纳税人缴纳的印花税（按产权转移书据所载金额的0.5‰贴花）允许在此扣除。

第五，其他扣除项目。根据财政部的有关规定，对从事房地产开发的企业，还可按上述“取得土地使用权所支付的金额”和“房地产开发成本”之和，加计扣除20%。

销售旧房及建筑物：

A. 取得土地使用权所支付的地价款或出让金（应提供凭据）、按国家统一规定缴纳的有关费用。

B. 旧房及建筑物的评估价格=重置成本价×成新度折扣率。

C. 在转让环节缴纳的税金：城建税、教育费附加、印花税、购入时的契税（需提供契税完税凭证，只在不能取得评估价格，但能在提供购房发票的情形下使用），不包括增值税。

（2）应纳税额的计算

土地增值税应纳税额的计算步骤及公式如下。

①计算增值额

土地增值税纳税人转让房地产所取得的收入减除规定的扣除项目金额后的余额为增值额。其计算公式为：

$$增值额=不含增值税转让收入-扣除项目金额$$

②计算增值率

土地增值税采用超率累进税率，只有在计算增值额后，才能确定具体的适用税率。增值率的计算公式为：

$$增值率=增值额\div 扣除项目金额\times 100\%$$

③计算应纳税额

土地增值税应纳税额的计算方法有两种，即分级计算法和速算扣除法，其公式分别为：

$$应纳税额=\sum(每级距的土地增值额\times 适用税率)$$

或

$$应纳税额=土地增值额\times 适用税率-扣除项目金额\times 速算扣除系数$$

例7.3　某房地产开发公司销售居民住宅，取得转让收入2 000万元；按规定缴纳营业税100万元，城市维护建设税7万元，教育费附加3万元；为取得该片住宅地的土地使用权支付地价款和有关费用200万元；投入开发成本为750万元；支付银行存款利息费用为10.6万元（不能按转让房地产项目计算分摊），其他房地产开发费用为50万元。该公司所在地人民政府规定房地产开发费用的计算扣除比例为10%。计算该公司上述项目应纳土地增值税税额。

［分析］

开发费用60.6万元，未超过前两项成本之和的10%（即95万元），可据实扣除。

扣除项目金额=200+750+60.6+(100+7+3)+(200+750)×20%=1 310.6(万元)

增值额＝2 000－1 310.6＝689.4(万元)

增值率＝689.4÷1 310.6×100%＝52.6%,适用税率为40%,速算扣除率为5%

应纳税额＝689.4×40%－1 310.6×5%＝210.23(万元)

3. 土地增值税的会计核算

企业核算土地增值税应设置"应交税费——应交土地增值税"科目。

(1)主营房地产业务的企业土地增值税的会计核算。

在转让房地产的过程中应缴纳的土地增值税,借记"税金及附加"等科目,贷记"应交税费——应交土地增值税"科目;实际缴纳土地增值税时,借记"应交税费——应交土地增值税"科目,贷记"银行存款"科目。

A. 现货房地产销售

例7.4 某房地产开发公司转让一栋高级公寓,获得货币收入8 025万元。公司为取得土地使用权支付的地价款为1 450万元;开发土地、建房等共支出2 110万元;开发费用共计480万元,其中利息支出为295万元(未超过税法规定的扣除标准);支付转让房地产有关税金共计47万元。当地房地产开发费用按规定的最高比例计算。计算该公司现货转让上述房地产应缴纳的土地增值税税额,并编制相关的会计分录。

[分析]

其他开发费用扣除限额＝(1 450＋2 110)×5%＝178(万元),小于实际发生额185万元

扣除项目金额＝1 450＋2 110＋295＋(1 450＋2 110)×5%＋47＋(1 450＋2 110)×20%＝4 792(万元)

增值额＝8 025－4 792＝3 233(万元)

增值率＝3 233÷4 792×100%＝67.5%,适用税率为40%,速算扣除率为5%

应纳税额＝3 233×40%－4 792×5%＝1 053.6(万元)

转让房地产取得收入时,根据进账单,编制的会计分录为:

借:银行存款	80 250 000	
贷:主营业务收入		80 250 000

根据应缴纳的土地增值税计算单,编制的会计分录为:

借:税金及附加	10 536 000	
贷:应交税费——应交土地增值税		10 536 000

B. 商品房预售

在商品房预售的情况下,商品房交付使用前采取一次性收款或分次收款的,收到购房款时,借记"银行存款"科目,贷记"预收账款"科目;按规定预缴土地增值税时,借记"应交税费——应交土地增值税"科目,贷记"银行存款"科目;待该商品房交付使用后,开出发票交付购房者时作收入实现,借记"预收账款"科目,贷记"主营业务收入"等科目;同时计算应缴纳的土地增值税税额,借记"税金及附加"科目,贷记"应交税费——应交土地增值税"科目;该项目全部竣工、办理决算后进行清算,补缴土地增值税时,借记"应交税费——应交土地增值税"科目,贷记"银行存款"科目;退回多交的土地增值税时,做相关的会计分录。

(2)其他企业土地增值税的会计核算。

其他企业转让房地产,发生的经济业务应通过"固定资产清理"科目核算。

例7.5 某企业以1 000万元购进某项土地及附着物。4年后转让,取得转让收入1 600

万元，按规定支付有关税金88万元。转让时，建筑物已提折旧140万元。计算该企业应纳土地增值税税额，并编制会计分录。

[分析]

计算应交土地增值税：

扣除项目金额＝1 000＋88＝1 088(万元)

增值额＝1 600－1 088＝512(万元)

增值率＝512÷1 088＝47%，适用税率为30%，速算扣除系数为0

应交税额＝512×30%＝153.6(万元)

注销固定资产时，根据账簿资料，编制的会计分录为：

借：固定资产清理	8 600 000	
累计折旧	1 400 000	
贷：固定资产		10 000 000

收到转让收入时，根据进账单，编制的会计分录为：

借：银行存款	16 000 000	
贷：固定资产清理		16 000 000

计提应交有关税金时，根据税额计算单，编制的会计分录为：

借：固定资产清理	2 416 000	
贷：应交税费——应交营业税		880 000
——应交土地增值税		1 536 000

7.3.3 土地增值税纳税申报

(1)纳税期限

根据《土地增值税暂行条例》规定，纳税人应自转让房地产合同签订之日起7日内，向房地产所在地的主管税务机关办理纳税申报，同时向税务机关提交房屋及建筑物产权、土地使用权证书、土地转让合同、房产买卖合同、房地产评估报告及其他与转让房地产有关的资料，然后在税务机关核定的期限内缴纳土地增值税。

(2)纳税地点

土地增值税的纳税地点原则上为房地产所在地。在实际工作中，纳税地点的确定有两种情况：

①对法人纳税人，当转让的房地产坐落地与其机构所在地一致时，办理税务登记的原管辖税务机关为纳税地点；当转让的房地产坐落地与其机构所在地或经营所在地不一致时，应以房地产坐落地所管辖的税务机关为纳税地点。

②对自然人纳税人，当转让的房地产坐落地与其居住所在地一致时，则以居住所在地税务机关为纳税地点；当转让的房地产坐落地与其居住所在地或经营所在地不一致时，则以办理过户手续所在地税务机关为纳税地点。

纳税人转让的房地产坐落在两个或两个以上地区的，应按房地产所在地分别申报纳税。

(3)纳税申报

土地增值税的纳税申报表分为从事房地产开发的纳税人和其他纳税人两种类型。两类纳税人的纳税申报要求有所不同，具体格式分别如表7－21和表7－22所示。

表 7—21 **土地增值税纳税申报表**

(从事房地产开发的纳税人使用)

填表日期： 年 月 日

纳税人识别号		金额单位:元(列至角分)	
纳税人名称		税款所属时期	

项 目		行次	金 额
一、转让房地产收入总额(1=2+3)		1	
其中	货币收入	2	
	实物收入及其他收入	3	
二、扣除项目金额合计(4=5+6+13+16+20)		4	
1. 取得土地使用权所支付的金额		5	
2. 房地产开发成本(6=7+8+9+10+11+12)		6	
其中	土地征用及拆迁补偿费	7	
	前期工程费	8	
	建筑安装工程费	9	
	基础设施费	10	
	公共配套设施费	11	
	开发间接费用	12	
3. 房地产开发费用(13=14+15)		13	
其中	利息支出	14	
	其他房地产开发费用	15	
4. 与转让房地产有关的税金等(16=17+18+19)		16	
其中	营业税	17	
	城市维护建设税	18	
	教育费附加及其他	19	
5. 财政部规定的其他扣除项目		20	
三、增值额(21=1−4)		21	
四、增值额与扣除项目金额之比(%)(22=21÷4)		22	
五、适用税率(%)		23	
六、速算扣除系数(%)		24	
七、应缴土地增值税税额(25=21×23−4×24)		25	
八、已缴土地增值税税额		26	
九、应补(退)土地增值税税额(27=25−26)		27	

<table>
<tr><td colspan="2">如纳税人填报,由纳税人填写以下各栏</td><td colspan="4">如委托代理人填报,由代理人填写以下各栏</td><td>备 注</td></tr>
<tr><td rowspan="3">会计主管
(签章)</td><td rowspan="3">纳税人
(公章)</td><td>代理人名称</td><td></td><td colspan="2" rowspan="2">代理人
(公章)</td><td rowspan="3"></td></tr>
<tr><td>代理人地址</td><td></td></tr>
<tr><td>经办人姓名</td><td></td><td>电话</td><td></td></tr>
<tr><td colspan="7">以下由税务机关填写</td></tr>
<tr><td>收到申报表日期</td><td colspan="2"></td><td>接收人</td><td colspan="3"></td></tr>
</table>

表 7—22 **土地增值税纳税申报表**

填表日期： 年 月 日 （非从事房地产开发的纳税人使用）

纳税人识别号		金额单位：元（列至角分）	
纳税人名称		税款所属时期	

项目		行次	金额
一、转让房地产收入总额（1=2+3）		1	
其中	货币收入	2	
	实物收入及其他收入	3	
二、扣除项目金额合计（4=5+6+9）		4	
1. 取得土地使用权所支付的金额		5	
2. 旧房及建筑物的评估价格（6=7×8）		6	
其中	旧房及建筑物的重置成本价	7	
	成新度折旧率	8	
3. 与转让房地产有关的税金等（9=10+11+12+13）		9	
其中	营业税	10	
	城市维护建设税	11	
	印花税	12	
	教育费附加及其他	13	
三、增值额（14=1−4）		14	
四、增值额与扣除项目金额之比（%）（15=14÷4）		15	
五、适用税率（%）		16	
六、速算扣除系数（%）		17	
七、应缴土地增值税税额（18=14×16−4×17）		18	

如纳税人填报，由纳税人填写以下各栏		如委托代理人填报，由代理人填写以下各栏				备注
会计主管（签章）	纳税人（公章）	代理人名称		代理人（公章）		
		代理人地址				
		经办人姓名		电话		

以下由税务机关填写			
收到申报表日期		接收人	

7.4 城镇土地使用税会计

7.4.1 城镇土地使用税概述

城镇土地使用税是以开征范围内的土地为征税对象，以实际占用的土地面积为计税依据，按规定税额对拥有土地使用权的单位和个人征收的一种税。

特点:对占用土地的行为征税;征税对象是土地;征税范围有所限定;实行差别幅度税额。

(1)纳税人

城镇土地使用税的纳税人包括在城市、县城、建制镇、工矿区范围以内使用土地的单位和个人。单位包括企业、行政单位、事业单位、社会团体、军队以及其他单位;个人包括个体工商户及其他个人。具体规定如下:

①拥有土地使用权的单位或个人缴纳。

②土地使用权未确定或权属纠纷未解决的,由实际使用人纳税。

③土地使用权共有的,由共有各方分别纳税。

(2)征税范围

城镇土地使用税的征收范围为城市、县城、建制镇和工矿区,不包括农村。城市的土地包括市区和郊区的土地;县城的土地指县人民政府所在地城镇的土地;建制镇的土地指镇人民政府所在地的土地。

建立在城市、县城、建制镇和工矿区以外的工矿企业不需缴纳城镇土地使用税。

(3)税率

城镇土地使用税实行幅度差别定额税率,具体按大、中、小城市和县城、建制镇、工矿区分别规定每平方米土地使用税年应纳税额,如表 7—23 所示。

表 7—23　城镇土地使用税税额表

级　别	人口(人)	每平方米年税额(元)
大城市	50 万以上	1.5～30
中等城市	20 万～50 万	1.2～24
小城市	20 万以下	0.9～18
县城、建制镇、工矿区	—	0.6～12

(4)税收优惠

城镇土地使用税的免税项目有以下几个方面。

①国家机关、人民团体、军队自用的土地。

②由国家财政部门拨付事业经费的单位自用土地。包括实行全额预算和差额预算管理的事业单位,不包括实行自收自支、自负盈亏的事业单位。企业办的学校、医院、托儿所、幼儿园,其自用的土地免税。

【注意】 对非营利性医疗机构、疾病控制机构和妇幼保健机构等卫生机构和非营利性科研机构自用的土地,免征城镇土地使用税。

③宗教寺庙、公园、名胜古迹自用的土地。

以上单位的生产、经营用地和其他用地,不属于免税范围,应纳税,如公园、名胜古迹中附设的营业单位(影剧院、饮食部、茶社、照相馆)用地。

【注意】 公园、名胜古迹内的索道公司经营用地应纳税。

④市政街道、广场、绿化地带等公共用地。

⑤直接用于农、林、牧、渔业的生产用地。

【注意】除生产用地以外的生活、办公用地和农副产品加工厂地不属于免税范畴。

⑥开山填海整治的土地。a. 自行开山填海整治的土地和改造的废弃土地，从使用的月份起免缴城镇土地使用税5年至10年。b. 开山填海整治的土地是指纳税人经有关部门批准后自行填海整治的土地，不包括纳税人通过出让、转让、划拨等方式取得的已填海整治的土地。

⑦由财政部另行规定免税的能源、交通、水利用地和其他用地。

⑧省、自治区、直辖市税务局确定减免城镇土地使用税的优惠。a. 个人所有的居住房屋及院落用地。b. 免税单位职工家属宿舍用地。c. 集体和个人举办的各类学校、医院、托儿所、幼儿园用地。d. 房产管理部门在房租调整改革前经租的居民住房用地。

(5)特殊优惠

①城镇土地使用税与耕地占用税的征税范围衔接。凡是缴纳了耕地占用税的，从批准征用之日起满1年后征收城镇土地使用税；

征用非耕地因不需要缴纳耕地占用税，应从批准征用之次月起征收城镇土地使用税。

②免税单位与纳税单位之间无偿使用的土地(看使用单位性质)。对免税单位无偿使用纳税单位的土地，免征城镇土地使用税。对纳税单位无偿使用免税单位的土地，纳税单位应照章缴税。

③房地产开发公司开发建造商品房的用地。房地产开发公司开发建造商品房的用地，除经批准开发建设经济适用房的用地外，对各类房地产开发用地一律不得减免城镇土地使用税。

④防火、防爆、防毒等安全防范用地。防火、防爆、防毒等安全防范用地由省、自治区、直辖市税务局确定，可以暂免征收城镇土地使用税；对仓库库区、厂房本身用地，应依法征收城镇土地使用税。

⑤搬迁企业的用地。企业搬迁后原场地不使用的，免税。

⑥企业的铁路专用线、公路等用地。对企业的铁路专用线、公路等用地，除另有规定者外，在企业厂区(包括生产、办公及生活区)以内的，应照章征收城镇土地使用税；在厂区以外、与社会公用地段未加隔离的，暂免征收城镇土地使用税。

⑦企业的绿化用地。对企业厂区(包括生产、办公及生活区)以内的绿化用地征税；厂区以外的公共绿化用地和向社会开放的公园用地暂免征收。

⑧盐场、盐矿用地。a. 盐场、盐矿的生产厂房、办公、生活区用地，照章征收城镇土地使用税。b. 盐场的盐滩、盐矿的矿井用地，暂免征收城镇土地使用税。

⑨水利设施用地。a. 水利设施及其管扩用地(如水库库区、大坝、堤防、灌渠、泵站等用地)，免征城镇土地使用税。b. 其他用地，如生产、办公、生活用地应照章征税。

⑩电力行业用地。a. 火电厂厂区围墙内的用地，均应征收城镇土地使用税。厂区围墙外的灰场、输灰管、输油(气)管道、铁路专用线用地免征城镇土地使用税，厂区围墙外的其他用地征税。b. 水电站的发电厂房用地(包括坝内、坝外式厂房)，生产、办公、生活用地，应征收城镇土地使用税；其他用地免税。c. 对供电部门的输电线路用地、变电站用地，免征城镇土地使用税。

⑪民航机场用地。a. 机场飞行区用地、场内外通信导航设施用地和飞行区四周排水防洪设施用地，免征城镇土地使用税。b. 在机场道路中，场外道路用地免征城镇土地使用税；场内道路用地依照规定征收城镇土地使用税。c. 机场工作区(包括办公、生产和维修用地及候机楼、停车场)用地、生活区用地、绿化用地，均须依照规定征收城镇土地使用税。

⑫核电站和公共租赁住房用地。a. 对核电站的核岛、常规岛、辅助厂房和通信设施用地，

生活、办公用地按规定征收城镇土地使用税,其他用地免征城镇土地使用税。对核电站应税土地在基建期内减半征收城镇土地使用税。b. 对公共租赁住房建设期间用地及公共租赁住房建成后占地免征城镇土地使用税。在其他住房项目中配套建设公共租赁住房,依据政府部门出具的相关材料,按公共租赁住房建筑面积占总建筑面积的比例免征建设、管理公共租赁住房涉及的城镇土地使用税。

⑬邮政部门的土地。a. 对邮政部门坐落在城市、县城、建制镇、工矿区范围内的房产、土地,应当依法征收房产税和城镇土地使用税。b. 对坐落在上述范围以外尚在县邮政局内核算的房产、土地,在单位财务账中划分清楚的,从 2001 年 1 月 1 日起不再征收房产税和城镇土地使用税。

⑭企业范围内荒山、林地、湖泊等占地。对已按规定免征城镇土地使用税的企业范围内荒山、林地、湖泊等占地,自 2014 年 1 月 1 日至 2015 年 12 月 31 日按应纳税额减半征收城镇土地使用税;自 2016 年 1 月 1 日起,全额征收城镇土地使用税。

⑮棚户区改造相关税收政策。对改造安置住房建设用地免征城镇土地使用税。在商品住房等开发项目中配套建造安置住房的,依据政府部门出具的相关材料、房屋征收(拆迁)补偿协议或棚户区改造合同(协议),按改造安置住房建筑面积占总建筑面积的比例免征城镇土地使用税。

⑯饮水工程运营管理单位自用的生产、办公用土地。对饮水工程运营管理单位自用的生产、办公用土地免征城镇土地使用税。

⑰老年服务机构自用的土地。老年服务机构自用的土地暂免征收城镇土地使用税。

⑱人民银行自用的土地。人民银行自用的土地免征城镇土地使用税。

⑲铁路行业自用的土地。铁路行业自用的土地免征城镇土地使用税。

⑳天然林保护工程自用的土地。天然林保护工程自用的土地免征城镇土地使用税。

㉑交通部门的港口码头自用的土地。交通部门的港口码头自用的土地免征城镇土地使用税。

㉒专门经营农产品的农产品批发市场、农贸市场使用的房产、土地。自 2019 年 1 月 1 日至 2021 年 12 月 31 日,对专门经营农产品的农产品批发市场、农贸市场使用(包括自有和承租,下同)的房产、土地,暂免征收城镇土地使用税。对同时经营其他产品的农产品批发市场和农贸市场使用的房产、土地,按其他产品与农产品交易场地面积的比例确定免征城镇土地使用税。

(23)物流企业自有(包括自用和出租)或承租的大宗商品仓储设施用地。自 2020 年 1 月 1 日至 2022 年 12 月 31 日止,对物流企业自有(包括自用和出租)或承租的大宗商品仓储设施用地,减按所属土地等级适用税额标准的 50%计征城镇土地使用税。

7.4.2 城镇土地使用税应纳税额的计算及会计核算

(1)计税依据的确定

计税依据为纳税人“实际占用”的土地面积。

纳税人实际占用的土地面积,以房地产管理部门核发的土地使用证书确认的土地面积为准;尚未核发土地使用证书的,应由纳税人据实申报土地面积,据以纳税,待核发土地使用证后再作调整。

(2)应纳税额的计算

全年应纳税额＝实际占用应税土地面积(平方米)×适用税额

土地使用权由几方共有的，由共有各方按照各自实际使用的土地面积占总面积的比例，分别计算缴纳城镇土地使用税(先分后税)。

【注意】应纳税额的计算要结合纳税义务发生时间，上述公式是按年计算的，如果纳税义务不是从年初开始的，一定要在上述公式基础上乘以相应的时间权重。

(3)城镇土地使用税的会计核算

企业核算城镇土地使用税，应设置"应交税费——应交城镇土地使用税"科目。

分期计提城镇土地使用税款时，借记"税金及附加"科目，贷记"应交税费——应交城镇土地使用税"科目；定期上缴税款时，借记"应交税费——应交城镇土地使用税"科目，贷记"银行存款"科目。

例 7.6　某工业企业占用土地 20 000 平方米，其中企业自办的托儿所占用土地 1 000 平方米。该企业位于中等城市，当地人民政府核定该企业的土地使用税单位税额为 2 元/平方米。计算该企业应纳城镇土地使用税的税额，并编制会计分录。

[分析]

企业自办托儿所用地能单独区分的，免税。

年应纳税额＝(20 000－1 000)×2＝38 000(元)

计提城镇土地使用税时，根据税额计算单，编制的会计分录为：

借：管理费用　　38 000

　　贷：应交税费——应交城镇土地使用税　　38 000

缴纳城镇土地使用税税款时，根据付款凭证及税款缴款书，编制的会计分录为：

借：应交税费——应交城镇土地使用税　　38 000

　　贷：银行存款　　38 000

【练一练】某市一家公司实际占有土地 23 000 平方米。由于经营规模扩大，年初该公司又受让了一块尚未办理土地使用证的土地 3 000 平方米，公司按其当年开发使用的 2 000 平方米土地面积申报纳税，以上土地均适用每平方米 2 元的城镇土地使用税税率。该公司年应纳城镇土地使用税为多少？

7.4.3　城镇土地使用税纳税申报

(1)纳税义务发生时间

①购置新建商品房的，为房屋交付使用之次月。

②购置存量房的，为办理房屋权属转移、变更登记手续，房地产权属登记机关签发房屋权属证书之次月。

③出租、出借房产的，为交付出租、出借房产之次月。

④以出让或转让方式有偿取得土地使用权的，应由受让方从合同约定交付土地使用权的次月起征税；合同未约定交付时间的，由受让方从合同签订的次月起征税。

⑤新征用的耕地，自批准之日起满 1 年时开始计征；新征用的非耕地，则自批准征用次月起计征。

⑥自 2009 年 1 月 1 日起，纳税人因土地的权利发生变化而依法终止城镇土地使用税 纳

税义务的，其应纳税款的计算应截止到土地权利发生变化的当月末。

（2）纳税期限

城镇土地使用税实行按年计算、分期缴纳，具体纳税期限由省、自治区、直辖市人民政府根据当地的实际情况确定。

（3）纳税地点

城镇土地使用税在土地所在地缴纳。

纳税人使用的土地不属于同一省、自治区、直辖市管辖的，由纳税人分别向土地所在地的税务机关缴纳；在同一省、自治区、直辖市范围内，纳税人跨地区使用土地的，其纳税地点由各省、自治区、直辖市地方税务局确定。

（4）纳税申报

纳税人新征用的土地，必须于批准新征用之日起30日内申报登记。

纳税人如有住址变更、土地使用权属转换等情况，从转移之日起，按规定期限办理申报变更登记。

城镇土地使用税的纳税人应按照条例的有关规定及时办理纳税申报，并如实填写《城镇土地使用税申报表》（见表7—24）。

表7—24　　城镇土地使用税申报表

<table>
<tr><td colspan="2">纳税人识别号</td><td colspan="6"></td><td colspan="7">金额单位：元（列至角分）
面积单位：平方米</td></tr>
<tr><td colspan="2">纳税人名称</td><td colspan="8"></td><td colspan="2">税款所属时期</td><td colspan="3"></td></tr>
<tr><td rowspan="2">房产坐落地点</td><td rowspan="2">上期占用面积</td><td rowspan="2">本期增减</td><td rowspan="2">本期实际占用面积</td><td rowspan="2">法定免税面积</td><td rowspan="2">应税面积</td><td colspan="2">土地等级</td><td colspan="2">适用税额</td><td rowspan="2">全年应缴税额</td><td rowspan="2">缴纳次数</td><td colspan="3">本期</td></tr>
<tr><td></td><td></td><td></td><td></td><td>每次应纳税额</td><td>已纳税额</td><td>应补（退）税额</td></tr>
<tr><td>1</td><td>2</td><td>3</td><td>4=2+3</td><td>5</td><td>6=4—5</td><td>7</td><td>8</td><td>9</td><td>10</td><td>11=6×9或10</td><td>12</td><td>13=11÷12</td><td>14</td><td>15=11—14</td></tr>
<tr><td></td><td></td><td></td><td></td><td></td><td></td><td></td><td></td><td></td><td></td><td></td><td></td><td></td><td></td><td></td></tr>
<tr><td></td><td></td><td></td><td></td><td></td><td></td><td></td><td></td><td></td><td></td><td></td><td></td><td></td><td></td><td></td></tr>
<tr><td></td><td></td><td></td><td></td><td></td><td></td><td></td><td></td><td></td><td></td><td></td><td></td><td></td><td></td><td></td></tr>
<tr><td></td><td></td><td></td><td></td><td></td><td></td><td></td><td></td><td></td><td></td><td></td><td></td><td></td><td></td><td></td></tr>
<tr><td>合计</td><td></td><td></td><td></td><td></td><td></td><td></td><td></td><td></td><td></td><td></td><td></td><td></td><td></td><td></td></tr>
<tr><td colspan="6">如纳税人填报，由纳税人填写以下各栏</td><td colspan="6">如委托代理人填报，由代理人填写以下各栏</td><td colspan="3">备　注</td></tr>
<tr><td colspan="3" rowspan="3">会计主管
（签章）</td><td colspan="3" rowspan="3">纳税人
（公章）</td><td colspan="2">代理人名称</td><td colspan="2"></td><td colspan="2" rowspan="2">代理人
（公章）</td><td colspan="3" rowspan="3"></td></tr>
<tr><td colspan="2">代理人地址</td><td colspan="2"></td></tr>
<tr><td colspan="2">经办人姓名</td><td colspan="2"></td><td>电话</td><td></td></tr>
<tr><td colspan="15">以下由税务机关填写</td></tr>
<tr><td colspan="4">收到申报表日期</td><td colspan="4"></td><td colspan="2">接收人</td><td colspan="5"></td></tr>
</table>

7.5 房产税会计

7.5.1 房产税概述

房产税是以房屋为征税对象，按房屋的计税余值或租金收入为计税依据，向房屋产权所有人征收的一种财产税。

【小知识】房产税作为房地产行业的一种调控手段，2014年房产税新政受到社会各界的广泛关注。房产税的出台呼之欲出，却又饱受争议。在十八届三中全会后，国家税务机关下发通知，研究扩大个人住房房产税改革试点范围。房产税的试点城市将从现有的上海和重庆进一步扩大。房产税的推进，将对房地产市场产生很大的影响。

特点：房产税属于财产税中的个别财产税；限于征税范围内的经营性房屋；区别房屋的经营使用方式规定不同的计税依据。

（1）纳税人

房产税以在征税范围内的房屋所有人为纳税人。具体规定如下。

①产权属于国家所有的，经营管理单位为纳税人；产权属于集体和个人所有的，集体和个人为纳税人。

②产权出典的，承典人为纳税人。

③产权所有人、承典人不在房产所在地或产权未确定及租典纠纷未解决的，房产代管人或使用人为纳税人。

④无租使用其他单位房产的，使用人为纳税人。

（2）征税范围

以房产为征税对象，但独立于房屋之外的建筑物（如水塔、围墙、室外游泳池等）不属于房屋，不征收房产税。

房产税的征税范围为城市、县城、建制镇和工矿区范围内的房产。房产是指有屋面和围护结构（有墙或两边有柱），能够遮风避雨，可供人们在其中生产、学习、工作、娱乐、居住或储藏物资的场所。

房地产开发企业建造的商品房，在出售前，不征收房产税；但对出售前房地产开发企业已使用或出租、出借的商品房应按规定征收房产税。

（3）税率

房产税采用比例税率。根据房产税的计税依据不同可分为两种：从价计征的，税率为1.2%；从租计征的，税率为12%。从2001年1月1日起，个人出租住房，不分用途，按4%的税率征收房产税。对企事业单位、社会团体以及其他组织按市场价格向个人出租用于居住的住房，减按4%的税率征收房产税。

（4）税收优惠

①减免税基本规定。a. 国家机关、人民团体、军队自用的房产。上述免税单位的出租房产以及非自身业务使用的生产、营业用房，不属于免税范围。b. 由国家财政部门拨付事业经费的单位所有的，本身业务范围内使用的房产免征房产税。需要注意的是，由国家财政部门拨付事业经费的单位，其经费来源实行自收自支后，应征收房产税。c. 宗教寺庙、公园、名胜古

迹自用的房产。d. 个人拥有的非营业用的房产。e. 对非营利性医疗机构、疾病控制机构和妇幼保健机构等卫生机构自用的房产,免征房产税。

②减免税特殊规定。a. 企业办的各类学校、医院、托儿所、幼儿园自用的房产免税。b. 经有关部门鉴定,对毁损不堪居住的房屋和危险房屋,在停止使用后,可免征房产税。c. 军队空余房产租赁收入暂免征收房产税。d. 基建工地临时性房屋,施工期间一律免征房产税。基建工程结束以后,施工企业将这种临时性房屋交还或者估价转让给基建单位的,应当从基建单位接收的次月起,依照规定征收房产税。e. 纳税人因房屋大修导致连续停用半年以上的,在房屋大修期间免征房产税。f. 按政府规定价格出租的公有住房和廉租住房,暂免征收房产税。g. 对经营公租房所取得的租金收入,免征房产税。h. 房地产开发企业建造的商品房在出售前不征收房产税,但出售前房地产开发企业已经使用或者出租、出借的商品房应该征税。i. 铁道部所属铁路运输企业自用的房产,免征房产税(地方铁路运输企业自用房产比照此方法)。对行使国家行政管理职能的中国人民银行总行(含国家外汇管理局)所属分支机构自用的房产,免征房产税。纳税单位与免税单位共同使用的房屋,按照各自使用的部分划分,分别征收或者免征房产税。老年服务机构自用的房产暂免征收房产税。对高校学生公寓免征房产税。

自 2019 年 1 月 1 日至 2023 年 12 月 31 日,对专门经营农产品的农产品批发市场、农贸市场使用的房产、土地,暂免征收房产税和城镇土地使用税。

7.5.2 房产税应纳税额的计算及会计核算

(1)计税依据的确定

房产税的计征方式有从价计征和从租计征两种。

①从价计征

从价计征是指纳税人以房产原值一次减除 10%～30%后的余值为计税依据计征房产税的方式。所谓房产原值,是指纳税人按照国家统一会计制度的规定在“固定资产”账户中记载的房屋的原值。实际应用时还应注意以下几点:a. 凡以房屋为载体,不可随意移动的附属设备和配套设施,无论在会计核算中是否单独记账与核算,都应计入房产原值。b. 纳税人对原有房屋进行改建、扩建的,要相应增加房屋原值。对更换房屋附属设备和配套设施的,在确定计入房产原值时,可扣减原设备和设施的价值;对附属设备和配套设施中易损坏、需要经常更换的零配件,更新后不再计入房产原值。c. 融资租赁房屋,以房屋余值为计税依据。

②从租计征

从租计征是指纳税人以房产租金收入为计税依据计征房产税的方式。房产的租金收入是房屋产权所有人出租房产使用权所得的报酬,包括货币收入和实物收入。如果以劳务或其他形式为报酬抵付房租收入的,应根据当地同类房产的租金水平确定计税依据。

(2)应纳税额的计算

从价计征应纳税额的计算公式为:

应纳税额＝应税房产原值×(1－扣除比例)×适用税率

从租计征应纳税额的计算公式为:

应纳税额＝租金收入×适用税率

例 7.7 某公司“固定资产”明细账中,房屋原始价值为 600 万元。2018 年 2 月,公司将其中的 80 万元房产出租给外单位使用,每年收取租金 15 万元。当地政府规定,企业自用房屋,按房产原值扣除 20%后的余值计征房产税。房产税按年计算、分季缴纳。计算该公司 2018

年第一季度应缴纳的房产税税额。

[分析]

1月份：

该公司的房产全部自用，房产税应从价计征，则：

1月份应纳税额＝6 000 000×(1－20%)×1.2%÷12＝4 800(元)

2月份：

该公司的房产既有自用又有出租，其房产税应分不同情况计征。其中：

自用房产从价计征：应纳税额＝(6 000 000－800 000)×(1－20%)×1.2%÷12＝4 160(元)

出租房产从租计征：应纳税额＝150 000×12%÷12＝1 500(元)

2月份应纳税总额＝4 160＋1 500＝5 660(元)

3月份：与2月份相同。

第一季度应纳税总额＝4 800＋5 660＋5 660＝16 120(元)

3. 房产税的会计核算

企业核算房产税应设置“应交税费——应交房产税”科目。房产税采用按年计算、分期缴纳的办法，因此，房产税的会计核算一般采用预提或分期摊销的方式。

例7.8 根据例7.7的资料，编制会计分录。

[分析]

1月份计提房产税时，根据税额计算单，编制的会计分录为：

借：税金及附加	4 800	
贷：应交税费——应交房产税		4 800

2月份计提房产税时，根据税额计算单，编制的会计分录为：

借：管理费用——房产税	5 660	
贷：应交税费——应交房产税		5 660

3月份的会计处理与2月份相同。

4月份缴纳第一季度房产税时，根据税款缴款书及付款凭证，编制的会计分录为：

借：应交税费——应交房产税	16 120	
贷：银行存款		16 120

【练一练】王某自有一幢楼房，共16间，其中用于个人生活居住的3间(房屋原值为6万元)，用于个人开餐馆的4间(房屋原值10万元)。2021年1月1日，王某将剩余的9间房中的4间出典给李某，取得典价款收入10万元；将其余的5间出租给某公司，每月收取租金5 000元，期限均为1年。该地区规定按房产原值一次扣除20%后的余值计税。计算王某2019年应缴纳的房产税税额。

7.5.3 房产税纳税申报

(1)纳税义务发生时间

①纳税人将原有房产用于生产经营的，为生产经营之月。

②纳税人自行新建房屋用于生产经营的，为建成之次月。

③纳税人委托施工企业建造房屋的，为办理验收手续之次月。

④纳税人购置新建商品房的，为房屋交付使用之次月。

⑤纳税人购置存量房的，为办理房屋权属转移、变更登记手续，房地产权属登记机关签发房屋权属证书之次月。

⑥出租、出借房产的，为交付出租、出借房产之次月。

⑦房地产开发企业自用、出租和出借本企业建造商品房的，为房屋使用或交付之次月。

⑧纳税人因房产的实物或权利状态发生变化而依法终止房产税纳税义务的，其应纳税款的计算应截至房产的实物或权利状态发生变化的当月末。

(2)纳税期限和纳税地点

房产税实行按年计算、分期缴纳的征收方法，具体纳税期限由省、自治区、直辖市人民政府确定。

房产税在房产所在地缴纳。房产不在同一地方的纳税人，应按房产的坐落地点分别向房产所在地的地方税务机关纳税。

(3)纳税申报

房产税的纳税人应按税法规定及时办理纳税申报，并如实填报《房产税纳税申报表》，格式如表 7—25 所示。

表 7—25

房产税纳税申报表

纳税人识别号						金额单位:元(列至角分)											
纳税人名称							税款所属时期										
房产坐落地点					建筑面积					房屋结构							
上期申报房产原值	本期增减房产	本期实际房产原值	其中			扣除率(%)	以房产余值计征房产税			以租金收入计征房产税			全年应纳税额	缴纳次数	本期		
			从价计税的房产原值	从租计税的房产原值	免税房产原值		房产余值	适用税率(%)	应纳税额	租金收入	适用税率(%)	应纳税额			应纳税额	已纳税额	应补(退)税款
1	2	3=1+2	4=3−5	5=3−4−6	6	7	8=4−4×7	9	10=8×9	11	12	13=11×12	14=10+13	15	16=14÷15	17	18=16−17
合计																	
如纳税人填报,由纳税人填写以下各栏						如委托代理人填报,由代理人填写以下各栏									备注		
会计主管(签章)			纳税人(公章)			代理人名称			代理人(公章)								
						代理人地址											
						经办人姓名			电话								
以下由税务机关填写																	
收到申报表日期						接收人											

7.6　车船税会计

7.6.1　车船税概述

车船税是以车船为征税对象,向拥有车船的单位和个人征收的一种税。征收车船税有利于为地方政府筹集财政资金,有利于车船的管理和合理配置,也有利于调节财富差异。我国车船税的基本法规是2006年12月29日由国务院颁布的《中华人民共和国车船税暂行条例》(以下简称《车船税暂行条例》),此条例到2011年年底废止。自2012年1月1日起,车船税征收适用2011年2月25日第十一届全国人大第十九次常务会议通过的《中华人民共和国车船税法》(以下简称《车船税法》)。

(1)纳税人

车船税的纳税人是指在中华人民共和国境内,《车船税法》规定的车辆、船舶(以下简称车船)的所有人或管理人。

从事机动车第三者责任强制保险业务的保险机构为机动车车船税的扣缴义务人,在销售机动车交通事故责任强制保险时代收车船税,并出具代收税款凭证。

(2)征税范围

车船税的征收范围包括依法在车船管理部门登记的车船,包括车辆和船舶。车辆、船舶是指:依法应当在车船管理部门登记的机动车辆和船舶;依法不需要在车船管理部门登记、在单位内部场所行驶或者作业的机动车辆和船舶。

①车辆为机动车,即依靠燃油、电力等能源作为动力运行的车辆,包括乘用车、商用客车、商用货车、挂车、摩托车、专项作业车和轮式专用机械车。

②船舶为机动船舶、非机动驳船和游艇。机动船舶指依靠燃料等能源作为动力运行的船舶,包括客船、货船、气垫船、拖船等;非机动驳船是指依靠其他力量运行的驳船。

境内单位和个人租入外国籍船舶的,不征收车船税。境内单位和个人将船舶出租到境外的,应依法征收车船税。

(3)税率

车船税实行定额税率如表7—26所示,具体适用税额由省级政府在规定的子税目税额幅度内确定。

表7—26　车船税税目税额

(2012年1月1日起执行)

税目		计税单位	年基准税额	备注
一、乘用车	1.0升(含)以下的	每辆	60～360元	核定载客人数9人(含)以下
	1.0升以上至1.6升(含)的		300～540元	
	1.6升以上至2.0升(含)的		360～660元	
	2.0升以上至2.5升(含)的		660～1 200元	
	2.5升以上至3.0升(含)的		1 200～2 400元	
	3.0升以上至4.0升(含)的		2 400～3 600元	
	4.0升以上的		3 600～5 400元	

续表

税　目		计税单位	年基准税额	备　注
二、商用车	客车	每辆	480～1 440 元	核定载客人数 9 人,包括电车
	货车	整备质量每吨	16～120 元	包括半挂牵引车、三轮汽车和低速载货汽车等
三、挂车		整备质量每吨	按照货车税额的 50%计算	
四、其他车辆	专用作业车	整备质量每吨	16～120 元	不包括拖拉机
	轮式专用机械车		16～120 元	
五、摩托车		每辆	36～180 元	
六、船舶	机动船舶	净吨位每吨	3～6 元	拖船、非机动驳船分别按机动船舶税额的 50%计算
	游艇	艇身长度每米	600～2 000 元	

注:整备质量也就是人们常说的一辆汽车的自重,即汽车在正常条件下准备行驶时尚未载人(包括驾驶员)、载物时的空车重量。

(4)税收优惠

①法定免税车船。a. 捕捞、养殖渔船。b. 军队、武装警察部队专用的车船。c. 警用车船。d. 依照法律规定应当予以免税的外国驻华使领馆、国际组织驻华代表机构及其有关人员的车船。

②由国务院规定的免税车船。对节能汽车,减半征收车船税。对新能源车船,免征车船税。对受严重自然灾害影响纳税困难以及有其他特殊原因确需减税、免税的,可以减征或免征车船税。具体办法由国务院规定,并报全国人民代表大会常务委员会备案。

③地方政府确定减、免税车船。省、自治区、直辖市人民政府根据当地的实际情况,可以对公共交通车船,农村居民拥有并主要在农村地区使用的摩托车、三轮汽车和低速载货汽车定期减征或免征车船税。

④国家综合性消防救援车辆。国家综合性消防救援车辆由部队号牌改挂应急救援专用号牌的,一次性免征改挂当年车船税。

⑤特定减免。a. 经批准临时入境的外国车船和香港特别行政区、澳门特别行政区、台湾地区的车船 ,不征收车船税。b. 按照规定缴纳船舶吨税的机动船舶,自《车船税法》实施之日起 5 年内免征车船税。c. 依法不需要在车船登记管理部门登记的机场、港口、铁路站场内部行驶或作业的车船,自《车船税法》实施之日起 5 年内免征车船税。

7.6.2　车船税应纳税额的计算及会计核算

(1)计税依据的确定

按车船的种类和性能不同,车船税的计税依据分别有辆、整备质量吨位、净吨位和艇身长度四种。其中,乘用车、商用客车、摩托车以每辆为计税依据;商用货车、挂车、专业作业车、轮式专用机械车以整备质量吨位为计税依据;机动船舶以净吨位为计税依据;游艇以艇身长度为计税依据。

计税依据确定应注意以下问题：

①核定计税依据数量以车船管理部门核发的车船登记证书或行驶证书相应项目所载数额为准。纳税人未按规定到车船管理部门办理登记手续的，其计税标准以车船出厂合格证或进口凭证相应项目所载数额为准。不能提供车船出厂合格证或进口凭证的，由主管地方税务机关根据车船自身状况并参照同类车船核定。

②车辆整备质量尾数在 0.5 吨以下(含)的，按 0.5 吨计算；超过 0.5 吨的，按 1 吨计算。船舶净吨位尾数在 0.5 吨以下(含)的，不予计算；超过 0.5 吨的，按 1 吨计算。1 吨以下的小型车船，一律按 1 吨计算。拖船按发动机功率 2 马力折合净吨位 1 吨计算。

③拖船和非机动驳船分别按机动船舶税额的 50%计算纳税。

(2)应纳税额的计算

车船税的计算按照计税依据不同，其计算方法有以下几种。

①乘用车、商用客车、摩托车应纳税额的计算公式如下：

应纳税额＝车辆数×单位税额

②商用货车、专业作业车、轮式专用机械车应纳税额的计算公式如下：

应纳税额＝整备质量吨位×单位税额

③挂车应纳税额的计算公式如下：

应纳税额＝整备质量吨位×单位税额×50%

④机动船舶应纳税额的计算公式如下：

应纳税额＝净吨位×单位税额

⑤拖船、非机动驳船应纳税额的计算公式如下：

应纳税额＝净吨位×单位税额×50%

⑥游艇应纳税额的计算公式如下：

应纳税额＝艇身长度×适用单位税额

⑦新车船购置当年的应纳税额自纳税义务发生的当月按下列公式计算：

应纳税额＝(年应纳税额÷12)×应纳税月份数

应纳税月份数＝12－纳税义务发生时间（取月份）＋1

例 7.9 某航运公司拥有机动船 30 艘(其中，净吨位为 600 吨的 16 艘、5 000 吨的 10 艘、15 000 吨的 4 艘)，拥有非机动拖船 10 艘(其中，载重吨位为 10 吨的 5 艘、51 吨的 3 艘、300 吨的 2 艘)。已知船舶适用税额为：净吨位小于或等于 200 吨的，每吨 3 元；净吨位为 201～2 000 吨的，每吨 4 元；净吨位为 2 001～10 000 吨的，每吨 5 元；净吨位为 10 001 吨及以上的，每吨 6 元。计算该航运公司应纳车船税税额。

[分析]

机动船舶应纳税额＝16×600×4＋10×5 000×5＋4×15 000×6＝648 400(元)

非机动拖船应纳税额＝(5×10×3＋3×51×3＋2×300×4)×50%＝1 504.5(元)

年应纳车船税税额＝648 400＋1 504.5＝649 904.5(元)

3. 车船税的会计核算

企业核算车船税应设置“应交税费——应交车船税”科目。计提车船税时，借记“管理费用”科目，贷记“应交税费——应交车船税”科目；缴纳车船税时，借记“应交税费——应交车船税”科目，贷记“银行存款”科目。

例 7.10 根据例 7.9 的资料，编制该船运公司计提和缴纳车船税的会计分录。

[分析]

计提车船税时，根据税额计算单，编制的会计分录为：

借：管理费用——车船税 649 904.5

贷：应交税费——应交车船税 649 904.5

按年缴纳车船税时，根据付款凭证和税款缴款书，编制的会计分录为：

借：应交税费——应交车船税 649 904.5

贷：银行存款 649 904.5

7.6.3 车船税纳税申报

(1)纳税义务发生时间

车船税的纳税义务发生的时间，为取得车船所有权或管理权的当月。纳税人未按照规定到车船管理部门办理应税车船登记手续的，以车船购置发票所载开具时间的当月作为车船税的纳税义务发生时间。对未办理车船登记手续且无法提供车船购置发票的，由主管地方税务机关核定纳税义务发生时间。

在一个纳税年度内，已完税的车船被盗抢、报废、灭失的，纳税人可以凭有关管理机关出具的证明和完税证明，向纳税所在地的主管地方税务机关申请退还自被盗抢、报废、灭失月份起至该纳税年度终了期间的税款。已办理退税的被盗抢车船失而复得的，纳税人应当从公安机关出具相关证明的当月起计算缴纳车船税。

车船的所有人或管理人未缴纳车船税的，使用人应当代为缴纳车船税。

(2)纳税地点和纳税期限

车船税的纳税地点为车船的登记地或车船税扣缴义务人的所在地。依法不需要办理登记的车船，车船税的纳税地点为车船的所有人或者管理人的所在地。

车船税按年申报缴纳。具体申报纳税期限由省、自治区、直辖市人民政府规定。

(3)车船税纳税申报表

车船税按年申报，分月计算，一次性缴纳。纳税年度为公历1月1日至12月31日。车船税的纳税人应按有关规定及时办理纳税申报，并如实填写《车船税纳税申报表》，格式如表7—27所示。但纳税人在购买机动车交通事故责任强制险时缴纳车船税的，不再向地方税务机关申报纳税。

表 7—27 **车船税纳税申报表**

填表日期： 年 月 日 单位：元(列至角分)

纳税人名称					税款所属时间			
车船类别	计税标准	数量	单位税额	全年应纳税额	年缴纳次数	本期		
						应纳税额	已纳税额	应补(退)税额
1	2	3	4	5=3×4	6	7=5/6	8	9=7−8

续表

<table>
<tr><td>纳税人名称</td><td colspan="4"></td><td>税款所属时间</td><td colspan="3"></td></tr>
<tr><td></td><td></td><td></td><td></td><td></td><td></td><td></td><td></td><td></td></tr>
<tr><td></td><td></td><td></td><td></td><td></td><td></td><td></td><td></td><td></td></tr>
<tr><td></td><td></td><td></td><td></td><td></td><td></td><td></td><td></td><td></td></tr>
<tr><td colspan="4">如纳税人填报，由纳税人填写以下各栏</td><td colspan="4">如委托代理人填报，由代理人填写以下各栏</td><td>备　注</td></tr>
<tr><td colspan="2" rowspan="3">会计主管
（签章）</td><td colspan="2" rowspan="3">纳税人
（公章）</td><td>代理人名称</td><td></td><td colspan="2" rowspan="2">代理人
（公章）</td><td rowspan="3"></td></tr>
<tr><td>代理人地址</td><td></td></tr>
<tr><td>经办人姓名</td><td></td><td>电话</td><td></td></tr>
<tr><td colspan="9">以下由税务机关填写</td></tr>
<tr><td colspan="2">收到申报表日期</td><td colspan="2"></td><td>接收人</td><td colspan="4"></td></tr>
</table>

7.7　车辆购置税会计

7.7.1　车辆购置税概述

车辆购置税是以在中国境内购置规定的车辆为课税对象，在特定的环节向车辆购置者征收的一种税。就其性质而言，属于直接税的范畴。征收车辆购置税有利于合理筹集财政资金，规范政府行为，调节收入差距，也有利于配合打击车辆走私和维护国家权益。

(1)纳税人

车辆购置税的纳税人是指在中华人民共和国境内购置汽车、有轨电车、汽车挂车、排气量超过１５０毫升的摩托车(以下统称应税车辆)的单位和个人。车辆购置税实行一次性征收。购置已征车辆购置税的车辆，不再征收车辆购置税。

【提示】“单位”包括各类企业、事业单位、社会团体、国家机关、部队以及其他单位。“个人”包括中华人民共和国公民和外国公民。

车辆购置税应税行为具体包括以下几点。

①购买自用行为。包括购买使用国产应税车辆和购买自用进口应税车辆。

②进口自用行为。(指纳税人直接从境外进口或者委托代理进口自用的应税车辆，不包括在境内购买的进口车辆。)

③受赠使用行为。

④自产自用行为。

⑤获奖自用行为。

⑥其他自用行为。如通过拍卖、抵债、走私、罚没等方式取得并自用的应税车辆的行为。

【注意】取得(不论何种渠道)自用。

(2)征收范围

车辆购置税的征税范围包括汽车、有轨电车、汽车挂车、排气量超过１５０毫升的摩托车。以列举的车辆作为征税对象，未列举的车辆不纳税。

【提示1】车辆购置税的征税范围大于消费税征税车辆的范围

【提示2】地铁、轻轨等城市轨道交通车辆，装载机、平地机、挖掘机、推土机等轮式专用机械车，以及起重机(吊车)、叉车和电动摩托车，不属于应税车辆。

(3)税率

车辆购置税实行统一的比例税率为10%。

(4)税收优惠

①外国驻华使馆、领事馆和国际组织驻华机构及其外交人员自用的车辆免税。

②中国人民解放军和中国人民武装警察部队列入军队武器装备订货计划的车辆免税。

③设有固定装置的非运输车辆免税。如防汛部门和森林消防部门用于指挥、检查、调度、报汛(警)、联络的设有固定装置的指定型号的车辆。

④悬挂应急救援专用号牌的国家综合性消防救援车辆免税。

⑤城市公交企业购置的公共汽电车辆免税。

⑥自2021年1月1日至2022年12月31日，对购置的新能源汽车免征车辆购置税。

⑦国务院规定予以免税或减税的其他情形。

7.7.2 车辆购置税应纳税额的计算及会计核算

(1)计税依据的确定

车辆购置税的计税依据应根据以下不同情况分别确定：

①纳税人购买自用应税车辆的计税价格，为纳税人购买车辆支付给销售者的全部价款和价外费用。价外费用是指销售方价外向购买方收取的手续费、基金、违约金、包装费、运输费、保管费、代收款项、代垫款项和其他各种性质的价外收费，但不包括增值税。

②纳税人进口自用应税车辆的计税价格按下列公式计算确定。

组成计税价格＝关税完税价格＋关税＋消费税

③纳税人自产自用应税车辆的计税价格，按照纳税人生产的同类应税车辆(即车辆配置序列号相同的车辆)的销售价格确定，不包括增值税税款；没有同类应税车辆销售价格的，按照组成计税价格确定。组成计税价格计算公式为：

组成计税价格＝成本×(1＋成本利润率)

属于应征消费税的应税车辆，其组成计税价格中应加计消费税税额。

上述公式中的成本利润率，由国家税务总局各省、自治区、直辖市和计划单列市税务局确定。

④纳税人以受赠、获奖或者其他方式取得自用应税车辆的计税价格，按照购置应税车辆时相关凭证载明的价格确定，不包括增值税税款。

(2)应纳税额的计算

车辆购置税应纳税额的计算公式如下：

应纳税额＝计税价格×税率

纳税人以外汇结算应税车辆价款的，按照申报纳税之日中国人民银行公布的人民币基准汇价，折合人民币计算应纳税额。

例7.11 某租赁公司经批准从美国进口某种汽车两辆，到岸价格为2.5万美元，进口关税税率为30%，消费税税率为8%。该公司进行车辆购置税纳税申报当日中国人民银行公布的基准汇价为1美元＝6.8元人民币。计算该公司进口车辆的应纳车辆购置税税额。

[分析]

关税完税价格＝25 000×6.8＝170 000(元)

关税＝170 000×30%＝51 000(元)

消费税＝(170 000＋51 000)÷(1－8%)×8%＝19 217.39(元)

计税价格＝170 000＋51 000＋19 217.39＝240 217.39(元)

应纳税额＝240 217.39×10%＝24 021.74(元)

(3)车辆购置税的会计核算

企业核算车辆购置税既可设置“应交税费——应交车辆购置税”科目,也可不设该科目。后一种情况下,企业购置应税车辆,按规定缴纳的车辆购置税,或企业购置减税、免税车辆后改变用途,按规定应补交的车辆购置税,借记“固定资产”等科目,贷记“银行存款”科目(也可以通过“应交税费”科目核算)。

例 7.12 某公司进口一部免税车辆,现因改变用途不再属于免税范围。已知该车原价为12万元,同类型新车最低计税价格为15万元,该车已使用3年,规定使用年限为15年,车辆购置税税率为10%。计算车辆购置税,并编制会计分录。

[分析]

根据税法规定,免征或减征车辆购置税的车辆,因转让、改变用途等不再属于免税、减税的范围,需要依法缴纳车辆购置税。

最低计税价格＝15×(1－3÷15)＝12(万元)

应纳车辆购置税税额＝120 000×10%＝12 000(元)

根据税额计算单和缴款书,编制的会计分录为:

借:固定资产　　12 000

　　贷:银行存款　　12 000

7.7.3 车辆购置税纳税申报

(1)纳税义务发生的时间和纳税期限

车辆购置税的纳税义务发生的时间为纳税人购置应税车辆的当日,以纳税人购置应税车辆所取得的车辆相关凭证上注明的时间为准。

纳税期限——60日内申报纳税如表7—28所示。

表 7—28　车辆购置税的纳税期限

购买自用应税车辆的	当自购买之日(车辆相关价格凭证的开具日期)起60日内申报纳税
进口自用应税车辆的	自进口之日(《海关进口增值税专用缴款书》或者其他有效凭证的开具日期)起60日内申报纳税
自产、受赠、获奖或以其他方式取得应税车辆的	自取得之日(合同、法律文书或者其他有效凭证的生效或者开具日期)起60日内申报纳税

自2020年6月1日起,纳税人办理车辆购置税纳税申报时,提供发票电子信息办理纳税申报。纳税人依据相关规定提供其他有效价格凭证的情形除外。发票电子信息与纳税人提供的机动车销售统一发票的内容不一致、纳税人提供的机动车销售统一发票已经作废或者开具了红字发票的,纳税人应换取合规的发票后申报纳税。

(2)纳税地点

纳税人购置应税车辆的,应当向车辆登记注册地的主管税务机关申报纳税;购置不需要办理车辆登记注册手续的应税车辆的,单位纳税人向其机构所在地的主管税务机关申报纳税,个人纳税人向其户籍所在地或者经常居住地的主管税务机关申报。

(3)纳税申报

车辆购置税实行一车一申报制度。纳税人办理纳税申报时应如实填写《车辆购置税纳税申报表》。已经办理纳税申报的车辆发生下列情形之一的,纳税人应按规定重新办理纳税申报:底盘发生更换的,免税条件消失的。

7.8 印花税会计

7.8.1 印花税概述

印花税是对经济活动和经济交往中书立、领受、使用的应税经济凭证所征收的一种税。因纳税人主要是通过在应税凭证上粘贴印花税票来完成纳税义务,故名印花税。征收印花税有利于增加财政收入、有利于配合和加强经济合同的监督管理、有利于培养纳税意识,也有利于配合对其他应纳税种的监督管理。

印花税的特点如下:①兼有凭证税和行为税的性质。②征税范围广泛。③税率低,税负轻。④由纳税人自行完成纳税义务。

(1)纳税义务人

印花税的纳税义务人,是在中国境内书立、使用、领受印花税法所列举的凭证并应依法履行纳税义务的单位和个人。

上述单位和个人,按照书立、使用、领受应税凭证的不同,可以分别确定为立合同人、立据人、立账簿人、领受人、使用人和各类电子应税凭证的签订人六种。

①立合同人

立合同人是指合同的当事人。所谓当事人,是指对凭证有直接权利义务关系的单位和个人,但不包括合同的担保人、证人、鉴定人。各类合同的纳税人是立合同人。

②立据人

产权转移书据的纳税人是立据人。所谓立据人,是指土地、房屋权属转移过程中买卖双方的当事人。

③立账簿人

营业账簿的纳税人是立账簿人。所谓立账簿人,是指设立并使用营业账簿的单位和个人。例如,企业单位因生产、经营需要,设立了营业账簿,该企业即为纳税人。

④领受人

权利、许可证照的纳税人是领受人。所谓领受人,是指领取或接受并持有该项凭证的单位和个人。例如,某人因其发明创造,经申请依法取得国家专利机关颁发的专利证书,该人即为纳税人。

⑤使用人

在国外书立、领受,但在国内使用的应税凭证,其纳税人是使用人。

⑥各类电子应税凭证的签订人

即以电子形式签订的各类应税凭证的当事人。

【注意】对应税凭证,凡由两方或两方以上当事人共同书立的,其当事人各方都是印花税的纳税人,应各就其所持凭证的计税金额履行纳税义务。

(2)征税范围、税目和税率

印花税法明确规定了应当纳税的项目,它具体划定了印花税的征税范围。一般来说,列入税目的,就要征税;未列入税目的,就不征税。印花税共有 13 个税目,印花税税率有比例税率和定额税率两种,具体如表 7—29 所示。

表 7—29　印花税税目、税率表

税目	范围	税率	纳税人	说明
借款合同	银行及其他金融机构和借款人(不包括银行同业拆借)所签订的借款合同	按借款金额的 0.05‰ 贴花	立合同人	单据作为合同使用的,按合同贴花
购销合同	供应、预购、采购、购销结合及协作、调剂、补偿、易货等合同	按购销金额的 0.3‰ 贴花	立合同人	
建筑安装工程承包合同	建筑安装工程承包合同	按承包金额的 0.3‰ 贴花	立合同人	
技术合同	技术开发、转让、咨询、服务等合同	按所载金额的 0.3‰ 贴花	立合同人	
加工承揽合同	加工、定做、修缮、修理、印刷、广告、测绘、测试等合同	按加工或承揽收入的 0.5‰贴花	立合同人	
建设工程勘察设计合同	勘察设计合同	按收取费用的 0.5‰ 贴花	立合同人	
货物运输合同	民航、铁路、海上、内河、公路运输和联合运输等合同	按运输费用的 0.5‰ 贴花	立合同人	单据作为合同使用的,按合同贴花
产权转移书据	财产所有权和版权、商标专用权、专利权、专有技术使用权等转移书据	按所载金额的 0.5‰ 贴花	立合同人	
财产租赁合同	租赁房屋、船舶、飞机、机动车辆、机械、器具、设备等合同	按租赁金额的 1‰ 贴花;税额不足 1 元的,按 1 元贴花	立合同人	
财产保险合同	财产、责任、保证、信用等保险合同	按保险费收入的 1‰ 贴花	立合同人	单据作为合同使用的,按合同贴花
仓储保管合同	仓储保管合同	按仓储保管费用的 1‰贴花	立合同人	仓单或栈单作为合同使用的,按合同贴花
营业账簿	生产、经营用账册	记载资金的账簿按“实收资本”和“资本公积”两项合计金额的 0.5‰贴花;其他按件贴花 5 元	立账簿人	记载资金的账簿按“实收资本”和“资本公积”两项合计金额贴花后,以后年度资金总额比已贴花资金总额增加的,增加部分应按规定贴花
权利、许可证照	包括政府部门发给的房屋产权证、工商营业执照、商标注册证、专利证、土地使用证	按件贴花 5 元	领受人	

(3)税收优惠

①已缴纳印花税的凭证的副本或抄本免税。

②财产所有者将财产赠给政府、社会福利机构及学校所书立的书据免税。

③国家指定的收购部门与村民委员会、农民个人书立的农副产品收购合同免税。

④无息、贴息贷款合同免税。

⑤外国政府或国际金融组织向我国政府及国家金融机构提供优惠贷款所书立的合同免

税。

⑥房地产管理部门与个人签订的、用于生活居住的租赁合同免税。

⑦农牧业保险合同免税。

⑧特殊的货运凭证。例如,军需物资运输凭证、抢险救灾物资运输凭证、新建铁路的工程临管线运输凭证免税。

7.8.2 印花税应纳税额的计算及会计核算

(1)计税依据的确定

印花税的计税依据为各种应税凭证上所记载的计税金额。印花税计征方式有两种:从价计征和从量计征。从价计征以凭证所载金额为计税依据,从量计征以凭证计税数量为计税依据。

①印花税计税依据确定的基本规定。a. 购销合同以合同记载的购销金额为计税依据。b. 加工承揽合同以加工或承揽收入金额为计税依据。对由受托方提供原材料的加工、定做合同,凡在合同中分别记载加工费金额和原材料金额的,应分别按加工承揽合同、购销合同计税,两项税额合计数为合同应贴印花;合同中未分别记载的,应就全部金额依照加工承揽合同计税贴花。对由委托方提供主要原料,受托方只提供辅助材料的加工合同,无论加工费和辅助材料金额是否分别记载,均以辅助材料与加工费的合计数,依照加工承揽合同计税贴花,对委托方提供的主要材料不计税贴花。c. 建设工程勘察设计合同以收取的费用为计税依据。d. 建筑安装工程承包合同以承包金额为计税依据。e. 财产租赁合同以租赁金额为计税依据,经计算,税额不足 1 元的,按 1 元贴花。f. 货物运输合同以运输费金额(即运费收入)为计税依据,不包括所运货物的金额、装卸费和保险费等。g. 仓储保管合同以收取的仓储保管费为计税依据。h. 借款合同以借款金额为计税依据。i. 财产保险合同以支付(收取)的保险费为计税依据,不包括所保财产的金额。j. 技术合同以合同所载的价款、报酬或使用费为计税依据。

产权转移书据以书据所载的金额为计税依据。

营业账簿税目中记载资金的账簿以“实收资本”与“资本公积”两项的合计金额为计税依据;其他账簿以应税凭证的件数为计税依据。

权利、许可证照以应税凭证件数为计税依据。

②印花税计税依据确定的特殊规定。a. 同一凭证,载有两个或两个以上经济事项而适用不同税目税率,若分别记载金额的,应分别计算应纳税额,相加后按合计税额贴花;若未分别记载金额的,按税率高的计税贴花。b. 合同在签订时无法确定计税金额的,可在签订时先按定额 5 元贴花,以后结算时再按实际金额计税补贴印花。c. 在商品购销活动中,采用以货换货方式进行商品交易签订的合同,其本质上反映了购与销的双重经济行为。因此,对这种合同应按合同所载的购、销合计金额计税贴花。d. 施工单位将自己承包的建设项目,分包或转包给其他施工单位所签订的分包或转包合同,应按新的分包或转包合同所载金额计算应纳税额贴花。e. 因购买、继承、赠与所书立的股权转让书据,应依书立时证券市场当日的实际成交价格计算的金额,由立据双方当事人分别按 1‰的税率缴纳印花税。f. 应税合同在签订时纳税义务即已发生,因此,不论合同是否兑现或是否按期兑现,均应贴花。对已履行并贴花的合同,所载金额与合同履行后实际结算金额不一致的,只要双方未修改合同金额,一般不再办理完税手续。g. 应纳税额不足 1 角的,免纳印花税;1 角以上的,其尾数不满 5 分的不计,满 5 分的按 1 角计算。h. 应税凭证所载金额为外国货币的,应按照凭证书立当日国家外汇管理局公布的外

汇牌价折合成人民币,计算应纳税额。

(2)应纳税额的计算

从价计征应纳税额的计算公式如下:

应纳税额=应税凭证计税金额×适用税率

从量计征应纳税额的计算公式如下:

应纳税额=应税凭证件数×适用税额

例 7.13 某企业于 2012 年 2 月份开业,领受工商业执照、商标注册证、土地使用证各一件。企业设置的营业账簿中"实收资本"200 万元、"资本公积"80 万元,其他账簿 8 本。开业当月与银行签订一份借款合同,所载金额为 80 万元;与某商场签订一份购销合同,所载金额为 50 万元;与保险公司签订一份财产保险合同,投保金额为 200 万元,支付保险费 4 万元。计算该企业 2 月份应纳的印花税税额。

[分析]

领受权利、许可证照应纳印花税=3×5=15(元)

设置营业账簿应纳印花税=(2 000 000+800 000)×0.5‰+8×5=1 440(元)

签订借款合同应纳印花税=800 000×0.05‰=40(元)

签订购销合同应纳印花税=500 000×0.3‰=150(元)

签订财产保险合同应纳印花税=40 000×1‰=40(元)

该企业 2 月份应缴纳的印花税总额,即应纳税额=15+1 440+40+150+40=1 685(元)

(3)印花税的会计核算

企业缴纳的印花税,一般是由纳税人自行计算、购买、贴花和注销,不会形成税款债务,所以不需要通过"应交税费"科目进行核算。企业在购买印花税票时,直接借记"管理费用""固定资产""固定资产清理"等科目,贷记"银行存款"科目。

例 7.14 某公司 2021 年 2 月承包建筑工程一项,承包金额 200 万元,双方按合同法订立建筑承包工程合同。签订建筑承包工程合同应按承包金额的 0.3‰贴花。计算该公司此项业务应纳印花税税额,并编制会计分录。

[分析]

应纳税额=2 000 000×0.3‰=600(元)

根据税款计算单和付款凭证,编制的会计分录为:

借:税金及附加	600	
贷:银行存款		600

7.8.3 印花税纳税申报

印花税应在书立或领受时实行就地贴花。在实际工作中,根据应纳税额的大小、纳税次数的多少以及税源控制的需要,可采取不同的纳税方法。

(1)自行贴花

这种纳税方法适用于应税凭证较少或贴花次数较少的纳税人。首先,纳税人应对照印花税法规定的税目、税率,自行计算应纳税额;其次,纳税人应自行向当地税务机关购买印花税票,并在应税凭证上一次贴足印花税票;最后,纳税人应在粘贴印花税票与凭证的交接处,加盖印章注销或画线注销。这就是印花税的"三自"纳税方法。采用自行贴花方法缴纳税款的,纳税人只有自行贴花并注销或画销，其纳税义务才算完整地完成。

(2)汇贴或汇缴

对于应纳税额较大或贴花次数频繁的纳税人，为了简化贴花手续，可向税务机关提出申请，采取以缴款书代替贴花或按期汇总缴纳的办法。

对于一份凭证应纳税额超过 500 元的，应向当地税务机关申请填写缴款书或完税凭证，将其中一联粘贴在凭证上或由税务机关在凭证上加注完税标记代替贴花。

对于同一种凭证需频繁贴花的，应向当地税务机关申请按期汇总缴纳印花税。税务机关对获准汇总缴纳的单位，应发给汇缴许可证。汇总缴纳的期限由当地税务机关确定，但最长不得超过 1 个月。纳税期满后，纳税人应填写《印花税纳税申报表》(见表 7—30)向主管税务机关申报纳税。

表 7—30　　印花税纳税申报表

纳税人识别号					金额单位:元(列至角分)					
纳税人名称						税款所属时间				
应税凭证名称	件数	计税金额	适用税率	应纳税额	已纳税额	应补(退)税额	购花贴花情况			
							上期库存	本期购买	本期贴花	本期库存
1	2	3	4	5=2×4	6	7=5−6	8	9	10	11=8+9−10
合　计										

如纳税人填报，由纳税人填写以下各栏		如委托代理人填报，由代理人填写以下各栏				备　注
会计主管 (签章)	纳税人 (公章)	代理人名称		代理人 (公章)		
		代理人地址				
		经办人姓名		电话		
以下由税务机关填写						
收到申报表日期		接收人				

(3)委托代征

委托代征是受托单位按税务机关的要求，以税务机关的名义向纳税人征收税款的一种方式。受托单位一般是发放、鉴证和公证应税凭证的政府部门或其他社会组织。纳税人在办理应税凭证相关业务时，由上述受托单位代为征收印花税款，要求纳税人购花并贴花，这主要是为了加强税源控制。

纳税人无论采用何种纳税方法，均应对纳税凭证妥善保存。凭证的保存期限，凡国家已有明确规定的，按规定办理；其余凭证均应在履行完毕后保存 1 年。

7.9 契税会计

7.9.1 契税概述

契税是指国家在土地、房屋权属转移时，按照当事人双方签订的合同(契约)，以及所确定价格的一定比例，向“权属承受人”征收的一种税。征收契税有利于增加地方财政收入，有利于保护合法产权，避免产权纠纷。

【小知识】契税在我国有着悠久的历史。它起源于东晋的“估税”，至今已有1 600多年的历史。中华人民共和国成立后，政务院于1950年3月31日第26次政务会议通过并公布了《契税暂行条例》，废除了旧的契税法制，建立了新的契税制度，取消了契税附加和验税等杂费，降低了税率，减轻了人们的负担。该暂行条例规定，凡土地、房屋的买卖、典当、赠与或交换，均应凭土地房屋所有证，由当事人双方订立契约，并由承受人申报缴纳契税。税率分为两种：买卖、赠与税税率6%，典当税税率3%。对交换房屋双方价值相等的，免税；不相等的，就其超过价值部分按6%缴纳契税。

1954年，财政部对《契税暂行条例》进行修改。修改的主要内容是：对公有制单位的买卖、典当、承受赠与和交换土地、房屋的行为，免征契税。社会主义“三大改造”完成后，国家禁止土地买卖和转让，征收土地契税自然停止。契税的征收范围只限于非公有制单位的房屋产权转移行为，契税收入甚微。“文化大革命”期间，有的地方甚至明令停止办理契税征收业务。1978年新宪法公布后，逐步落实了房产政策。随着改革开放的不断深入，城乡房屋买卖又重新活跃起来。为此，财政部于1981年和1990年分别发放了《关于改进和加强契税征收管理工作的通知》和《关于加强契税工作的通知》，对契税政策进行了一些补充和调整，契税征收工作全面恢复。

1997年7月7日，国务院重新颁布了《中华人民共和国契税暂行条例》，并于1997年10月1日起施行。

现行契税法的基本规范，是2020年8月11日第十三届全国人民代表大会常务委员第二十一次会议表决通过，并于2021年9月1日开始实行的《中华人民共和国契税法》(以下简称《契税法》)。

(1)纳税人

在我国境内“承受”土地、房屋权属转移的单位和个人。

(2)征税范围

①国有土地使用权出让。

②土地使用权转让(包括出售、赠与、交换)。

③房屋买卖、赠与、交换。

【解释1】以房产抵债或实物交换房屋，均视同房屋买卖，应由产权承受人按房屋现值缴纳契税。

【解释2】以房产作投资或作股权转让，这种交易业务属房屋产权转移，办理房屋产权交易和产权变更登记手续，视同房屋买卖，由产权承受方按投资房产价值或房产买价缴纳契税。

以自有房产作股投入本人经营企业，免纳契税。

【解释 3】 买房拆料或翻建新房应照章征收契税。

【解释 4】 土地、房屋权属的典当、“法定继承”、分拆(分割)、出租、抵押，不属于契税的征税范围。

【解释 5】 与土地增值税的区别，关键在于纳税人的不同。

【解释 6】 房屋赠与，由受赠人缴纳契税(法定继承免税)；房屋互换，由支付差价方缴纳契税

(3)税率

契税实行幅度比例税率，税率幅度为 3%～5%。具体适用税率由省、自治区、直辖市人民政府在规定的幅度内按照本地区的实际情况确定，并报财政部和国家税务总局备案。

对个人购买 90 平方米及以下且属于家庭唯一住房的普通住房，减按 1%的税率征税。

(4)税收优惠

①国家机关、事业单位、社会团体、军事单位承受土地、房屋用于办公、教学、医院、科研和军事设施的，免征契税。

②城镇职工按规定第一次购买公有住房的，免征契税。所称“城镇职工按规定第一次购买公有住房的”，是指经县以上人民政府批准，在国家规定标准面积以内购买的公有住房。城镇职工享受免征契税，仅限于第一次购买的公有住房。超过国家规定标准面积的部分，仍应按照规定缴纳契税。

③非营利性的学校、医疗机构、社会福利机构承受土地、房屋权属用于办公、教学 、医疗、科研、养老、救助，免征契税。

④承受荒山、荒地、荒滩土地使用权，并用于农、林 、牧、渔业生产，免征契税。

⑤婚姻关系存续期间夫妻之间变更土地、房屋权属，免征契税。

⑥法定继承人通过继承承受土地、房屋权属，免征契税。

⑦因不可抗力灭失住房而重新购买住房的，酌情减征或免征契税。所称“不可抗力”，是指自然灾害、战争等不能预见、不能避免，并且不能克服的客观情况。

⑧土地、房屋被县级以上人民政府征用、占用后，重新承受土地、房屋权属的，对其是否减征或免征契税，由省、自治区、直辖市人民政府确定。

⑨依照我国有关法律规定以及我国缔结或参加的双边和多边条约或协定的规定应当予以免税的外国驻华使馆、领事馆、联合国驻华机构及其外交代表、领事官员和其他外交人员承受土地、房屋权属的，经外交部确认，可以免征契税。

7.9.2　契税应纳税额的计算及会计核算

(1)计税依据的确定

①土地使用权出售、房屋买卖以“成交价格”作为计税依据。

②土地使用权赠与、房屋赠与，其计税依据由征收机关参照土地使用权出售、房屋买卖的“市场价格”确定。

③土地使用权交换、房屋交换，其计税依据是所交换的土地使用权、房屋的“价格差额”。

【注意】 交换价格不相等的，由“多交付货币”的一方缴纳契税；交换价格相等的，免征契

税。(必须掌握)

④出让国有土地使用权的，契税的计税依据承受人支付的全部经济利益。

⑤以划拨方式取得的土地使用权，经批准转让房地产时，以“补交”的土地出让金和其他出让费用为计税依据。

⑥房屋买卖的契税计税价格为房屋买卖合同的总价款，买卖装修的房屋，装修费用应包括在内。

【总结】有成交价格按成交价格，没有成交价格按市场价格，交换的按差额，补交的按补交金额。

(2)应纳税额的计算

契税应纳税额的计算公式为：

应纳税额＝计税依据×税率

例 7.15 某公司职员王某因工作业绩突出，单位奖励其价值为 30 万元的房屋一套。王某将其所得房屋与李某价值 35 万元的房屋进行交换，协商后由王某支付差价 5 万元。税务机关核定奖励王某的房屋价值为 28 万元。已知当地规定的契税税率为 4%。计算王某应纳契税税额。

[分析]

根据税法规定，以获奖方式取得房屋权属的，应视同房屋赠与征收契税，计税依据为税务机关参照市场价格核定的价格，即 28 万元。房屋交换且交换价格不相等的，应由多支付货币的一方缴纳契税，计税依据为所交换房屋价格的差额，即 5 万元，则王某应纳的契税为：

应纳税额＝280 000×4%＋50 000×4%＝13 200(元)

【练一练】居民甲有两套住房，将一套出售给居民乙，成交价格为 200 000 元；将另一套两室住房与居民丙交换成两处一室住房，并支付给丙换房差价款 60 000 元。试计算甲、乙、丙相关行为应缴纳的契税(假定税率为 4%)。

(3)契税的会计核算

纳税人取得土地使用权、房屋按规定应缴纳的契税，可以不通过“应交税费”科目核算，发生时直接计入所取得的土地使用权或房屋的成本，借记“固定资产”“在建工程”等科目，贷记“银行存款”科目。

例 7.16 某企业购买了一块土地使用权准备建造办公大楼，成交价格为 1 000 万元，企业所在地的契税税率为 5%。计算该企业应缴纳契税的税额，并编制会计分录。

[分析]

应纳税额＝1 000×5%＝50(万元)

会计分录如下：

借：在建工程　　500 000

　贷：银行存款　　500 000

7.9.3 契税的纳税申报

契税的纳税义务发生时间为纳税人签订土地、房屋权属转移合同的当天，或纳税人取得其他具有土地、房屋权属转移合同性质凭证的当天。

纳税人应当自纳税义务发生之日起10日内向土地及房屋所在地的契税征收机关办理纳税申报，并在契税征收机关核定的期限内缴纳税款。（纳税人应当在依法办理土地、房屋权属登记手续前申报缴纳契税。）契税征收机关为土地、房屋所在地的财政机关或地方税务机关，具体征收机关由省、自治区、直辖市人民政府确定。

纳税人办理纳税事宜后，契税征收机关应向纳税人开具契税完税凭证。纳税人应持契税完税凭证和其他规定的文件材料，依法到土地管理部门、房产管理部门办理有关土地、房屋的权属变更登记手续。纳税人未出具完税凭证的，土地管理部门、房产管理部门不予办理有关土地、房屋的权属变更登记手续。

本章小结

本章所述税种有四大类：资源税类，包括资源税、城镇土地使用税；特定目的税类，包括城市维护建设税、车辆购置税和土地增值税；财产税类，包括房产税、车船税；行为税类，包括印花税和契税。这些税的税额虽小，但一般企业都要缴纳，且对企业所得税会产生直接影响，必须加以重视。

本章重点

各税种的纳税人、征税范围、税率、税收优惠和应纳税额的计算、纳税申报及会计核算。

本章难点

各税种征税范围的确定、税收优惠政策的应用、应纳税额的计算及会计核算、纳税申报。

基本概念

资源税　城镇土地使用税　城市维护建设税　车辆购置税　土地增值税　房产税　车船税　印花税　契税

复习思考题

1. 简述城市维护建设税的计税依据。
2. 简述资源税的优惠政策。
3. 如何确定印花税的纳税义务人？
4. 如何计算车船税？

参考文献

[1]中国注册会计师协会．税法[M]．北京:经济科学出版社,2021.
[2]全国税务师职业资格考试教材编写组．税法(Ⅰ)[M]．北京:中国税务出版社,2021.
[3]全国税务师职业资格考试教材编写组．税法(Ⅱ)[M]．北京:中国税务出版社,2021.
[4]财政部会计资格评估中心．经济法基础[M]．北京:经济科学出版社,2021.
[5]相关税收法律法规来自国家税务总局网站法规库:http://www.chinatax.gov.cn/.